首届湖南省基础教育教学改革研究重点项目

"支持儿童深度学习的实践研究——基于幼儿园一日活动场域"阶段性成果（项目编号：Z2023002）

你慢慢说，我静静听

一对一倾听助推儿童深度学习

张静　编著

中国出版集团　东方出版中心

图书在版编目（CIP）数据

你慢慢说，我静静听：一对一倾听助推儿童深度学习 / 张静编著. -- 上海：东方出版中心，2024. 12.
ISBN 978-7-5473-2589-6

I. G613

中国国家版本馆CIP数据核字第2024UE2004号

你慢慢说，我静静听：一对一倾听助推儿童深度学习

编　　著　张　静
责任编辑　邓　伟
封面设计　余佳佳

出 版 人　陈义望
出版发行　东方出版中心
地　　址　上海市仙霞路345号
邮政编码　200336
电　　话　021-62417400
印 刷 者　上海盛通时代印刷有限公司

开　　本　787mm×1092mm 1/16
印　　张　20.5
字　　数　400千字
版　　次　2024年12月第1版
印　　次　2024年12月第1次印刷
定　　价　85.00元

本书编委会

编委会主任

周丛笑

编委会副主任

张　静

编委（作者）

（按姓氏笔画排序）

你慢慢说，我静静听

你慢慢说，故事在风中悠扬，
每一个字，都轻敲我心房。

我静静听，爱且充满力量，
以欢喜之心，慢度日常。

相对而坐，时间缓缓流淌，
你的声音，我的向往。

囿于繁杂，面向山海，
远隔巷弄，且看花开。

探秘儿童哲学，积累教育智慧，
你慢慢说，我静静听，相信相信的力量。

目　录

序　　　　　　　　　　　　　　　　　　　　　　　　　　　　1

上篇　一对一倾听与幼儿深度学习的理论概述　　　　　　　　1

　　第一节　一对一倾听：追随和回应生命　　　　　　　　3

　　　　一、一对一倾听的内涵　　　　　　　　　　　　　3

　　　　二、一对一倾听的价值　　　　　　　　　　　　　4

　　第二节　幼儿深度学习：适应和改变未来　　　　　　　6

　　　　一、幼儿深度学习的概念　　　　　　　　　　　　6

　　　　二、影响幼儿深度学习的因素　　　　　　　　　　7

　　第三节　一对一倾听助推幼儿深度学习　　　　　　　　13

　　　　一、支持幼儿深度学习的策略　　　　　　　　　　13

　　　　二、一对一倾听助推幼儿深度学习的策略　　　　　16

　　第四节　一对一倾听助推幼儿深度学习的保障机制　　　20

　　　　一、一对一倾听助推幼儿深度学习的机制保障　　　20

　　　　二、一对一倾听助推幼儿深度学习的教研保障　　　26

　　　　三、一对一倾听助推幼儿深度学习的数智保障　　　32

下篇　一对一倾听助推幼儿深度学习的典型案例　　　　　　45

　　第一节　一对一倾听助推 3—4 岁幼儿深度学习的典型案例　47

　　　　一、好玩的滚筒　　　　　　　　　　　　　　　　47

　　　　二、游戏前的准备　　　　　　　　　　　　　　　62

　　　　三、水渠搭建——水流起来了　　　　　　　　　　74

　　　　四、趣玩泡泡　　　　　　　　　　　　　　　　　86

　　　　五、马车搭建记　　　　　　　　　　　　　　　　　97

　　　　六、梯子变形记　　　　　　　　　　　　　　　　　108

　第二节　一对一倾听助推4—5岁幼儿深度学习的典型案例　124

　　　　一、滚动乐　　　　　　　　　　　　　　　　　　124

　　　　二、造船记　　　　　　　　　　　　　　　　　　138

　　　　三、身边的科学　　　　　　　　　　　　　　　　155

　　　　四、我的运动我做主　　　　　　　　　　　　　　170

　　　　五、"果"然心动　　　　　　　　　　　　　　　180

　　　　六、花样投篮　　　　　　　　　　　　　　　　　195

　　　　七、灌香肠　　　　　　　　　　　　　　　　　　207

　第三节　一对一倾听助推5—6岁幼儿深度学习的典型案例　215

　　　　一、一起去远足　　　　　　　　　　　　　　　　215

　　　　二、坦克车开起来　　　　　　　　　　　　　　　234

　　　　三、趣味滑索踢　　　　　　　　　　　　　　　　245

　　　　四、我们毕业啦　　　　　　　　　　　　　　　　258

　　　　五、搭建爱晚亭　　　　　　　　　　　　　　　　273

　　　　六、小小快递员　　　　　　　　　　　　　　　　291

　　　　七、与幼儿共同策划一场家长会　　　　　　　　　302

后　记　　　　　　　　　　　　　　　　　　　　　　314

序

华东师范大学教授李政涛曾说："教育的过程是教育者与受教育者相互倾听与应答的过程。"确实，教育是一场双向奔赴的互动。我国至圣先师孔子的大部分教育活动，都是在与弟子的对话中进行的，在这个过程中孔子非常善于倾听和观察弟子的言行，并据此给出有针对性的解惑与释疑。可见，作为教师，需要通过倾听洞悉受教育者的思想，理解受教育者的表达和行为，发现受教育者学习与发展的最近发展区，有针对性地予以适宜支持。因而，教育部颁发的《幼儿园保育教育质量评估指南》考查要点第28条明确指出："教师能一对一倾听并真实记录幼儿的想法和体验。"

在儿童的成长道路上，倾听是一种不可或缺的力量，是教师走进儿童、了解儿童的重要途径，是教师与儿童建立亲密关系、构建平等和谐教育生态的重要方式，是教师尊重儿童想法和感受、回应与支持儿童成长的重要一环。倾听不仅能构建教师与儿童之间沟通的桥梁，更是推动儿童深度学习、持续发展的关键。

《现代汉语词典》将"倾听"解释为"细心地听取"。幼儿园教师倾听儿童，就是利用自身感官、智力、情感，有目的地细心听取儿童言语与非言语等信息，并根据自身理解做出反馈的过程。教师坚持每天倾听儿童，能让儿童感受到被关注、被尊重、被重视，能让自己了解儿童行为背后的真相、缘由，有利于和谐师幼关系的建立，从而促进师幼生命的共同成长。

我特别欣赏本书的书名《你慢慢说，我静静听》。"你慢慢说"代表着耐心、关心，折射出倾听者愿意等待说话者完整、从容地表达自己的想法或感受，不急于打断或催促，能让说话者在表达过程中感到舒适和放松，没有压力。"我静静听"则代表着倾听者的专注、尊重。倾听者的全神贯注，表明其认为对方的话语非常重要，值得全身心投入去聆听，愿意站在对方的角度去深入感受和理解对方的意图和处境，认真对待说话者的观点和感受，从而更加贴心地回应对方。

"你慢慢说，我静静听"表达了教师对儿童的耐心与尊重，体现了对儿童话语的珍视与理解，表明了教师愿意花费时间去聆听儿童的内心世界，给予儿童充分的表达空间。在这样的氛围中，双方能够建立起更加深厚的情感联系，促进彼此之间的信任和默契。

《你慢慢说，我静静听——一对一倾听助推儿童深度学习》一书，正是基于这样的理念，深入探讨了如何通过一对一倾听促进儿童的全面发展。书中指出，一对一倾听是教师走进儿童内心世界的有效途径。通过倾听，教师可以更深入地了解儿童的想法、感受和需求，为他们的个性化发展提供有力支持。倾听过程中，儿童需要组织语言来表达自己的想法，这有助于锻炼他们的语言表达能力和逻辑思维能力；而教师的及时反馈和鼓励，也能激发儿童的学习兴趣和探索欲望。当儿童感受到被尊重和理解时，他们更愿意分享自己的内心世界，这也有助于教师与儿童之间信任关系的建立。

书中20个生动鲜活的案例，涵盖了不同年龄段的儿童，涉及游戏活动、生活活动、集体教学活动等场域，能为读者提供可借鉴的经验和启示。全书理论与实践结合，能让读者更加全面地了解深度学习与一对一倾听之间的紧密联系，深刻认识到一对一倾听可以让儿童的深度学习发生在一日活动各场域中，并通过多重机制保障策略的高效实施。

读者能看到教师"营造宽松氛围"。在倾听过程中，教师通过营造宽松、自由、自主的氛围，让儿童感受到安全和舒适，这样，他们才能更加自然地表达自己真实的想法和感受。教师运用多元方式倾听不仅仅是听儿童说话，还可以通过观察、记录、提问等多种方式来深入了解儿童。例如，通过绘画、游戏等方式支持儿童的智慧表达，利用信息化手段将其保存。文中的小小二维码，能真实呈现倾听样态，能让读者看见儿童兴趣与逻辑推进之间的顺滑推进，发现儿童的学习与发展；能看到教师"注重个体差异"。每个儿童都是独一无二的个体，他们的兴趣、能力和需求各不相同。因此，在倾听过程中，教师尤其要注重个体差异，针对每个儿童的特点提供引导和支持。

我相信，通过阅读本书并进行实践，教师将能够更好地倾听儿童的声音，了解他们的内心世界，助推他们实现深度学习和发展。

湖南省教育科学研究院基础教育研究所原副所长
三级研究员
湖南省特级教师
周丛笑
2024年8月1日

上 篇
一对一倾听与幼儿深度学习的理论概述

教育部2001年颁布的《幼儿园教育指导纲要（试行）》（以下简称《纲要》）提出：教师要"耐心倾听，努力理解幼儿的想法与感受，支持、鼓励他们大胆探索与表达"。2012年出台的《幼儿园教师专业标准》要求教师应"善于倾听，和蔼可亲，与幼儿进行有效沟通"。2022年制定的《幼儿园保育教育质量评估指南》（以下简称《评估指南》），在师幼互动的关键指标中，将教师倾听作为重要评估要点，明确指出要"重视幼儿通过绘画、讲述等方式对自己经历过的游戏、阅读图画书、观察等活动进行表达表征；教师能一对一倾听并真实记录幼儿的想法和体验"。2023年颁布的《幼儿园督导评估办法》（以下简称《评估办法》），在教育过程的师幼互动指标中提道：教师要注重引导幼儿通过绘画、讲述等多种方式对自己经历过的游戏、阅读图画书、观察等活动进行表达表征，并通过一对一倾听、开放性提问、推测、讨论等方式，尊重和回应幼儿不同的想法和问题，支持和拓展幼儿的学习。

这些文件反映出对教师专业要求的不断变化：耐心倾听—善于倾听——对一倾听，要听—会听—专门听，努力理解—有效沟通—真实记录想法与体验。可以看出，以幼儿为本的教育理念，在转化为教师倾听的专业实践操作能力中，更加关注教师倾听在理解、解读幼儿这一层面的价值，且要求更为个性化和精细化。

意大利教育家马拉古奇提出：孩子是由一百种组成的。孩子有一百种语言，一百双手，一百个念头，一百种思考……幼儿用多种方式表达自己对于世界的认知，只有通过倾听，教师才能捕捉到幼儿的一百种语言，关注到幼儿多样化的信息，才能打破教师对幼儿解读的片面性，注重从多角度解读幼儿，挖掘幼儿的需求，从而更好地激发幼儿的现有经验，促进幼儿开展有意义的主动学习。

第一节 一对一倾听：追随和回应生命

《评估指南》《评估办法》相继颁布后，教师围绕"一对一倾听"这个新的指导要求开展了实践，过程中遇到了不少挑战、产生了很多困惑，说明"一对一倾听"看似简单，但做好并不容易。它需要教师走出实践误区，倾听幼儿的真实想法，进而发现他们的生长点，并在教育中给予回应与支持。

一、一对一倾听的内涵

（一）关于倾听内涵的研究

教师倾听是多器官参与的过程。摩尔（Kenneth D. Moore）在区分"倾听"和"听见"两个概念基础上，强调"倾听"不仅包括耳朵听到还需要大脑的参与，并提出"倾听"包括听见、注意、理解、记忆四个步骤。[1]

　　教师倾听是理解学生（幼儿）的前提。周杰基于对倾听意蕴的理解，认为教师对学生（幼儿）的倾听是理解学生（幼儿）的前提。教师通过倾听能够关注学生（幼儿）的发展性，使得教学具有开放性、智慧性、参与性等特点，因此要将教师作为倾听的主体，在倾听的基础上，通过真正理解学生（幼儿）实现真正的教学。[2]

　　教师倾听是师生（幼）对话的过程。袁志友基于教学论意义，认为教师倾听是教师与学生（幼儿）之间、学生（幼儿）与学生（幼儿）之间、学生（幼儿）与文本之间以及学生（幼儿）自我的一种思想的相互碰撞，是一种真正意义上的对话教学。[3]

　　教师倾听是一种实践智慧。宋立华基于实践哲学的视域，将教师倾听看作是一种实践智慧，强调教师要在一定的教育情境中，寻找适当的教育时机，投入适当的注意力和相应的思考和理解，对学生（幼儿）的话语等采取适当的相应行动，最终力求达到理想的倾听效果和"自成目的"的结果。[4]

（二）本书中的一对一倾听

　　一对一倾听，前一个"一"是指教师、保育员、行政人员、家长等，后一个"一"是指被倾听者，即幼儿。"倾听"一词，出自《礼记·曲礼上》："立必正方，不倾听。"其深层含义即侧耳听、用心听、细致听、尊重他人。

二、一对一倾听的价值

（一）关于倾听价值的研究

　　教师倾听对学生（幼儿）成长的价值。佐藤学将教师的倾听比喻为接住学生（幼儿）投来的球，"把学生（幼儿）投过来的球准确地接住"，能激发学生（幼儿）学习的主动性与积极性。[5]

　　教师倾听对教师自身成长的价值。鲜兰认为，倾听增进了师生（幼）之间的互动，提高了教学的效率和质量；使师生（幼）能够相互交流，促进彼此的情感；使师德得到升华，折射出高尚的教育品质；架起了师生（幼）心灵间的桥梁，为学生（幼儿）的发展奠定了基础；增强了教师思考，锤炼了实践智慧。[6]

　　教师倾听在师生（幼）间关系中的价值。杜威在批判"讲授"教育学的基础上，提出"视觉是个旁观者，听觉则是一个参与者"，凸显了"倾听"在消除主客体间壁垒的价

1. Kenneth D. Moore. 中学教学方法［M］. 陈晓霞、李建鲁等译. 北京：中国轻工业出版社，2005：400.
2. 周杰. 倾听教学的本真意涵与实践路向［J］. 教育理论与实践，2018，38（14）：3.
3. 袁志友. 教师倾听的教学论意义［J］. 当代教育理论与实践，2013，5（12）：84.
4. 宋立华. 实践哲学视角下教师倾听智慧及其生成策略［J］. 教育理论与实践，2019，39（4）：40-43.
5. 佐藤学. 教师的挑战：宁静的课堂革命［M］. 上海：华东师范大学出版社，2012.
6. 鲜兰. 学校与言说课堂中的教育价值研究［D］. 武汉：华中师范大学，2009：18-23.

值。[1]Sangster 和 Anderson 将倾听看作教师与学生（幼儿）沟通和联系的渠道，通过倾听，教师可以了解学生（幼儿）。[2]

（二）本书中一对一倾听的价值

一对一倾听的核心要素是让幼儿将所经历的事用自己的方式表征出来。教师在"倾听"中真实记录和了解幼儿的想法。"倾听"幼儿的目的是"读懂"幼儿，良好的交流和互动是高质量幼儿教育的关键。一对一倾听，需要教师捕捉幼儿智慧、探秘幼儿哲学，且能够进行恰当的回应与反馈，做好"透过现象看本质"的解读。从"幼儿倾听"转向"倾听幼儿"，正是幼儿本位的体现。"一对一倾听"致力于实现更全面、准确、深刻地理解每个幼儿的世界。

湖南大学幼儿园鼓励幼儿参与园所的各项决策，包括环境的创设、材料的替换、餐食的选择、家长会的策划等。教师只有真正听到幼儿的声音，并落实到一日生活活动中，才能使幼儿感觉到被尊重、被理解，才能推动幼儿的潜能得到激发与释放。

比如，某次午睡前的散步环节，走到小水池旁时，一个幼儿说："水里怎么没有船呢？"教师敏锐地捕捉到了游戏生发的契机。在当天的自主游戏开始之前，教师向幼儿分享了造船的想法，幼儿欢呼雀跃并积极投入游戏，有的尝试用水瓶拼接，有的尝试用积木搭建……很快，各种各样的船被建造了出来。可随着船下水，问题也出现了，有的船无法浮起来，有的船难以移动……教师引导幼儿基于这个具体的问题展开讨论，并倾听记录，然后有针对性地给予支持。经过师幼的努力调整，船在第二次下水时，运行情况比第一次好了很多。但因幼儿经验的限制，船行仍然存在一些问题。于是，教师再次倾听幼儿，并进行一对一指导。最后，幼儿的想法都得到了实现。通过"造船记"这个案例，我们能够进一步认识到，教师通过倾听可以发现幼儿的兴趣，如果给予引导、追随，就可以促进他们从原有水平向更高水平发展。

---

1. 杜威. 学校与社会：明日之学校［M］. 北京：人民教育出版社，2004：66.
2. Sangster.P. &Anderson.C. Investigating Norms of Listening in Classrooms［J］. International Journal of Listening，2009，23（2）：121-140.

第二节 幼儿深度学习：适应和改变未来

在全球化背景下，经济和社会变化空前，学习能力已成为个体最重要的生存能力之一。从学前教育改革和发展的进程来看，学界越来越重视儿童的学习，幼儿园教育由关注单一知识向关注生活与经验转变，由关注物质向关注互动转变，由关注学什么向关注怎么学转变。这些转变让人欣喜，因为这意味着我们关注到了儿童，关注到了儿童学习发生和发展的过程。深度学习能力，即整合、建构、迁移、创造性地运用已有认知经验解决实际问题的能力，在近年来越来越受到国际社会的广泛关注和广大学者的重视。这种关注也是对儿童这一个体学习过程的关注，是对其所获成长的关切。

目前，国内关于大、中、小学生的深度学习研究取得了较为丰硕的成果，然而，关于幼儿深度学习的研究才刚刚起步。2016 年 11 月 20 日，北京师范大学的冯晓霞教授在中国学前教育研究会学术年会上作了题为《区域游戏中的深度学习》的报告，深度学习从此开始走进广大幼教工作者的视野。

一、幼儿深度学习的概念

幼儿深度学习，即幼儿以自身的兴趣或遇到的问题为起点，在积极的内在动机支持下，通过自主、合作等探究方式，专注、持续地探索，并能运用迁移、反思、解释等高阶思维方法解决实际问题，促进思维能力的发展。在这样的过程中，通过计划与假设、操作与执行、检验与再判、反思与解释、探究与理解，幼儿能获得动机情感、人际交往、认知实践等多领域的发展。

深度学习与浅层学习的区别		
维度	深度学习	浅层学习
学习动机	内在动机	外在动机
投入程度	主动学习	被动学习
记忆方式	理解记忆	机械记忆
思维层次	高阶思维	低阶思维
学习心向	在新旧知识之间建立深层联系	在新旧知识之间建立表面联系
知识掌握	获得系统的知识	获得零散、孤立的知识
反思状态	逐步加深理解，有批判性思维，有自我反思	学习过程中缺少反思
迁移能力	能把所学知识迁移应用到实践中	不能灵活运用所学知识

幼儿深度学习的方式是"体验探究"，幼儿深度学习的关键是"整合迁移"，幼儿深度学习的目标是"创造运用"。教师要尊重幼儿，在环境创设过程中体现深度学习；教师要基于观察，在活动过程中推进深度学习；教师要以问题来引领，在真实情境中促进深度学习。

二、影响幼儿深度学习的因素

（一）内部因素

幼儿自身的因素对其深度学习的影响最为直接，主要包括幼儿的学习迁移能力、学习品质、元认知、学习动机以及幼儿的年龄和性别等。

1. 学习迁移

学习迁移能将学习者认知结构中已有的知识外显化和可操作化，将间接经验直接化或将抽象的具体化，是高阶思维能力中重要的一种。幼儿在深度学习活动中的学习迁移效果影响着他们解决问题的成败。

学习迁移按不同的标准有很多分类方法。一是依照迁移的效果划分，可以分为正迁移和负迁移。正迁移是指已经掌握的知识或技能对学习新知识或新技能产生的积极影响，负迁移是指已经掌握的知识或技能会对学习新知识或新技能产生的消极影响。二是依照学习的情境划分，可以分为近迁移和远迁移。近迁移是指先前学习的情境（如学习的方式或者内容）与后来学习的情境虽有所区别，却非常相似时产生的迁移。远迁移是指先前学习的情境与后来学习的情境虽有联系，却有很大区别时产生的迁移。三是依据学习者的意识程度，可以分为有意迁移和无意迁移。有意迁移是指学习者在学习过程中有意识地进行抽象概括和反思总结，寻找当前情境与新情境的联系和相似性，从而在新情境下产生的迁移。无意迁移是指学习者在学习过程中并未有意识地进行总结和反思，而只是对学习情境的表面特征产生自动化反应，在新情境下对原有的概念、技能产生自动化的迁移。

深度学习活动中幼儿的学习迁移多为正迁移、近迁移和有意迁移。而这得有两个前提条件：一是幼儿认知结构中存在对解决当前问题有用的已有经验；二是幼儿能够将相关的已有经验进行适当迁移。幼儿通过将当前问题情境与已有经验进行适当联系，将已有经验以准确且合适的方式运用到问题解决的过程中，推动活动的进展。

2. 学习品质

本书参考《3—6岁儿童学习与发展指南》（以下简称《发展指南》）中给出的学习品质的结构界定，认为在深度学习活动中幼儿表现出来的良好的学习品质包括积极主动、认真专注、不怕困难、敢于探究和尝试、乐于想象和创造等。

学习品质是激发学习意识和调节学习过程的动力监控因素，它影响幼儿深度学习的结果。在学习过程中，感知、记忆、思维、想象等智力因素是影响学习活动的操作因素，直接指向具体的知识、能力、情绪情感等学习内容和结果，而兴趣、动机、意志等非智力因素指向儿童是如何获得和运用这些知识技能的动力调控系统，在学习活动中起启动、定向、引导、维持和调控作用。学习品质关注幼儿是如何学习的，以及在学习中所表现出来的倾向性，如主动还是被动、坚持还是半途而废、灵活还是呆板、专注还是不专注等，以间接的方式影响个体对知识、技能的获得以及使用，并深刻影响学习的过程及结果。

学习品质对幼儿的深度学习有重要影响，李季湄在对《发展指南》的解读中提出，要重视幼儿的学习品质，良好的学习品质就像是充盈在生活中的空气，尽管看不见摸不着，却须臾不可缺少。只有呼吸到新鲜的空气，个体的身心才会健康，只有培养幼儿良好的学习品质，才能保证幼儿学习与发展的质量。

在强烈的学习动机的推动下，幼儿在活动过程中表现出积极主动和认真专注等各种良好的学习品质，并在教师和同伴的支持下进一步培养了不怕困难、敢于探究和尝试、乐于想象和创造等学习品质。这些优秀的学习品质能帮助幼儿顺利地解决深度学习活动中遇到的问题，是影响幼儿深度学习的重要因素。

3. 元认知

幼儿对活动过程的反思是在解决问题过程中随时进行的，他们思考可以改进的地方，从而更好地解决遇到的问题。幼儿对活动结果的反思是在一个阶段的活动结束后进行的，总结一个阶段中的表现，或者发现新的问题点，从而引发新一阶段的活动。反思是深度学习活动中非常重要的一个环节，它使得深度学习活动呈现出螺旋上升的趋势，教师和幼儿通过不断的总结反思，改进问题解决方案，优化深度学习活动的结果。反思的深层机制体现了幼儿的元认知，幼儿元认知从心理学的角度揭示了幼儿反思的内在心理机制。

元认知包含元认知知识、元认知体验和元认知监控三个部分。元认知在整个智力活动中处于支配地位，对整个活动起控制调节作用。元认知能力发展水平可以直接制约其他方面的发展，同时也集中反映一个人的思维和智力发展水平。元认知能力与问题解决有着非常密切的关系，发展元认知能力能够提升学习者解决问题的质量和效率。问题的解决贯穿幼儿思维发展的全过程，元认知的发展促进幼儿的思维能力与问题解决能力向更高水平发展。深度学习活动是在解决一个又一个问题的过程中进行的，活动过程中的分析与讨论、猜想与假设、实验与验证环节都受到幼儿元认知能力的影响。可见，幼儿元认知中包含的元认知知识、元认知体验和元认知监控贯穿于深度学习活动全过程，对深度学习活动有着重要的影响。

4. 学习动机

在深度学习活动中，幼儿的学习动机尤其是内部动机是活动开展的基础，学习动机对幼儿深度学习的影响主要表现在两方面：一是教师基于幼儿的学习动机确定活动主题；二是学习动机是直接推动幼儿参与深度学习活动的动力。在此基础上，学习动机激发幼儿调动非智力因素，发挥激活、定向、维持和调节的功能，使幼儿取得良好的学习结果。

学习动机的类型根据不同的分类标准可以分为很多种，在教育实践中比较有影响的主要是以下三种分类方式。一是根据动力来源，把学习动机分为内部动机和外部动机。内部动机是个体出自对学习活动本身的喜欢从而激发的学习动机，动机的满足在活动之内，不在活动之外，如学生（幼儿）的兴趣爱好、求知欲和自我提高的愿望等均属于内部学习动机。外部学习动机是指个体对外部诱因，即对学习活动带来的结果充满兴趣，由此激发的学习动机，动机的满足不在活动之内，而在活动之外，如来自教师或家长的奖励、惩罚等都属于外部动机因素。二是依据学习活动同远近目标的关系，可分为近景性动机与远景性动机。若学生（幼儿）开展的学习活动与近期目标相联系，则属于近景性动机，学习兴趣和结果是此类学习动机所关注的方面。若学生（幼儿）开展的学习活动与个人的未来和社会意义相联系，则属于远景性动机。三是依据奥苏伯尔的成就动机理论，将学习动机分为认知动机、自我提高动机以及附属动机三大类。认知动机指的是学习任务的本身。学生（幼儿）对所学内容感兴趣而主动获取知识，具体而言是为了掌握知识、解决问题而产生的一种内驱力，是在学生（幼儿）具有一定学习经验的基础上产生的。认知动机是个体的有意义学习过程中最为关键和稳固的内部动机。自我提高动机是一种外部学习动机，指学生（幼儿）在学习过程中获得成功体验，是为了满足自尊心和胜任感。附属动机是一种情感需要，指学生（幼儿）努力学习知识是为了获得师长与同伴的认可和赞许，并在体验这种乐趣和情感之后更加努力地学习，以期望得到更多教师的表扬、家长的奖励、同伴的钦佩。

幼儿在深度学习活动中的动机大部分为内部动机、近景性动机和认知动机。幼儿出自对学习活动本身的喜欢从而激发了内部学习动机，内部动机引导幼儿积极主动地完成学习任务，达到活动目标。幼儿的近景性动机表现为：他们参与活动的目标大多数为近期目标，即制作出某种物品或解决某个问题。学习兴趣和结果是激发此类学习动机的重要因素，幼儿的近景性动机对幼儿的深度学习活动产生直接影响。幼儿的认知动机指向学习任务的本身，使幼儿在对所学内容感兴趣的基础上主动获取知识。此外，学前阶段师幼关系的特点也决定了幼儿在活动过程中经常出现附属动机，比如为了得到教师的肯定和表扬而调节自己的行为等。

5.年龄与性别

（1）年龄

儿童身心发展具有一定的顺序性、阶段性和差异性，不同年龄阶段的儿童在身心发展水平方面有较大的差异。学前儿童年龄特征是指从出生至 6 岁的儿童在每个年龄阶段表现出的一般的、本质的、典型的生理和心理方面的特征，在一定条件下既是相对稳定的，又是可变的。学前儿童的年龄特征蕴含着其心理发展的规律性。儿童心理的发展既受教育的影响，又对教育起反作用，不同年龄儿童的心理发展对教育又提出不同的要求。因此，在幼儿的深度学习活动中，不同年龄阶段儿童的身心发展水平的差异对活动的主题、过程和结果都会有一定的影响。

随着年龄的增长，幼儿的大脑结构和大脑功能发育得越来越成熟，这使幼儿在感知觉、注意力、记忆力、想象力、情感和社会性等方面不断发展。幼儿各方面能力的提高使得他们拥有了更佳的表现，他们能够运用这些能力在深度学习过程中更好地进行知识迁移、信息整合和反思改进。动作的发展是幼儿活动发展的前提，随着年龄的增长，幼儿的大肌肉动作和小肌肉精细动作也发展得越来越好，能够胜任越来越复杂的动手操作任务。在学习品质方面，年长的幼儿也比年幼的发展得更好。幼儿从婴儿期到学前期，其专注力是稳步提高的。在游戏中，年长幼儿的持续性注意水平更高，而专注力和与同伴交往能力是深度学习活动过程中所需的重要能力，因此年龄影响着幼儿的深度学习情况。

（2）性别

在深度学习活动中，性别对于幼儿的影响主要体现在两个方面：一是不同性别的幼儿的各种学习品质有所不同，从而影响他们在深度学习活动中的行为特点；二是不同性别的幼儿在选择活动主题时也存在区别。

深度学习的核心特征是高阶思维，创造性是高阶思维的重要组成部分。而引导学习者通往创造性的第一步就是好奇心和兴趣的培养，幼儿的好奇心发展具有性别差异，所以性别也是影响幼儿深度学习活动的因素之一。

在面对新奇事物时，不同性别的幼儿行为差异极为显著，男孩的好奇水平在敏感、兴趣、探索、提问、幻想等行为特征上明显高于女孩。大多数情况下，男孩在面对新奇事物时比女孩有更大的好奇心与兴趣。好奇心作为学习者的主要情绪之一，其功能在于激发幼儿的探索行为。在好奇心的驱动下，幼儿会努力同化、顺应信息，从而优化已有的认知结构。

不同性别的幼儿感兴趣的事物也存在差别。例如，有些男孩更喜欢玩交通类玩具和积木，喜欢进行动作幅度较大的活动，如扔球、踢球、打闹等；有些女孩更喜欢布娃娃、装饰打扮或过家家等活动。这种兴趣的差异影响幼儿对深度学习活动主题的选择。

（二）外部因素

1. 师幼关系

在幼儿园中，幼儿与教师之间的关系是最基本的人际关系之一。教师作为幼儿学习活动的设计者、引导者、解惑者、合作者、启发者，对幼儿参与学习活动有重要的影响，且教师与幼儿之间的关系影响着幼儿深度学习的实现。良好的师幼关系有助于教师给予幼儿更多的理解与关注，有利于深度学习活动的开展，能够减少幼儿问题行为的发生，还能在学习活动过程中对幼儿的学习动机、学习品质、学习迁移等方面产生积极的效果，有利于幼儿认知能力的提升。此外，良好的师幼关系有助于教师开展深度学习相关活动，让幼儿在参与活动过程中"敢想""敢说""敢做"，从而达到事半功倍的效果。

2. 教师支持

《幼儿园教师专业标准（试行）》指出，教师要"充分利用各种教育契机，对幼儿进行随机教育"，"灵活运用各种组织形式和适宜的教育方式"。由于幼儿已有能力水平的限制，在参与深度学习活动中往往会遇到单凭一己之力无法解决的问题，这就需要教师适时给予引导与支持。

教师的支持性行为表现在教师开展深度学习活动时是有目的、有计划而非随意的，而教育活动又应该是富有弹性的，因此教师可以根据幼儿的学习兴趣和需要等对活动做出灵活的调整。从深度学习活动的主题确定、内容选择、形式制定，到具体实施环节的设计，都离不开教师的支持行为，只有教师给予适时、适宜的教学支持，幼儿与教师的行为才有可能契合，深度学习活动才能得到顺利开展。教师还应遵循教育规律，尊重幼儿身心发展规律和个体差异，因材施教，通过不同的方法如演示、提问等，推行启发式、探究式、合作式教学，满足个性化发展需求，以此帮助幼儿发展批判性思维等能力，助推幼儿进行深度学习。

3. 同伴关系

同伴即社会地位相同的人，或者至少目前来说是行为复杂程度相似的个体，简而言之，即行为复杂程度相似的两个或两个以上的人。随着年龄的增长，幼儿各方面能力不断增强，活动范围不断扩大，同伴关系对幼儿的影响也越来越大。在幼儿的身心发展过程中，同伴关系是任何其他因素都无法替代的，对幼儿的成长起着重要的作用。根据同伴之间的互动行为，可将同伴关系划分为同伴合作和同伴冲突两类。

第一，同伴合作对幼儿深度学习的影响。在幼儿园内，幼儿深度学习相关活动的开展常常以小组合作的形式进行，因此幼儿与幼儿之间的互动行为即同伴互动是开展深度学习活动必不可少的内容。同伴互动即同伴之间通过对话或肢体语言交换彼此的意见或建议，传达彼此的思想、情感或需求的交流过程。教师引导幼儿学会合作并不是件简单的事，不仅需要把握干预的时机以及干预的方式，还要引导幼儿关心同伴的情况，设置建设性的反馈机制，及时鼓励缺乏学习动力的幼儿等。幼儿在活动过程中，与同伴一起学习、参与活动，同伴间彼此评价、反馈，不仅能够促进活动效果、学习效果的提升，还有利于幼儿深度学习的实现。幼儿通过与同伴合作，共同商讨、解决在活动过程中所遇到的问题，更易于解决复杂问题。

第二，同伴冲突对幼儿深度学习的影响。这里的冲突指的是个体与他人、群体之间，或群体与群体之间因某种原因产生矛盾和分歧，可分为内部需求之间的冲突、外部需求之间的冲突、内部需求与外部限制之间的冲突。换而言之，冲突发生在两个（或多个）个体在需要、愿望或目标方面不一致时。在幼儿参与深度学习活动中，难免会与同伴产生冲突。一方面，冲突可能会让幼儿选择走开、坚持、屈服、争论和协商，或者向权威倾诉，如此便阻碍了活动的正常进展；另一方面，冲突亦有可能碰撞出新的思维火花，使幼儿思考同伴不同的观点，有利于幼儿批判性思维能力的发展，从而获得解决问题的策略。同伴冲突并不一定是消极的，若能得到妥善解决，还有利于促进活动的发展。而同伴之间通过协商的形式解决冲突，也有利于幼儿认知水平和社会交往能力的提高。

4. 家园合作

家庭是幼儿园重要的合作伙伴。在幼儿参与深度学习的活动过程中，家园合作也是必不可少的环节之一。所谓家园合作，即不管是幼儿园还是家庭（含社区），均把自己作为促进幼儿身心健康发展的主体，彼此积极主动地沟通交流、相互支持，并通过双方的互动合作，共同促进幼儿的全面发展。《中国儿童发展纲要（2021—2030年）》明确规定，应进一步完善学校、家庭、社会协同育人机制，坚持学校教育与家庭教育、社会教育相结合，加强家园、家校协作，形成学校、家庭、社会协同育人合力。幼儿园和家庭是幼儿成长最为重要的两个场所，教师和家长都是幼儿成长中的重要教育者。幼儿园教师不仅要有与家庭、社区合作的专业理念，而且要有与幼儿家长进行有效沟通合作的专业能力。

在幼儿参与深度学习相关活动中，家园合作能为幼儿热情投入活动提供相关知识和材料等的支持，助推活动的顺利开展。因此，家园合作力度如何，在一定程度上决定了家园能否形成协同育人合力，共同促进幼儿深度学习的发展。各种形式的家园合作，不仅丰富了幼儿已有的知识经验，还有利于活动的拓展延伸。家长于幼儿而言是最亲密的存在，是影响幼儿学习的重要因素之一。幼儿园教育与家庭教育双管齐下，对于幼儿的成长而言具有至关重要的意义。幼儿良好的理解能力、信息整合能力、问题解决能力等更有利于深度学习活动的开展，但这些能力的发展不是一蹴而就的，需要长期坚持和培养，需要家园合作。

第三节　一对一倾听助推幼儿深度学习

《辞海》中对"支持"的解释是：给予鼓励或赞助，有"传达、运送、养育"的意思。国内外教育界一致认为，教师有权利与义务成为每个幼儿的支持者与引导者。《纲要》提出，"幼儿园需要尊重幼儿的身心发展规律和学习特点，关注个别差异，促进每个幼儿富有个性地发展，幼儿园教师应成为幼儿学习活动的支持者、合作者、引导者"。我国《发展指南》强调教师应"支持和引导每个幼儿从原有水平向更高水平发展"。由此可见，教师对儿童的支持可以促进幼儿实质上的发展。

教师支持行为是针对学生（幼儿）的自主性和独立性，以及主动思考和探索行为等进行各方面的支持，具体指向幼儿教师为培养幼儿自主意识与能力而发出的一系列支持行为，也叫自主支持。德西（Deci E.L）和瑞安（Ryan R.M.）从教师角度出发，将教师自主支持行为界定为：当学生（幼儿）说出自己的想法或意见时，教师给予尊重，让学生（幼儿）按自己方式做事。学生（幼儿）由此能够感觉到教师对自己自由和自主性的支持，并且能够获得情感上的关注和对任务有帮助的信息。[1]

一、支持幼儿深度学习的策略

幼儿教师作为幼儿活动的支持者、引导者与合作者，其专业知识与能力对幼儿发展起着举足轻重的作用；提升深度学习能力是幼儿未来发展的新要求，也是社会对幼儿提出的新要求。根据文献研究和行动研究，湖南大学幼儿园将教师在幼儿园一日活动中对幼儿深度学习能力提升的支持行为和策略分为时间支持、空间支持、材料支持、认知支持、情感支持等。

（一）时间支持

充足的探索时间和灵活的零散时间能够给予幼儿沉浸式投入的机会。合理安排幼儿在园一日生活，适当调整作息时间和引入弹性作息时间，幼儿才能有充分的时间反复不断地尝试，持续地发现问题、解决问题。

幼儿深度学习的发生有赖于一个个问题的推进与解决，每一个问题的解决包括经验的回顾与分享、制订计划、执行计划、阶段总结与反思四个阶段，并且将讨论、提问、反思等环节贯穿于整个问题解决过程之中，这些都需要以充足的时间为前提条件。幼儿的深

---

1. Deci E. L&Ryan R.M. The General Causality Orientation Scale：Self—Determination in Personality ［J］. Journal of Research in Personality，1987（19）：109-134.

度学习是一个主动投入的过程，教师还应该发挥教育机智，灵活地将时间进行拆分，最大限度地利用零散时间，激发幼儿深度学习的积极性，防止幼儿由于长时间无法操作而失去兴趣。

（二）空间支持

宽敞安静的探索空间和室内室外的拓展空间能够提供幼儿良好的深度学习环境。有些历史悠久的老园，即使进行了改建，面积仍然有限。因此，可因地制宜，将教室、寝室、走廊和公共区域充分利用起来，设计推拉床、采用"开放性设区"等策略，实现空间利用的最大化。

幼儿的深度学习活动常常需要以小组合作的形式来进行探究，比如建构游戏中选择材料、设计图纸、施工制作等，需要在一个宽敞舒适的空间中进行，便于让幼儿以最好的状态沉浸于探索情境之中，过于狭窄的空间会让幼儿有压抑的感觉。幼儿进行深度学习的探索空间也不应局限在室内，室内空间材料毕竟有限，教师可以带领幼儿到户外去寻找低结构材料，还可以充分利用户外资源来引发幼儿的探索欲望和研究兴趣，从而促进情感领域和认知领域的深层发展。

（三）材料支持

材料是幼儿深度学习的物质基础，教师不仅要提供幼儿丰富适宜的材料，还要最大限度地利用各种材料推进幼儿深度学习的发展。我园在实践中形成了师、幼、家、社共同收集材料、自制材料、购买材料、材料漂流（班级之间交换材料）等多种材料准备方法，为破解一线教师"材料准备"的难题提供支持和服务，并通过提供材料、寻找材料、改装材料等来达成深度学习的材料支持。

在问题解决的过程中，不同的幼儿会选择不同的材料。当幼儿没有达成明确的选择方案时，教师可以将各种材料提供给幼儿，让他们通过观察和讨论之后来选取适合的材料。教师此时提供的材料既可以是直观的实物也可以通过互联网搜索一些相关的图片和视频。教师有策略地提供不同种类的材料，让幼儿在进行观察与探索之后，选出自己认为最适合的材料，这个过程促进了幼儿批判性思维的发展。

在生活中与幼儿共同寻找材料，不仅能够引导幼儿将生活中的已有经验进行迁移，还能提高幼儿主动参与活动的积极性。教师可以带领幼儿到大自然中寻找各种各样的低结构、高开放性的材料，发挥幼儿的想象力。当幼儿遇到相似的事物时，教师可以带幼儿仔细观察材料的构造，将幼儿的已有经验和新的问题联系起来，发展其经验迁移的能力。

问题解决的活动是一个不断反复循环的过程，随着活动的深入以及制订计划的修改，幼儿对材料的需求也在不断变化。有时，幼儿可能会转换思路，探索用新的材料来解决问题；有时，幼儿可能会在原有材料的基础之上进行改装和探索。教师对幼儿改装材料应该保持一种开放的态度，让幼儿发挥创造性思维合理地改装原有的材料，教师也可以与幼儿一起参与到改装材料的过程中，在形成良好的师幼互动氛围的同时，还能保障幼儿的安全。

（四）认知支持

由于幼儿认知水平和生活经验有限，需要教师适时渗透相关知识、技能或者调整活动难度，来丰富幼儿经验，以推动幼儿开展深度学习。

一些活动背后所涉及的原理性知识是幼儿在日常生活中很难接触或很难意识到的，但又是推动幼儿整个学习从浅层走向深层的重要桥梁。如果幼儿因为缺乏相关科学原理的支持而导致活动过程停滞不前，在一定程度上会影响幼儿解决问题的积极性。因此，当活动过程中有需要用到某些科学原理时，教师可以抓住时机进行有效渗透，给予幼儿相关科学原理的支持。比如"造船记"活动中关于沉浮的探究，教师通过投放材料、梳理经验、引导操作等方式推动活动开展，家长也可为幼儿科学原理知识的获得提供帮助。

一些活动在制作环节，会涉及技能经验，有些技能超出了幼儿年龄应有的水平，有些技能操作起来比较危险，这时教师可以在技能经验上给予幼儿帮助。比如"马车搭建记"活动中关于轮胎和木板的连接，教师通过抛出问题、鼓励幼儿合作等方式帮助幼儿建构了连接等相关经验。技能经验的支持不一定需要教师亲自操作，可以适当提示，让幼儿自己去探索。在这样探索的过程中，不仅培养了幼儿不怕困难、勇于尝试的学习品质，还能提高幼儿的合作意识，激发幼儿的学习动机，这些都是实现幼儿深度学习所需要的。

（五）情感支持

教师在幼儿活动过程中关爱幼儿，积极参与幼儿活动，并给予幼儿语言、行为上积极正面的反馈，比如关注理解幼儿、倾听回应幼儿、鼓励评价幼儿等，有利于营造良好的深度学习氛围，让拥有较强自我效能感和自信心的幼儿产生更积极的学习动机，能最大限度地调动自身潜能，并处于积极、主动、有归属感的情绪状态，能够主动探索问题、直面困难与挑战。

皮格马利翁效应揭示教师的关注会给幼儿的发展带来影响和变化。教师的关注可以是多方面的，比如幼儿在活动中的言行举止、情绪的变化、进步与不足等。在教师的关注下，幼儿能够获得比较积极的情感感受，这些能够帮助幼儿树立自信心，激发学习兴趣。移情性理解能让教师站在幼儿角度审视分析问题，真正理解幼儿的所思所想，让幼儿感受到被信任与被尊重。

倾听是一种隐性的情感支持。倾听并不仅仅是听，而是要关注幼儿的言语和肢体动作等背后的含义，关注这些所传达出来的信息，并及时作出回应。全息式倾听与及时的回应能够形成有效的师幼互动，建立起亲密的师幼关系。

教师在恰当的时机鼓励表扬幼儿，给幼儿以正向的回馈，能够激发幼儿的主动学习动机。教师可以灵活采用言语形式和非言语的形式传递给幼儿鼓励的信息。有效的评价能够引导幼儿深度反思，让他们调整自己的学习行为，是实现深度学习的有效途径。幼儿深度学习过程中的评价并不仅仅是终结性评价，而是贯穿于整个过程的，应该采取终结性与过程性相结合的评价形式。教师评价要把握反馈时机、明确反馈内容，帮助幼儿了解自己所处的阶段，取得了哪些进步。

二、一对一倾听助推幼儿深度学习的策略

一对一倾听应该听什么？很多教师在这个问题上走入了误区：一是时间误区，只在自主游戏时间倾听；二是主体误区，只有某个主体开展倾听，比如教师；三是内容误区，只倾听游戏后幼儿的分享表达。教师倾听还存在失聪式倾听、消极式倾听、异化式倾听、虚假式倾听等问题。这也受到外部（环境）和内部（自身）双重影响，如功利化的目的、以教师为中心的观念、缺乏理解能力和倾听技巧等。

实际上，倾听是一种积极地和幼儿互动的状态，是一日活动中随时随地都可能发生的事，是自然而非刻板的行为。教师应放慢脚步，倾听幼儿的需要，了解他们的想法，给予他们支持，从而全面、准确、深刻地理解每个幼儿的真实世界。

（一）关于教师倾听策略的研究

教师倾听策略的研究主要从教师自身及幼儿园两个层面入手。

1. 教师自身方面

第一，重视倾听意识，树立正确观念。魏恽欣认为倾听意识是倾听行为的先导及效果的基础，肯定倾听意识并积极强化的价值。[1] 张萌、阎秋宇、韩威基于对个体价值的思考，提出要尊重、倾听幼儿，关注个体差异，重视"非正常"现象，珍视幼儿的思想，肯定幼儿的表达，通过走向幼儿内心深处以应对幼师倾听中遇到的问题。[2]

第二，提升倾听技能，养成倾听智慧。曹莉认为教师应该真诚地听，理解地听，有反馈地听，从而提升倾听技巧。[3] 郭昱彤关注提升教师的专业素养，比如倾听异向交往话语的技巧、回应话语的技巧、转换言说权的技巧。[4]

第三，调整倾听态度，落实倾听实践。教师要以尊重平等、耐心等待、信任公平的态度支持幼儿，同时还要学会自我调节情绪，克服职业倦怠。有的学者提出深呼吸、课前

1. 魏恽欣. 幼儿园一日活动中教师倾听行为研究——以幼儿园小班为例［D］. 大连：辽宁师范大学，2019.
2. 张萌，阎秋宇，韩威. 幼儿教师倾听的价值与策略［J］. 教育导刊（下半月），2014（12）.
3. 曹莉. 教育活动中的倾听：意蕴与特性［J］. 内蒙古师范大学学报（教育科学版），2010（4）.
4. 郭昱彤. 幼儿园集体教学活动中教师倾听行为研究——以 X 市 D 幼儿园中班为例［D］. 长春：吉林外国语大学，2022.

聆听舒缓的音乐、微笑暗示法、积极的心理暗示等方式，以改善情绪和调整劳动状态，并通过职业生涯规划，克服职业倦怠，从而保持倾听热情，改善倾听态度，切实将倾听落实于师幼互动之间。

2. 幼儿园方面

第一，创设积极的倾听氛围。曹莉提出构建教育过程中的主体间性，建立良好的师幼关系，构建倾听共同体。[1] 孙丽华、魏恽欣认为教师应有耐心、包容的心态，以及真诚、信任、热情、友好的情感，这样更容易与幼儿产生精神共鸣，从而营造自觉的倾听氛围，有助于教师倾听的实现。[2]

第二，注重幼儿园的支持。郭昱彤从幼儿园方面提出应对教师倾听问题的策略：减轻教师工作负担，建立情绪疏导机制；以"互联网＋教育"为基础，丰富倾听教育培训形式；将教师倾听行为引入园本教研活动；建立"传帮带"制度，帮助新手教师树立教学自信。[3]

总之，在教师倾听应对策略方面，主要从教师自身及幼儿园层面入手。在教师方面，要关注倾听意识、观念、态度、技能等方面的价值；在幼儿园方面，幼儿园的支持对提升幼儿教师倾听水平具有重要价值。

（二）我园一对一倾听的实践

我园在教育实践过程中，倾听幼儿应常态化，应贯穿于一日生活各环节和游戏始终，不限于口头语言表达，接纳幼儿运用多种富有创造性的方式呈现观点和经验。面对"幼儿多、教师少、时间紧"等困惑，可通过以下策略保证倾听频次和质量。

1. 建立机制，实现倾听常态化

第一，营造氛围，让每个幼儿都敢说。营造尊重、理解、友爱、民主的氛围，打造喜欢说、敢说、想说的环境。"蹲下身来，平视幼儿"，倾听中教师要放低身段，尊重幼儿的主体地位，放弃对话控制权，遵循幼儿发展规律，让幼儿自由地表达自己。

第二，全面贯彻，让倾听渗透于日常。在教育实践过程中，倾听幼儿应常态化地贯穿于一日生活各环节和游戏始终，"一日生活皆课程""一日生活皆可倾听"不限于口头，应接纳幼儿运用多种富有创造性的方式呈现观点和经验。

第三，制度保障，让倾听变为参与权。完善的流程管理能让教师教育教学中职责明晰，不断探究与优化一对一倾听流程。游戏后幼儿自由自主进行盥洗、如厕、记录，减少集体转换和等待的时间；教师分组活动，分工倾听，保障教师有足够的时间去实践一对一倾听，全面地、持续地了解每一个幼儿的游戏、生活、情绪等内容。班级根据幼儿年龄特

1. 曹莉．教育活动中的倾听：意蕴与特性［J］．内蒙古大学学报（教育科学版），2010（4）．
2. 孙丽华，魏恽欣．幼儿教师倾听者角色的课堂志研究［J］．辽宁师范大学学报（社会科学版），2021（5）．
3. 郭昱彤．幼儿园集体教学活动中教师倾听行为研究——以X市D幼儿园中班为例［D］．长春：吉林外国语大学，2022．

点、自身情况，制定一班一策的流程，保障每个幼儿每天一个拥抱、一个微笑、一次一对一倾听。并且，让幼儿参与到园所的各项决策中，例如环境的变更、材料的替换、餐食的选择等等。

2. 多样表征，聚焦倾听多元化

第一，多样化表征，实现倾听定格式。用文字、图片、符号、语音、视频、照片等方式记录游戏内容、日常生活、探索发现。例如，幼儿可以用图画绘制自己的游戏过程，可以用语言表达自己的日常发现，可以自己拍摄自己的游戏内容。而教师可以运用视频、语音等电子设备功能，做到不打断、不遗漏、不添加，多样化记录的同时保障倾听时效性。依托数智赋能，精准记录，将幼儿的表达过程定格。

第二，多形式分享，建立同伴经验链。通过"一对一、一对小组、一对全体"的"三个一"模式，实现集体分享与倾听、小组分享与倾听及个别分享与倾听的有机融合。例如，班级在进行游戏后分享时，可周一、三、五通过绘画来表征与表达，周二、四通过视频进行小组经验分享，让"倾听"形式更多元。通过与教师及同伴的交流互动，激活已有的知识经验，建构起新的理解与认知；同时，教师的倾听使幼儿有了表达的渠道与机会，积极的氛围激发他们展开了大胆的思考和探索。

第三，信息化记录，打造倾听共同体。"一对一倾听"，前者的"一"是教师、保育员、行政人员、家长等角色，后者的"一"是被倾听者，即幼儿。教师巧用信息化技术，将幼儿的语音、图画、照片等内容上传，依托数智赋能实现客观、全面、精准的记录，便于后续解读。观察倾听的内容，可作为教研活动的素材和家园沟通的重要资源。同时，可导出形成文档，整理成教师观察记录、幼儿成长档案，将多件事情整合，减轻教师负担，提高工作效率。

3. 支持解读，助推倾听深度化

第一，"三式"进阶，保障倾听效果。通过观察、调查等多种方式搜集教师在一对一倾听中遇到的现实问题，例如只听不想，只记不思，记录多、分析少等，然后开展教研聚焦解决。教师的一对一倾听能力，呈现阶梯式成长。从"自主式倾听"到"聚焦式倾听"再到"全息式倾听"，教师能发现幼儿的想法和思考，及时回应支持幼儿的学习与发展，以激发与释放幼儿的内在潜能。

第二，"苏式"对话，捕捉活动关键。倾听的关键在于师幼互动。教师要像苏格拉底那样掌握对话的技巧，通过质疑、反问、举反例等方式引导幼儿突破以往那种表象的、单一的、固化的理解。一对一倾听中，教师要有意识地倾听，从幼儿的问题中寻找进一步开展相关活动的可能性。通过"苏格拉底式"对话，捕捉活动问题，帮助幼儿主动地推进活动，实现思辨。

第三，"四步"法则，提供支持路径。四步即接纳、理解、回溯、分享。在接纳中倾听幼儿的主题内容；在理解中，发现幼儿的思考与想法；在回溯中，共同提炼生成的经验；在分享中，实现幼儿的深度学习。四步法则是递进式、螺旋式上升的过程。在活动中，教师贯穿倾听主线，要围绕四步法则来拓展、完善课程，助推幼儿发展，促进自身的专业成长，促使主体价值的实现。

在倾听交流中，幼儿给予了我们生活与教育的智慧，教师的教育观、儿童观也在悄然发生着改变，这正是倾听的意义所在。通过科学的路径落实"整全儿童"培养目标，注重观察、倾听、回应、支持，助推儿童全面多元发展，助力教师专业素养提升。

第四节 一对一倾听助推幼儿深度学习的保障机制

"机制"一词源于希腊文"mechane"，意指机器的构造和动作原理。[1] 机制无论在物理学、生物学还是医学中，都由其"自身的构造和自身所存在的内在矛盾所决定，是其自身所具有的那种性状的本质与特点"。[2] 在社会科学领域内，机制指两者之间相互作用的内在联系，可延伸为两者之间或者两者内部结构之间的关系与运行规律。保障是指用保护、保证等手段与起保护作用的事物构成的可持续发展支撑体系。保障机制旨在实现一对一倾听助推幼儿深度学习的完整性、动态性、丰富性以及科学性。

本节所提及保障一对一倾听助推幼儿深度学习的机制，包括管理保障、研训保障以及数智保障三个部分，每个部分都从不同途径、不同维度、不同方面、不同层级保障倾听开展与实施。三个保障的纵横联合，能够形成一个动态、稳定、有效的系统性体系。

一、一对一倾听助推幼儿深度学习的机制保障

在本书中，机制保障是指为了实现一对一倾听助推幼儿深度学习的目的，同时保障幼儿园的发展而采取的各种保障性措施，以及由这些保障措施构成的系统。可以说，机制保障是幼儿园运行保持不竭动力的核心要素，是实现高质量教育的重要手段。

如何从宏观层面实现一对一倾听？如何通过机制构建支撑幼儿深度学习的框架？面对教师发展、幼儿成长、家园共育等方面的问题，如何通过机制动态化进行调整？解决上述系列问题，需要通过构建整体性、动态性、长效性、稳定性的机制保障。需要强调的是，本节的机制保障内容，不局限于一对一倾听、深度学习等，是站在更加宏观的角度，阐述园本管理中的机制保障，以有效解决全方位的管理困境、实践困境，最终助推幼儿全面发展、教师专业成长，实现家园共育价值，提升园所学前教育高质量发展。

（一）拆解：机制保障的具体要素

1. 组织管理，让倾听落实处

组织管理是一种经济行为，也是一种社会行为，它着重研究的不是静态的组织，而是组织中个体与个体之间、个体与组织之间的动态平衡关系。[3] 本园根据职能构建组织管理结构，建立科学民主的领导决策层和层级明细的管理运行网络，明确各组织成员在组织

---

1. 中国社会科学院语言研究所词典编辑室 . 现代汉语词典 . 机制［Z］. 北京：商务印书馆，2000：582.
2. 周秀宝 . 论"机制"［J］. 铜陵财经专科学校学报 . 2000（1）：18-19.
3. 黎永艳 . 全过程工程咨询项目组织管理体系研究［D］. 吉林：长春工程学院，2020.

中的工作、权利、责任，以及各组成成员的关系。且以职能为点架构，每个部分权责分明，能够充分发挥专业人员的专长，非固定下级关系也能保证组织之间人员的灵活调配，上级部门可以根据自己的管理需要对直接或者非直接的下级部门下达指令。（组织管理结构见下图）

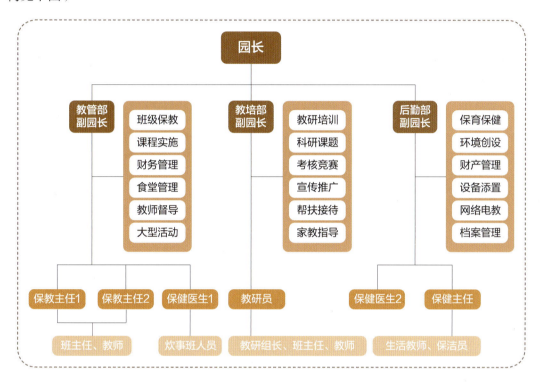

如上图所示，幼儿园设置教管部、教培部及后勤部。教管部负责班级保教、课程实施、财务管理、食堂管理、教师督导、大型活动等内容。教培部负责教研培训、科研课题、考核竞赛、宣传推广、帮扶接待及家教指导工作。后勤部负责保育保健、环境创设、财产管理、设备添置、网络电教及档案管理工作。

职能制的组织管理架构，强调考虑每个成员的价值和期望，重视个人和人与人之间的尊重和支持，注重组织及其团体功能的发挥，谋求动态管理。同时，该结构也是学习型组织建设，每个部门都会根据职能的不同，设定不同维度的培养学习路径，以研训保障为依托，促进不同职能教职工的发展，实现园所教育高质量发展。

（1）权责分明，让全员都参与倾听

倾听的开展不是盲目的，而是在职责分明、部署清晰的情况下发生、发展。每一个岗位都有对应的职责，每一个职责对标的不仅是倾听的开展，更是面向全园教育、课程、幼儿、教师的整体发展。为了更好地聚焦于倾听的落实，要明确倾听工作的权责划分。

园长是"大脑"，负责全局把控和指导。园长负责课程建设、教师发展及倾听策略发展方向。针对三个部分所反映的现实问题，通过增加人力、物力以及提供专业培训等多种途径，合理有效地配置资源，给予专业指导建议，让倾听得到有效落实。

教培部是负责改进与完善的"中枢神经"，负责收集倾听实践中的问题，并提供教研、培训等专业支持。通过日常观察、教师研讨等方式收集倾听实践中的问题，开展教研、培训，提炼出有针对性的策略，让倾听得以提升、完善。

教管部是负责落实与督导的"四肢"，负责落实倾听，督导教师日常倾听的实践情况，发现可改进的问题，及时提醒教师调整。同时，教师也要主动将实践中遇到的问题反馈给教管部。

后勤部是提供动力与燃油的"造血系统"，负责落实倾听所需要的事、物等教育教学资源。为了保障倾听有质量地进行，本子、咕咕机（错题打印机）、画笔等教学资源都需要得到及时补充。后勤部负责解决教管部所收集到的教师关于教物用品需要补充的问题。这是保障倾听开展的物质基础。

（2）双向管理，让每一个声音都能被听见

幼儿园秉承人本精神，践行实事求是的民主管理模式。在管理上不只是"从上至下"，而应是"双向进行"的循环管理模式，让每一个人都参与决策。一个园所的良性发展，肯定是在民主的双向管理中进行的，唯有倾听真实的声音，才能发现真实的问题，才能真正解决问题。

倾听的对象不止于幼儿，在践行倾听策略中，倾听教师也很重要，让每一个声音都能被听见，让每一种声音都被合理采纳。其实，在落实一对一倾听时，我们同样遇到了许多问题，例如"教师少、幼儿多""一对一倾听难实现""倾听会加重工作量""怎么高质量、高效率完成并减轻负担"等。教育策略的沿袭、改善、发展过程中，倾听教师的声音也非常重要，即便是"抱怨""不满"，但也都是问题之所在，都应在双向沟通中被接纳、被允许并得到合理解决。

双向决策、双向管理、双向沟通，让倾听的策略得以循环向上发展，而不是单向闭塞传输。通过倾听教师实践的声音，在他们一次次大胆的发问、严谨的研讨中迎难而上，发现、解决真实的问题，才是应该践行的倾听模式，才是教育的真谛。

2. 细化的流程管理，让倾听有发展

流程管理思想的出现最早可以追溯到 19 世纪的科学管理之父泰勒（Frederick Winslow Taylor），那个时期被称为"方法和过程分析"（Methods and Procedures Analysis）。[1] 管理学者迈克尔·汉默（Michael Hammer）教授曾预言，进入 21 世纪，优秀的流程能使企业与其竞争对手区分开来。[2] 流程管理作为一种新的管理理念和技术，在国外国内企业中都得到了充分应用，取得的成果也很明显。它作为一种结构化、系统化的方

1. Zhenyu Yang，Yushui Geng，Xingang Wang. Analysis and Research of the BPM Model Optimization Based on Dynamic Process Mining［J］. Advanced Materials Research，2013（791）：1256-1259.
2. Hammer M，Champy J. Reengineering the Corporation：A Manifesto for Business Revolution［J］. Business Horizons，1993，36（5）：90-91.

法，是贯穿于整个工作过程的管理体系。制造业、医疗界也逐步运用流程管理，可是在教育管理行业中较少运用。

21 世纪初，幼儿园已将流程管理作为常态化管理手段之一，倡导管理人员、教职工在各项工作中明晰职责，将日常教学精细化，实现高效、高质教学与管理。对各种流程进行书面化和标准化的整理，制作成流程图，避免在工作过程中浪费时间。通过流程管理，优化工作效能，引导每个人"做正确的事，正确地做事"。

(1) 宏观层面：园本流程的践行样态

流程的建立是一个动态化调整的过程。以"认识流程、建立流程、运作流程、优化流程"为体系的一个周期，当一个周期结束后紧接着进入"再认识流程"开始新周期循环。流程并不是一成不变的，是随着人员、活动的变化而不断调整的。在不断推陈优化的工作流程中，有效提升综合实力，提高工作效率和团队沟通效率，推动岗位履行，实现全方位、全过程控制管理。

流程的内容包括工作环节、人员分工及安排，详细且具体。例如，每学期班级针对一日生活环节，分为入离园流程、盥洗流程、户外活动流程、自主游戏流程、一对一倾听流程等。每个流程涉及主教老师、配班老师、生活教师、幼儿等人员的具体工作内容。特别要强调的是，班级流程要在遵循一日生活环节的基础上，根据班级幼儿情况，实现一班一策。且流程是为了减少幼儿消极等待的时间、养成有秩序的环境，而不是为了框定幼儿的行为，最终目标依然是高效实现幼儿的全面发展，提高工作效能。

流程的呈现多元多样。在外显的工作环境中，张贴流程图，既利于教职工的工作省察，又利于管理督导人员的检查、管理工作。在内隐的工作调整中，将每个流程用文本的形式阐释清楚，凝练属于自己的流程内容，利于在不断书写中反思自己的流程、便于流程的随机调整。

(2) 微观层面：一班一策的倾听流程

在实践一对一倾听助推幼儿深度学习的过程中，班级要根据幼儿的年龄特点、自身情况，制定一班一策的一对一倾听流程，保障每个幼儿每天至少获得一个拥抱、一个微笑、一次一对一倾听，保障班级所有教师全面地、持续地了解每一个幼儿的游戏、生活、情绪等内容，同时充分体现幼儿自主。

3. 合理的资源分配，让倾听可落地

倾听高效的落实，离不开教育教学资源的合理分配。合理资源分配是确保倾听顺利进行和提高效率的关键。实践过程中"倾听难开展""倾听耗时间""倾听幼儿多"等问题，其实解决的核心在"人、事、物"资源分配方面。通过解决三个问题，保障"有工具听""有人来听"以及"有地方听"，让倾听在高效中实行。

(1) 有工具听，让倾听在轻松中留痕

面对"倾听难开展""倾听耗时间"等问题，教师利用咕咕机、录音机、摄像机等工具去记录幼儿的声音，并通过二维码、文字条等形式来表现、留存（该部分将在后面详细讲解）。及时采买增添教师所需要的数智产品、幼儿所需要的表征用品，保障"有东西听"。让教师倾听幼儿在日常活动中轻松完成，将表征、观察、解读等多件事情整合成一件事，将教师的重心从"怎么听"转移到"听什么"上，真正走进幼儿。

（2）有人来听，让声音在时刻中留心

面对"要倾听的幼儿多"的问题，保障班级是"两教两保"或"三教一保"的教师配置，所有教师都应是倾听者。不局限于教师、不局限于幼儿，在整个幼儿园场域内，教师、幼儿都是倾听者与被倾听者。刚入园的问候、进班的闲谈、游戏的分享等一日生活各环节，都有人在听或者被听，并且每一次的交流都是有效的、真心的、受到关注的，在这里没有"透明"幼儿，只有被尊重、被倾听的每一个个体。

（3）有地方听，让隐秘在尊重中留印

游戏中的群体倾听可以让个体经验发散成群体经验，绘画中的小组倾听可以让每个幼儿欣赏到同伴的作品，这些都可以在开阔的教室、寝室、室内外游戏场地得以开展。可是面对个体幼儿的情绪崩溃或者需要单独沟通的情况，这些开阔的空间都不能满足需求，他们需要独属的私密空间、独处的教师面对面、一对一地来解决内心的"问题"。因此，园所的功能房、心理辅导室等空间都能成为倾听的场所，还专门设置了幼儿"私密空间"，让他们在有被包裹感、安全感、舒适感的环境中表达自我。

4. 全面的督导评估，让倾听更完善

我园一直践行督导制度、评估制度，这是促进教师专业发展的重要途径之一。同时，督导与评估是诊断、改善、促成倾听优质发展的手段之一。一个实践策略的落实并不是一蹴而就的，而是在实践过程中不断发现问题与解决问题并不断完善。为了更好地让倾听落到实处，且有实效，在日常实践中要利用督导评估制度，来检验和完善。

（1）多重督导

督导的"督"具有督促、监督之意，"导"则具有引导、指导之意。在不同国家、不同时代，教育督导还被称作"教育视导"或者"教学视导"，其核心目的是监督教育工作开展的规范性、科学性，并提供专业性的评价和指导。

第一，双重导师，分层式指导。采用双导师制，为每名青年教师配备两名导师，第一导师为本班班主任，第二导师为行政管理人员；班主任既是青年教师的导师也是被督导对象，行政管理人员既是导师也是园长督导的对象。根据教师的工作岗位、能力、资历和工作态度，将教师分为成熟型、稳定型、新秀型和新手型等不同类型。针对不同层次的教师，采用不同的督导方式，提供不同的培训内容，确保每位教师都能得到适合自己的支持和指导。如分层督导、分岗位培训、面对面交流、一对一指导、听课、磨课、观察和支持等。

第二，多面督导，全方面指导。从环境创设、课程活动、观察记录、倾听落实等多角度进行全方面督导，促进教师专业发展。尤其是在班级的倾听流程、倾听成效等方面，可通过跟班观察、不定期交流等途径，及时了解教师的现实困惑，给出针对性解决办法。例如班级倾听开展的频次与质量、倾听环境的创设适宜性等方面，都是督导的内容和关键

点。坚持每月两次的观察案例、反思性备课，实现教师的长效高质成长。

（2）多维评估

评估的首要目的是为了更好地帮助教师落实倾听，获得专业成长，助推幼儿深度学习。因此，所采用的评估手段是以过程性评价为主，终结性评价为辅。

第一，利用多样化工具，收集评价数据。根据不同评价主体，采用多种评价工具，收集幼儿园管理、教育、幼儿发展等方面的评价。例如，教师运用观察记录表收集幼儿游戏、活动中的情况；行政管理人员通过打电话收集家长对幼儿园课程、管理、膳食、幼儿发展等方面的意见和建议；教师通过不定期随机访谈的形式倾听幼儿的声音，了解到幼儿对游戏场地、材料的建议。

第二，通过两式化结合，综合评估发展。两式化，即通过程序化和随机化结合的方式收集数据，综合评估教师、幼儿、幼儿园课程、管理等方面的发展。程序化，即每周、每月、每学期都有固有的评估手段。每月随机抽取家长进行电话访谈。每学期开展全园家长问卷调查，了解家长对幼儿园课程、管理、膳食、幼儿发展等方面的意见和建议。每学期开展职工问卷调查，全面了解他们对工作环境、管理、发展、待遇等方面的建议，为幼儿园可持续发展提供依据。每学期开展教师业务考核，不同岗位教师采用不同的考核方式，例如由班主任分享班级管理工作经验，由教师分享游戏案例。每学期会根据园所课程、研究方向以及教师专业发展方向，综合设定考核内容。随机化，即教师采用跟班观察的方式进行幼儿发展评价，全面动态地评估幼儿的发展，并根据观察评价结果，制定个性化的教育计划，促进幼儿的全面发展。程序化和随机化实际也是用不同的方式倾听了解发展的样态，综合评估也是为后续的调整和改善提供帮助。

（二）聚合：机制保障的实践成效

1. 落实倾听"三化"步骤

"三化"即常态化、动态化以及科学化。

第一，常态化实施。从"不知如何倾听"到"倾听常态开展"，我园在践行实践中历经了"实践—反思—再实践—再反思"的研究道路，并依托以人为本的管理理念，采用严密高效的管理模式，实现了倾听的常态化开展。园所的倾听文化、班级的倾听环境、教师的倾听手段等内容，都在日常实践中一一落实，并凝练出属于我园的倾听范式。

第二，动态化调整。从"满是问题"到"逐个突破"，细化的流程管理与严格的督导评估形成合力，让倾听走向动态化。每个班级的时间、节奏不同，倾听方式也不同。要将在督导和调查中发现、收集的零散问题，通过整合梳理、研讨解决。

第三，科学化发展。从"疑惑"到"豁然"再到"娴熟"，通过专家引领、专业学习、相互研讨等方式，让倾听的落实走向科学化，助推幼儿的全面发展。

2. 助推园所"三型"发展

"三型"即研究型、专业型、创新型。秉承"实事求是、敢为人先"的校训，坚持"问题即课题，工作即研究"，深耕教育教学、课程建设、自主游戏、深度学习等方面的研究。机制保障坚持人人平等，在执行各项制度的过程当中做到公平、公正和公开；且依据时代的进步、园所的发展和教职工的成长，坚持制度的不断创新与完善，做到与时俱进，保障制度的时效性和科学性。依托省级规划课题、教改课题、试点项目，以研究型手段去推动教育教学的更新。高效的、严密的、完善的、科学的机制保障，让园所不断革故鼎新，即使面对新环境的问题、新时代的挑战，也能逐步推进、解决，助推幼儿园向专业型、创新型发展。

二、一对一倾听助推幼儿深度学习的教研保障

我园作为长沙市首家园本教研示范园，以贯彻党的教育方针，遵循国家大政策和时代发展对学前教育的需求为原则，立足教育实践、基于园所实际，以"创新、开放、研究"的园所氛围和"两驱多维"园本教研模式，解决保教工作中的"真问题"。多年来我园深耕实践，通过科学系统的教研保障机制支持着教师专业成长，助推幼儿及园所持续发展。

如何让倾听幼儿常态化地贯穿于一日生活各环节和游戏始终，成为我园无比重视的问题。本着解决保教工作中"真问题"的原则，我园运用园所独有的"两驱多维"园本教研模式开展研究，通过教研做好"一对一倾听"的实践保障工作。

（一）解析："两驱多维"的教研保障

"两驱多维"是我园几十年教研经验产出的结果，是实现教研常态化开展的科学路径，是供同行借鉴学习的教研范本。两驱即行政教研、保教研究，多维即多维度、多层面、多方向的路径，通过两驱并行前进，充分解决教育教学中的"真问题"，凝练先进教育理念与策略。我园一对一倾听实践仅两年时间，依托教研保障实现高质量成效。现从一对一倾听角度，论"两驱多维"的实践之路——如何通过"两驱多维"，保障倾听的科学实施、优化发展。

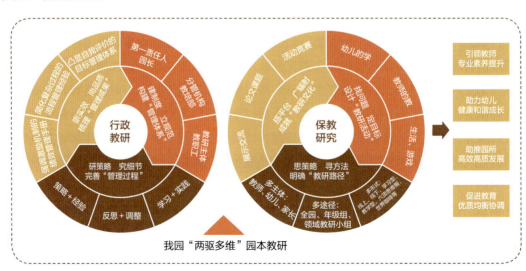

我园"两驱多维"园本教研

1. 行政教研，立倾听发展外循环

（1）建章建制，搭建倾听管理支架

我园有完善的园本教研制度：园长为第一责任人，教培部为专门的分管机构，教职工为教研管理体系的主体（如下图）。

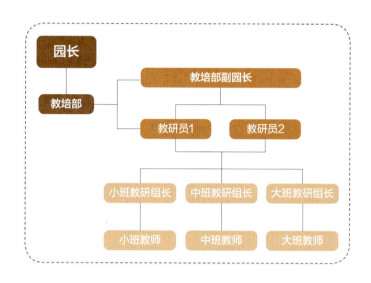

在一对一倾听的实践过程中，园长身体力行带领团队成员开展研究，学期初就全面系统地规划一对一倾听的保教研究工作，根据国家有关方针政策制定中长期和近期教研工作目标，并负责实施过程监督和给予评价。教培部副园长为园本教研执行落实责任人，根据园所实际及教师需要、幼儿需要统筹制定学期教培部教科研工作计划，策划组织一对一倾听的各项教研、科研、培训活动。两名教研员则作为直接执行者，分别负责一对一倾听相关的教研培训和科研课题的实施及指导。教管部直接管理的各年级组教研组长是一对一倾听工作落实的主要责任人，需要依据各年龄段幼儿特点组织本年级组教师讨论一对一倾听在一日生活各场域的落实策略，收集并反馈实践情况。各班教师是教研的直接参与者，也是教研活动的主体，负责实践问题的收集、教研结果的运用和检验。各岗位不可或缺且职责明确。

我园的园本教研制度中，教研服务制度、教研激励制度、教研参研制度为一对一倾听工作的开展提供了有力支持。如：通过学期初开展的调研，了解到教师在一对一倾听方面的困惑及需求，我园就量身定制了教研培训计划，重点甄选相关学习内容（期刊、书籍、视频等），呈菜单式推出，为教师自主学习提供支持；关注相关教育政策及文件，做到及时传达并解读；定期请专家来园做专业指导，为教师研究能力提供助力；教研员深入班级跟班观察、与幼儿及教师交流，倾听他们的心声并做好记录，为教育教研开展收集第一手资料；另外，还提供录音笔、电脑等工具支持。

（2）研督一体，优化教研管理过程

行政人员不仅是教研的参与者、支持者，还具备督导这一职能，是倾听践行中的观察者、评价者、发现者以及研究者。督导制度是行政教研中重要环节之一，教研与督导联合作用，能够不断优化教研管理过程。

园所行政人员和督导小组导师（均由教育教研工作经验丰富的骨干教师担任）通过开展联合教研、研策略、究细节，不断规范和优化一对一倾听工作。如：幼儿园每天有一位行政人员值班，负责图文并茂地记录当天巡查的内容。其中有一项工作就是要关注重点工作的落实情况及效果，比如，不同班级"一对一倾听"的实施流程及策略。督导组导师每月也会对所督导对象（一名导师指导4—5名教师）一对一倾听相关的活动组织、观察记录等进行检查、记录、指导。每周一行政办公会和督导会上，行政人员和督导组导师会逐一交流汇报自己重点关注到的一对一倾听工作落实情况（优点、不足、价值等），由园长组织研讨，再由分管部门负责人和督导者逐层反馈、研讨解决，形成"检查＋反馈—反思＋研讨—调整＋优化"的循环教研路径，不断地发现问题、研究问题、解决问题。

（3）智能研训，梳理倾听教研成果

智能研训即处处能研，时时可研，教研的内容、场域、时间跟随倾听的实施而变动。智能研训有每周、每月固定的教研、培训内容，也会根据实际操作、问题收集的变化而改变。例如及时与班级教师研讨督导时发现的问题；或者班主任会议时，了解关于倾听方面的困惑，及时共同解决；等等。同时，智能研训是实现倾听与深度学习链接的途径。最初，教师在一对一倾听、深度学习等方面的理论知识有所欠缺，需要通过专业学习、查阅论文、专家指导等多种途径来夯实。智能研训不仅是教研，还有专业培训帮助教师群体提升专业能力。教研＋培训形成的合力，才能扩展教师的知识面，为教师提供教研所需要的专业知识。

智能研训体现了动态性、开放性、针对性的特点，让每一个人员都是教研者，都是教研的主体。每一次教研是园所成员共同参与、互相学习、共享研究的过程。在教研实践的同时，同步梳理教研管理成果，使之更好地服务于实际工作。如：营造了让每个幼儿都敢说、想说、愿意说的氛围；梳理了凸显以幼儿为主体的一对一倾听流程；打造了多形式分享且渗透于日常的倾听共同体……在依托教研提升一对一倾听质量的同时，使管理更加优质高效。

2. 保教研究，优化倾听实践路径

（1）确定目标，解决倾听困惑问题

教研前，调研教师保教实践的真问题、倾听教师保教工作中的真实想法，确定研讨目标并设计教研活动，使其贴近一线教师需求，服务保育教育实际。

每个学期开学初，教培部会开展教师专业需求问卷调查或座谈会，了解教师在保教工作中的困惑，以便更有针对性地制定学期研训计划和开展研训工作。每次教研活动前，还会针对当次教研内容提出更具体的需求，从而找准问题，设计教研活动，研究真问题，解决实际问题，保证教研实效。如：在2023年开学之初，针对"一对一倾听促进幼儿深度学习"的保教研究工作，教培部就开展了专项调研，分别从教师视角（教师自主反思）和行政管理视角（行政人员日常跟班观察）了解教师在该方面的困惑。开学后，就"什么是一对一倾听""为什么要开展一对一倾听""如何开展一对一倾听"等问题又做了具体的思考和研讨，根据年级年龄特点分别讨论和梳理出了一对一倾听小、中、大班的行动策略（举例：小班讨论结果）。

如何实践小班一对一倾听		
讨论人员：小班组全体教师		讨论时间：2023.3.23
时间	**形式**	**内容**
◆ 早上进餐时间 　7：40—8：20 ◆ 自主游戏后记录时间 　上午游戏后：10：35—11：00 　下午游戏结束，午点进餐后： 　4：10—4：50 ◆ 午餐前：11：00—11：20 　（第一天没被记录的幼儿，教师要单独进行记录） ◆ 区域时间（个别没被记录的幼儿，教师要利用这个时间补记录并一对一解读倾听）	◆ 分组：把幼儿分成三组，每位教师负责一组。（要记录已经倾听过的幼儿人数，查漏补缺，保证每个幼儿都得到了一对一倾听） ◆ 游戏记录解读的方式： 　◇ 教师手写记录 　◇ 利用工具：教师利用咕咕机等工具录音记录，生成文字。（目前通过实践，发现并不适合小班幼儿）	◆ 来园：幼儿入园情绪的倾听（教师关注来园幼儿情绪，了解幼儿来园情绪产生的原因） ◆ 自主游戏：幼儿游戏时进行一对一倾听 ◆ 幼儿在园发生同伴冲突的原因，以及解决策略 ◆ 教师在记录时也要关注个别幼儿，并记录下来

（2）集智共思，探究倾听实践路径

教研的主体不只是单一教研员，而是有多个主体的。我园在践行教研中，侧重于让不同的主体都参与到教研中来，例如幼儿、家长、教师、生活教师、保健医生等，每个都是教育的主体，都有发言权和参与权。教研中，基于幼儿视角、教师视角开展多主体、多途径、多形式的保教研究，探究保育教育规律，挖掘游戏和生活的独特价值，呈现出丰富、专业、持续、深入的教研特色。教研成果是群体性智慧的产物，因此，我园充分尊重每个主体的想法，营造多元、开放的交流氛围，共同探寻出行之有效的倾听实践路径。

我园的教研主体不仅仅是教师，还有幼儿和行政管理人员。一方面，研究最终的落脚点是幼儿和适切的教育方法。因此，幼儿视角是我园教研中不可或缺的一个重要部分。与幼儿围桌而坐开展圆桌会议、邀请幼儿参加教研活动、在园所环境改造和材料投放时倾听幼儿的想法、细致观察幼儿活动并深入分析幼儿需要……都成为我园教研活动的常态。另一方面，行政管理人员（尤其是教科研岗位的人员）可以从更加科学的视角助力教研活动的开展。如：在一次新学期自主游戏材料的投放前，我们就充分倾听了不同主体的想法。

2023.8.22 关于新学期自主游戏材料投放的调研统计		
调研对象	幼儿代表 （中、大班抽样）	一线教师	行政管理人员
调研问题	你最喜欢哪个游戏场地？	您认为我园目前哪个场地的材料急需调整？	
调研结果	◆ 沙水 13 人 ◆ 大操场 12 人 ◆ 建构 8 人 ◆ 天井娃娃家 2 人 ◆ 天井表演 2 人 ◆ 天井涂鸦 1 人	◆ 天井涂鸦 6 人 ◆ 天井表演 5 人 ◆ 天井娃娃家 4 人 ◆ 天井冒险 3 人 ◆ 沙水池 2 人 ◆ 大操场 1 人 ◆ 都要调整，同样材料可投 　放到不同场地 2 人	◆ 天井涂鸦 4 人 ◆ 天井表演 2 人 ◆ 天井冒险 1 人 ◆ 大部分要调整，各场地探 　究类、低结构材料少 2 人

上表的抽样调查中"教师和行政管理人员认为急需调整的场地及材料"与"最不受幼儿欢迎的场地及材料"相吻合，这说明这次倾听和观察结果是一致的。随即，我园又分年级全面开展调研，了解幼儿具体心声。

调研者：你认为哪个地方最好玩？哪里不太好玩？

幼1：建构区，那里有很多材料，可以搭房子、桥、车。

幼2：大操场，最喜欢建构的材料。

幼3：天井的娃娃家最好玩，我喜欢炒菜，希望能补充玩具食物。

幼4：我喜欢大操场，可以玩娃娃家和滑梯，还有小推车。

幼5：我为什么喜欢大操场呢？因为那里有很多材料。但我想添加一点绳子，更有闯关的感觉。我不太喜欢娃娃家，因为能容纳的人少，而且材料总是那几样。

幼6：我喜欢涂鸦区，想添加梯子能爬到高处涂，还有水管、稳定一点的支架；不那么喜欢大操场，有水的时候跳下来会溅湿，可以把这两个区分开一下互不打扰。

幼7：最喜欢天井，可以玩纸球大战，像红军打仗，还有滑索可以玩，像冲浪一样。

幼8：天井娃娃家可以投放一些矿泉水瓶，让我们制作果汁给客人喝。

然后结合调研数据和具体内容进行分析，进一步讨论场地和材料投放的改进措施，调整后再经过两周的连续跟踪观察，发现之前被"冷落"的游戏场地又"活"了起来。我们坚信，这样持续的教研路径和策略探究才是能真正助推教师专业发展和幼儿成长的。

除此之外，我园还设有问题墙、分享板、反思会等，帮助教师运用园本教研的思路发现问题、解决问题，形成经验。如：备课室是各班教师经常光顾的地方，鉴于此地人气之旺，我园将问题墙设置于此，教师有问题随时提问，同伴间相互解答（同伴不能解答的还可以请专家答疑）。有一次一个小班的教师在问题墙上问："小班幼儿一句完整的话可能都无法说清楚，怎么有效进行一对一倾听呢？"第二天隔壁小班的教师就在下面留言回复："父母是最了解自己孩子的，我班的做法是离园时将大致内容转述给其父母听，请父母回家后与自己的孩子沟通交流并记录下来，第二天再带来幼儿园。"一方面可以增进亲子间的交流，另一方面让家长感受到自己的孩子被老师关注和重视，再者还能够更加进一步深入了解幼儿的真实想法。小小的问题墙彰显的是同伴互助的教育智慧，同时也体现了湖南大学幼儿园园本教研的多元路径。

（3）研推并进，打造倾听教研生态

我园教研充分打造"三入三出"的教研生态，实现教研与推广并行的局面。"三入"即开展专题教研、专业培训、课题研究，通过这三种形式实现教研成果的不断积累；"三出"即开展论文竞赛、交流分享、论坛沙龙，通过三种途径让教师研有所获。

我园鼓励参研者及时梳理总结教研和实践经验，形成有班级或园所特色的教育研究经验成果，并为其搭建各种平台（如：园内开展考核竞赛、经验交流会、论坛沙龙、家长开放日，向对口帮扶园送教送培，在对外的接待展示活动中进行交流分享）推广交流，检验经验。从输入到输出，参研者在教育研究过程中既成就了自己，又助推了行业发展。如，中一班的班主任曾在经验交流中分享一对一倾听预约策略及流程。大班年级组曾在全园总结会上、全省游戏经验交流会上分享"打造倾听共同体"流程及策略。在每次的园所开放接待、对外交流展示活动中，我园都会有不同的新面孔出现，且很多都是工作才1年多的青年教师。同行经常会问我们的教师为何成长得这么快。这也是源于教师在这样的园所文化和教研氛围中形成了"教研＋实践＋反思＋梳理"的好习惯。

另外，"班班有课题，人人能研究"是我园的教科研样态。除了园部在研的省级立项课题外，每班都有班级小课题。每一个班级小课题既是独立的个体，又与园所课题相互关联（从园所课题申报开始就同步给予班级课题申报建议及思路）。如：幼儿园当下正在进行的课题是"支持儿童深度学习的实践研究——基于幼儿园一日活动场域"，班级的小课题就涉及生活活动的深度学习、游戏中的深度学习等方面。小课题为园所课题研究做依据支撑，园所课题又可为班级小课题引领研究方向，且我园的教研与科研课题高度融合，将科研方法、数据运用于教研活动中，让教研更具科学性，教育研究的结果反复实践、优化，也更好地服务于科研工作，可谓相得益彰。

（二）聚合：教研保障的实践成效

1. 促进教师全方位发展

教师全面专业发展即科研力、教研力、思考力、学习力以及育人力等能力的发展，囊括课题研究、教育教学、活动研发、实践育人等多个维度所需要的专业能力。面对技术创新、世界多极化、经济全球化和文化多元化激荡的百年未有之大变局，新时代的教师队伍建设和育人方式变革等也对教师研训工作提出新的更高的要求。而我园"两驱多维"的教研保障,充分保障了教育队伍高质量发展的需求。年复一年、日复一日的"长程"教育教研,跨时空、无边界、优资源、多主体的"智能研训",以及关注不同教师群体学习需求与心理特征的"多向度""人性化"专业指导与个人关怀,全方面提升了教师的研究水平与实践能力。同时,多种专业力的发展逐渐成为教师自我成长的隐形动力以及影响力源头,让"一"带动"其他",形成了良性的教师专业成长共同体。

2. 推动课程立体化发展

立体化纵深发展即在纵向中求变,在横向中求深,立体化实现课程蝶变。课程内容不断推陈出新,在吸收先进教育理念中完善,在不断挖掘中实现园本化课程的深度融合。而倾听的实施也是近两年随着课题推进,而不断完善的。在短时间内,实现高质量课程的产出,离不开"两驱多维"的教研保障。

"两驱多维"的教研保障模式,让园所课程、教学实践、教师策略等方面不断实现迭代更新,突破园所自身瓶颈,在广泛吸收先进教育理念中,进行园本化路径的探索。依托行政教研的外循环,支持园所课题、课程研究以及保教研究的内优化,不断优化课程内容、教学内容、课题研究。一个外动力系统,一个内动力生发,逐步实现"研究—发现—优化—产出"的发展闭环,真正深入破解课程实践中的问题,提炼真方法、真策略、真经验,从而促进园所课程立体化发展、园所教育高质量发展。

"教"以潜心,"研"续成长。学习、培训、教研、科研,融合推进,师幼、行政、督导、同行,共同研究,"两驱多维"园本教研形成了优质教研生态,促进了教育的良性循环,保障了一对一倾听的持续高效实施。

三、一对一倾听助推幼儿深度学习的数智保障

随着教育数智化的不断推进,数智工具已成为赋能教育高质量发展的重要驱动力。《教育部 2022 年工作要点》提出"实施教育数字化战略行动"。2022 年 10 月,中国共产党第二十次全国代表大会首次将"推进教育数字化"写进党代会报告,会议强调要"推进教育数字化,建设全民终身学习的学习型社会、学习型大国",这标志着推进教育数字化已上升为国家战略。数智时代,打破了时间发展的纵向序列,时间可以回溯、倒流,各种关系之间构建一个网络,场域内部充满力量,这种力量因人与人之间的互动而存在。在这样的时代背景下,幼儿园如何将数智技术与教育融合催生新的教育形态,如何让数智技术真正赋能教育教学和幼儿成长,是值得学前教育工作者深思的问题。

随着教育改革的深入,一对一倾听成为学前领域的重点研究课题。教育部《评估指南》明确提出:"重视幼儿通过绘画、讲述等方式对自己经历过的游戏、阅读图画书、观察等活动进行表达表征,教师能一对一倾听并真实记录幼儿的想法和体验。"

这对幼儿教师专业能力提出了更高的要求。信息技术在一对一倾听中的合理运用，能更直观、准确、完整地还原幼儿活动场景，真正做到精准记录，不遗漏、不添加，能将幼儿的表达过程定格，方便回头再听，利于后续分析解读。解决了一对一倾听时间不充足、记录不及时、资料不完整等问题，实现了有目的的观察、有方法的记录、有依据的评价、有策略的支持，从而助推幼儿深度学习。

（一）解析：数智保障的具体要素

1. 数智化设备，打破倾听时空局限

在开展一对一倾听的实践过程中，倡导教师要遵循客观性原则，倾听幼儿的表述，原原本本地记录幼儿的表达，从而更客观地了解幼儿的想法，不能以自己的主观判断来还原倾听到的信息，更不要以偏概全。然而，随着倾听频率的增加和倾听范围的扩大，倾听过程中的问题开始凸显。如：班级幼儿人数多、倾听时间长；教师手写记录慢，幼儿等待时间长；倾听幼儿时，教师无法做到原文记录、不增减；等等。信息化、智能化手段的合理运用，能有效地解决以上问题，实践过程中，幼儿园教师可尝试借助以下工具开展一对一倾听。

（1）录音设备

幼儿园常用的录音设备有录音笔、录音器，手机、平板电脑中的录音功能也可用于日常倾听。选择录音设备时，应注意选择录音清晰、易于操作的设备，方便幼儿随机、自主地进行记录。采用定期回放录音的方式，帮助幼儿回顾表达的过程，了解他们的需求和问题，也可以将录音分享给家长，以便更好地合作，共同关注幼儿的成长。录音设备还可用于主题墙、倾听墙、游戏表征墙、心情表征记录以及区域活动等多种场景，让幼儿的游戏和学习看得见、听得见。

录音记录方式多运用于小班幼儿进行记录表征时，或大中班幼儿进行较长的表述，教师不能快速记录时，以减少幼儿集中等待的时间，提高倾听和表达的实效性。如：大班可将带有录音功能的录音笔、录音器投放在语言区内，幼儿需要表达时，可自主到区域中录音。教师每日将幼儿的录音导出，进行倾听记录，了解幼儿的想法、需求，并进行针对性的分析和解读。

（2）录像设备

幼儿园一对一倾听中常用的录像、拍照设备有手机、平板电脑和相机。随着具有视频拍摄功能手机的普及，手机记录为幼儿园教师更便捷、客观地观察、倾听幼儿的活动提供了更多的可能，是教师比较常用的方式。

相对于传统的文本记录，照片、视频记录具有直观、便捷、可反复播放、可存储的特点，能较完整地记录幼儿在活动中的神情、动作、语言等信息。教师拍摄视频的过程也是倾听幼儿的过程，活动中幼儿的交流与表达是最丰富、多元的，涉及与同伴的协商合作、问题解决，个人的情绪、需求、发现等等，也是最自然、最真实的状

态。教师在拍摄和倾听时需要注意以下两点：第一，应与班级其他教师分工合作，保证能在全身心投入观察、倾听的同时又能关注全体。第二，做到"站稳三分钟"，确保拍摄的完整性和全面性。

（3）打印设备

在实践的过程中，教师可巧妙地将咕咕机运用到幼儿园一对一倾听中。咕咕机可以实现语音记录和文字记录两种方式，教师只需要通过蓝牙将手机与咕咕机连接，使用文本打印或语音识别的功能就能将幼儿的讲述内容记录下来，然后生成语音二维码或文字，最后打印出来并粘贴在幼儿的作品或活动记录纸上。咕咕机的使用，一定程度上解决了教师手写文字不清晰、幼儿讲述太快教师记录不完整等问题，提高了倾听和记录的准确性、时效性。

使用咕咕机进行一对一倾听时，关于记录的形式（语音或文字）教师可提前征求幼儿的意见，也可以根据幼儿讲述的内容决定。语音录入时尽量选择相对安静的环境，保证录音的清晰，二维码或文本打印可由幼儿自己完成并自主粘贴，凸显幼儿的主体性。

（4）倾听程序

随着教育信息化时代的到来，越来越多的幼儿园开始利用专业的倾听工具或程序来提升一对一倾听的质量及效率。我园在实践过程中，运用了"倾听儿童"小程序，较好地实现了一对一倾听的动态化、全面化和信息化。

"倾听儿童"小程序同时支持视频、语音、照片、图片和文字记录，让幼儿的表达表征方式更多元，教师的观察倾听角度更丰富。在实践中，我们发现"倾听儿童"小程序，具有以下优势和特点：

第一，一键扫码展示，实现纸质表征、一对一倾听记录、动态音视频记录与教师观察记录的整合。

第二，专用小程序在游戏记录中，能减少占用教师手机内存；语音转文字等功能能实现一对一倾听的快捷记录，为教师松绑。

第三，二维码匹配机制，幼儿一人一案一码实现自动归档，资料整理便捷，提高教师工作效率，实现教师减负。

第四，呈现动态游戏实况，看见幼儿学习与发展的全过程。

2. 数字化存储，实现专属倾听档案

建立幼儿信息化倾听档案，有利于教师更方便地记录幼儿的活动内容、语言表达、记录表征等信息。这些信息能帮助教师更好地了解幼儿的发展优势与不足、兴趣爱好、社会性交往情况等，便于教师制定个性化的教育方案。我园在实践过程中，尝试运用"倾听儿童"小程序进行幼儿信息化管理，做到一班一平台，一人一档案。信息化档案系统不仅实现了信息共享，方便家长动态地了解幼儿在园的情况，看见幼儿的成长，从而有效地开展家园共育，更有助于教师高效地观察、倾听和记录，提高一对一倾听的质量。

"倾听儿童"小程序，含配套资源"观察·倾听·表征幼儿游戏活动记录"本、标签打印机（如下图），便于幼儿进行记录和教师生成打印二维码、文本等。

教师在实践过程中，采用"一对一、一对小组、一对全体"的"三个一"模式，实现集体分享与倾听、小组分享与倾听和个别分享与倾听的有机融合。"倾听儿童"小程序适用于"一对一"和"一对小组"。不同的倾听方式，操作的流程有所不同。

（1）"倾听儿童"小程序一对一倾听操作流程

第一步，建立幼儿列表。进入"幼儿列表"编辑界面，创建幼儿信息，建立幼儿列表。如图所示。

第二步，创建游戏档案。进入"观察记录/表征倾听"编辑界面，为作品命名，添加标签。标签可填活动类型，或自定义标签，便于案例归类，然后再归类到参与本次游戏的幼儿并上传。如图所示。

第三步，打印并粘贴。进入"打印二维码"的"案例生成二维码"的编辑界面，勾选本次建立的案例档案，选择打印，然后导出二维码粘贴在幼儿表征作品上，案例内容便归属到对应的幼儿。如下图所示。

第四步，倾听幼儿并录音。进入"观察备忘录"的某位幼儿档案编辑界面，点击"幼儿口述"，真实记录幼儿感受，并点击"保存"。该功能支持上传多段录音，每段最长3分钟。如图所示。

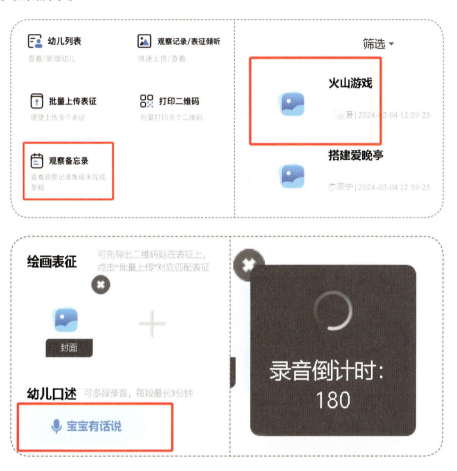

第五步，上传照片和视频。进入"观察记录/表征倾听"编辑界面，点击"活动图片""活动视频"，上传幼儿活动照片和视频，记录精彩瞬间还原真实游戏场景，最后点击"保存"。每个幼儿最多可上传5张照片和3段视频。如图所示。

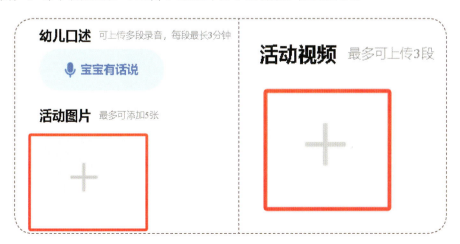

第六步，批量上传表征作品。点击"批量上传表征"，上传幼儿表征作品。系统支持上传多个幼儿表征作品，并能自动识别进行对应归档，实现资料快速整理。如图所示。

第七步，补充文字记录。进入"观察备忘录"界面，点击"幼儿当次游戏档案"，编辑"文本记录"，记录幼儿活动实录或倾听内容，及时保存。如图所示。

第八步，随机倾听记录。点击"观察记录/表征倾听"，可快速编辑不特定观察记录案例，随用随记。如图所示。

（2）"倾听儿童"小程序一对一组倾听操作流程

第一步，建立幼儿列表。（同一对一倾听操作流程）

第二步，创建小组游戏档案，上传照片、视频。先进入"观察记录/表征倾听"编辑界面，为小组作品起标题，添加标签。标签可填活动类型，或自定义标签，便于案例归类；然后上传小组游戏照片和视频，倾听录制小组讨论的语音或逐个倾听；最后归类到参与本小组游戏的幼儿游戏档案中并上传。如图所示。

第三步，打印并粘贴。进入"打印二维码"的"案例生成二维码"的编辑界面，勾选本次建立的案例档案，选择打印，然后导出二维码粘贴在幼儿表征作品上（如果小组幼儿是记录在一张记录纸上，那就把小组每一位幼儿的二维码都粘贴在同一张纸上），案例内容便归属到对应的幼儿。如图所示。

第四步，批量上传表征作品。点击"批量上传表征"，上传幼儿表征作品，系统支持上传多个幼儿表征作品，并自动识别进行对应归档，实现资料快速整理。如图所示。

第五步，补充文字记录。进入"观察备忘录"界面，点击"幼儿当次游戏档案"，编辑"文本记录"，记录幼儿活动实录或倾听内容，及时保存（条件允许的情况下，第五步可以与第二步同时操作）。如图所示。

随时扫码，即可呈现幼儿游戏案例动态，含表征、倾听、照片、视频、观察记录与评价。同时，还可连接电脑端，导出文档，成为教师的观察记录、幼儿的成长档案，用于教研活动和家园沟通等。

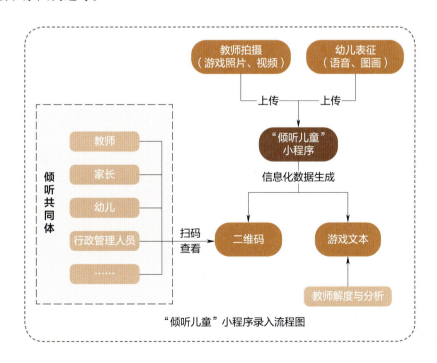

"倾听儿童"小程序录入流程图

3.智慧环境，营造充分倾听氛围

智慧教育是引领教育数字化转型的关键，它将传统教育模式与现代科技相结合，创造了一个全新的学习环境。创设一个宽松、愉悦、安静的倾听环境是运用数智化手段开展一对一倾听的重要保障，它既包括物质环境又蕴含精神环境。

物质环境方面，首先要考虑的是幼儿的年龄特点和兴趣爱好。为幼儿准备一个色彩鲜艳、富有童趣的记录本，不仅能满足他们记录的需求，还能激发他们参与的兴趣。其次，选择一个光线充足、环境静谧的角落作为倾听的专属空间，这个角落应该与游戏区保持一定的距离，避免干扰。在这个空间里，可以放置一些舒适的坐垫或椅子，以及高度适宜的桌子，让幼儿能够轻松自在地与教师进行一对一的交流。最后，为了更好地记录倾听的内容，幼儿园应为班级添置一些信息化设备和平台，如录音笔、录音器、平板电脑、打印机、倾听小程序等，提高倾听的实效性和准确性。

精神环境方面，教师的态度和行为起着至关重要的作用。首先，教师要以真诚、自然的态度去聆听幼儿的表达，避免打断、加工、过滤或随意评价，给予他们充足的表达时间和空间，让幼儿感受到被尊重和被重视，从而更加愿意与教师分享自己的内心世界。其次，教师应投入时间与精力去倾听幼儿的表达，与他们建立有效的情感链接。在倾听的过程中，教师可以通过点头、微笑、眼神交流等方式给予幼儿积极的反馈，让他们感受到被理解和被关注。最后，教师在倾听中应不断反思、调试自己的教育行为，以实现与幼儿的共同成长。通过倾听，教师可以更深入地了解幼儿的需求和兴趣，从而为他们提供更加个性化的教育支持。

4.信息化技术，保障倾听智能开展

教育数智化已成为现代教育的重要趋势。提升教师教育信息技术应用能力专业水平已成为教育数字化发展的关键因素。为了充分发挥数智化手段在一对一倾听中的运用，幼儿园可以从以下途径提升教师的信息技术运用能力，保障倾听工作常态化、科学化的开展。

第一，提供专业培训学习。通过定期的教师研训和专题讲座，提供专业的数智化教育培训，加强教师信息技术和数智化工具应用能力。包括倾听小程序的使用、信息技术的应用、幼儿信息化档案的建立等。

第二，积极探索创新实践。鼓励教师积极探索和实践，创新适合班级幼儿、教师的数智化倾听手段和策略，并通过同伴互助、经验交流、资源共享等方式，积极推广优质的方法和经验。

第三，成立技术支持团队。定期收集教师实践过程中的问题和困惑，为教师提供及时的技术帮助和解决方案，确保他们在活动过程中能够顺利运用数智化手段。

（二）聚合：数智保障的实践成效

1.打造倾听共同体

一对一倾听，第一个"一"是教师、保育员、行政管理人员、家长等角色，第二个"一"是被倾听者，即幼儿。教师巧用信息化技术、数智化程序，将幼儿的语音、图画、照片等内容上传，形成二维码。依托数智赋能，实现将幼儿的表达过程精准记录，让全体倾听者或想要了解幼儿游戏的人员，都能看见、听见。随着幼儿记录信息的增多，能让幼

儿成长的痕迹显露，有利于教师追踪研究幼儿游戏的发生和延展，有利于家长直观感受到幼儿的成长和发展，并加入"倾听儿童"的队伍，组建倾听共同体，建立科学的现代儿童观。同时，数智化倾听和记录，更有利于教师真实记录幼儿游戏、生活的全过程，生成个性化活动案例，帮助家长了解幼儿在园的情况，也为幼儿提供了表达的途径，便于教师动态评估幼儿的发展水平。在为幼儿个性化发展提供依据的同时，也助推了教师的专业水平的提升。

2. 助推幼儿深度学习

每个幼儿都是独立的个体，有不同的发展水平和发展速度。观察和记录自然情境中幼儿的行为，倾听幼儿真实的想法和需求，可以帮助教师了解幼儿现状（特别是优势和需求），且为进一步支持其学习和拓展经验助力。信息化、数智化手段，为倾听幼儿、理解幼儿、支持幼儿、助推幼儿深度学习提供了有力的保障，有助于教师打破"你来进入我的视野，我来评判你如何"的观察局限，带着一种理解与共情的姿态与幼儿深度交流、互学共长。在想说、敢说、愿意说的氛围中，幼儿想表达什么就表达什么，同时积极地反思自己的经验，教师是忠实的倾听者和记录者，也得到了自我反思的机会。

如在"造船"的游戏过程中，幼儿探索感知到沉浮现象，于是联系生活经验大胆联想、猜测，推理船为什么可以浮在水面上。游戏后，幼儿通过图画、符号等多种形式自主记录自己的发现、问题或反思。教师则在一对一倾听的过程中，运用信息技术，依托数智赋能，精准记录，将幼儿的表达过程定格。在后续的回顾、反思、倾听、讨论中，幼儿总结出物体的沉浮除了与它的重量有关外，还可能与其材质、体积有关系。由此推动游戏进程，推动幼儿开始新一轮的探索。教师能通过信息化的倾听与记录，捕捉活动问题，让幼儿在自由自主的游戏中实现深度学习和多元发展。

3. 助推教师反思智慧

对教师而言，在活动中通过数智化倾听捕捉与学习幼儿的思想和智慧，能启迪自身创造性的思维和智慧；在倾听的过程中不断反思已有的教育经验，能拓展、完善课程，促进自身专业成长，实现自身的主体价值。

如：教师在运用一对一倾听视频复盘幼儿的游戏过程中，通过不断地倾听观察，复盘回溯，意外收获了幼儿的三次笑容和三个发现。在此过程中，对一对一倾听的认知和理解也发生了改变。从最初简单地将一对一倾听理解为只是真实记录幼儿的想法和体验、平等对话、尊重幼儿的表达，到深刻地感悟倾听不只是听"画面"，更是"听"心声。表征不仅是记录的形式、表达的载体，也是教师走进幼儿内心的密码，要珍视过程中的互动和交流，去对话，去思考，去了解幼儿。数智化倾听，促使教师从最初的以自我出发的"自主式倾听"到从事实出发、高度观察的"聚焦式倾听"，再到能捕捉幼儿心灵的声音，听懂其内心的表达，并作出有针对性回应的"全息式倾听"。在这个过程中，幼儿的内在潜能慢慢得到激发与释放，教师的专业能力也在不断提升。

下　篇
一对一倾听助推幼儿深度学习的典型案例

第一节 一对一倾听助推 3—4 岁幼儿
深度学习的典型案例

一、好玩的滚筒

滚筒，作为一种开放性材料投放在游戏场地中，深受幼儿喜爱。《纲要》指出："教师要善于发现幼儿感兴趣的事物、游戏和偶发事件中所蕴含的教育价值，把握时机，积极引导。"我们跟随幼儿的兴趣，追随幼儿的步伐，从小班时的尝试、探索，到中班的合作、挑战，不断与滚筒这一游戏材料产生着互动。在互动的同时，他们学会对自己身边发生的事情进行反思，发现其中的问题，思考更好的解决方法，还能总结"玩滚筒"的经验，并

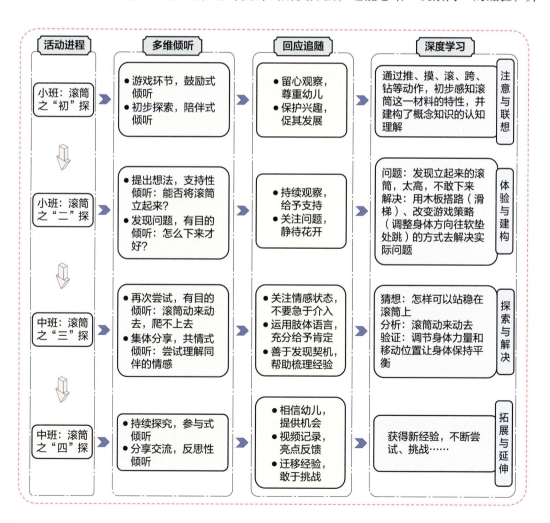

且乐意将这些经验与同伴分享。在整个滚筒游戏过程中，教师没有打扰幼儿的游戏，给了幼儿足够的自由和自主，所以幼儿才能全身心沉浸在自发的游戏氛围中自我探索、自我挑战，变化出多种玩法。

滚筒之"初"探

倾听的实录

今天的户外游戏在二号楼前坪。游戏中，芮芮、曦曦还有小宝一起滚来了一个大滚筒。她们先是将滚筒在地上滚来滚去，尽情地和滚筒一起来来回回地"疯跑"。"曦曦，快点！""小宝，停！"……大家你一言我一语。过了一会儿，她们时而跨上滚筒坐在上面，时而钻进里面滚动滚筒。即便一坐上去就从滚筒上掉下来，她们也玩得乐此不疲，欢笑不断。

倾听的回应

● 留心观察，尊重幼儿

倾听幼儿的声音能更好地理解幼儿，促进幼儿的发展。《发展指南》中指出："幼儿在活动过程中表现出的积极态度和良好行为倾向是终身学习与发展所必需的宝贵品质。"虽然平时在户外自主游戏中也投放了滚筒，但孩子们基本都是看着哥哥姐姐玩，看到哥哥姐姐能自如地站在滚筒上，他们非常羡慕又有些生畏。

这一次的游戏不是混龄班的游戏，孩子们在拿到滚筒时，既兴奋又新奇，表现出了积极的态度和浓厚的兴趣。如：他们能探索出连续滚动滚筒、钻进滚筒的玩法，可以看出他们有自主探索游戏玩法的探究能力，也有可能是平时留心关注了大、中班孩子的游戏，模仿、借鉴运用了哥哥姐姐的游戏玩法。所以教师只有留心观察，努力理解幼儿无声语言背后表达的内容，才能读懂幼儿独特的学习方式、游戏方式及生活方式。

● 保护兴趣，促其发展

倾听需要教师用爱与关怀去理解幼儿，理解其年龄特点，建立彼此之间的信任关系。直觉行动思维是小班幼儿的典型思维方式，他们只对自己身边的事物感兴趣。《发展指南》指出："要充分尊重和保护幼儿的好奇心和学习兴趣，帮助幼儿逐步养成积极主动、认真专注、不怕困难、敢于探究和尝试、乐于想象和创造等良好学习品质。"

倾听实录中，当孩子尽情地和滚筒一起来来回回地"疯跑"时，教师内心是比较矛盾的，纠结于兴趣需求和安全隐患之间，担心孩子被滚筒压倒、孩子与孩子之间因把握不住滚筒前进方向而撞倒同伴等潜在的安全隐患。但教师没有制止，而是相信他们，保护了孩子的好奇心和学习兴趣，让孩子在一次次与材料互动的过程中习得经验，养成良好学习品质，支持他们从原有水平向更高水平的发展。

倾听助推的深度学习

● 积极互动，建构概念知识

《纲要》科学领域指出："幼儿对周围的事物、现象感兴趣，有好奇心和求知欲。"我园日常有混龄班游戏，幼儿对滚筒不陌生，且随着时间的推移对滚筒这一材料产生了兴趣，所以能积极与滚筒互动。如：孩子在滚动滚筒的时候，自然而然地了解了滚筒是圆柱形的，而圆圆的东西是可以滚动的。

● 不断探索，感知材料特性

《发展指南》科学领域"科学探究"目标二是：3—4岁幼儿能用多种感官或动作去探索物体，关注动作所产生的结果。"曦曦，快点！""小宝，停！"等语句说明他们在与滚筒互动的过程中，感知到了滚动滚筒的速度与自己的动作有关系，所以才会让同伴和自己一起快点推滚筒。同时，他们通过看、摸、推、跨、钻等动作，初步感知了解了滚筒这一材料的特性。

滚筒之"二"探

倾听的实录

芮芮说："老师，我可以将滚筒立起来吗？"

我笑着说："当然可以。"芮芮露出了开心的笑脸。可过了一会儿，她朝我看了看。

我问道："需要我帮忙吗？"她点点头。于是，我们一起将滚筒立了起来。滚筒立起来后，立马吸引了一群孩子，他们好像发现了新大陆似的，围着滚筒又是叫又是跳。

兴奋过后，孩子们开始探索滚筒新玩法——他们将卡口楼梯卡在滚筒上，又找来了一块软垫垫在楼梯下面，用于保护。

孩子们依次排队爬上楼梯。可恒恒爬上楼梯后站在滚筒边缘停下了脚步。见他进退两难的样子，我猜他应该是不知道怎么下来。

　　这时，只见沐沐迅速捡起地上的木板，他想搭一条下来的路（滑梯）。好不容易将木板一头卡住滚筒，却招来了旁边几个孩子异口同声地反对——太短了！

　　于是，孩子们四散跑去找长木板，结果都空手而归。问其原因，长木板没有了，都被其他游戏的小朋友用完了。

　　"在滚筒前面再铺一个垫子也可以，这样我们就能跳下去了。"恒恒提议。这个提议得到了伙伴的认可。只是，搜寻一番后大家仍空手而归，因为软垫也没有了。

没有长木板和软垫，孩子们也不放弃继续爬上滚筒，一边小心翼翼地在滚筒边缘挪着，一边向我投来了求助的眼神。我问："需要我的帮忙吗？"曦曦赶紧点点头。于是，孩子们爬上去后，我再将她们一个个抱下来。

轮到恒恒爬上滚筒，他并没像其他孩子一样求助于教师，而是自己慢慢挪动身体，在滚筒边缘来了个大转身，然后朝垫子的方向纵身一跃，稳稳地落在了软垫上。

一旁的曦曦说："恒恒，你真厉害！"

于是，一种新的玩法又产生了。

倾听的回应

● 持续观察，给予支持

倾听需要教师持续、用心、密切以及近距离地观察孩子的动作、神情、表情手势等。游戏中，当孩子提出要将滚筒立起来的想法时，教师倾听到了孩子的语言和神情，适时给予了孩子支持，推动了游戏的发展。所以教师不仅要用耳朵，还要用眼睛和心去理解孩子在某一时间、某一场域下的不同信息，通过观察细节去发现孩子们到底在渴望什么，是否需要帮助。

● 关注问题，静待花开

从倾听的实录中，可以看出孩子们玩滚筒的游戏水平正在逐步提升。他们从最初的随意摆弄到有目的性地搭建，还能利用滚筒有序游戏，最后自发生成了游戏主题。游戏中问题不断出现，孩子们各自有着自己独特的解决问题的方式。而教师在过程中一直面带微笑，用心记下他们的话语、感受和想法，采用陪伴式倾听的方式，尊重他们的所思所想及所做。具体见下表。

遇到的问题	教师的回应	解决方案	结果
滚筒太重，立不起来	面带微笑，适时支持	大家一起将滚筒立了起来	吸引了一群孩子
滚筒太高，怎么下来	猜测幼儿想法，从旁陪伴	沐沐迅速捡起地上的木板，搭了一条下来的路（滑梯）	受到同伴的反对——太短了
没有长木板、软垫了，还是想玩	关注幼儿情绪，给予支持	解决1：幼儿向教师投去求助的眼神	一个个轮流抱下来
		解决2：自主改变游戏策略（调整身体方向往软垫处跳）	成功

倾听助推的深度学习

● 没有放弃，主动求助

孩子在遇到困难时能主动求助于教师。如：曦曦站在滚筒边缘时，心里很害怕。她没有选择往下跳，是因为她不确定是否安全，可见她有一定的自我保护能力。但她也没有放弃游戏，而是求助于她信任的成人，说明她既想挑战，又能想办法解决问题。

● 善于思考，解决问题

孩子在遇到困难时能主动想办法解决问题。如：恒恒站上滚筒不能下来时，运用以往的经验，想到垫一块软垫，发现没有软垫后，没有放弃或是依靠教师，而是尝试改变游戏策略，可见他是一个善于思考的孩子。

● 愉快接纳，合作共享

从最初的三人玩滚筒到最后的一群孩子一起玩，每一次有新的伙伴加入时，孩子们都愉快地接纳了。没有孩子说："这是我们拿的材料。"这对于小班孩子来说是很难得的。且游戏中，孩子们合作搬材料，一起解决问题……当同伴有了新创意时，能由衷地发出赞叹，这些都体现了孩子有较好的合作意识。

滚筒之"三"探

倾听的实录

升入中班，孩子们对滚筒的探索热情不减。这一次，她们开始挑战站上滚筒。

真真、果果和望望直奔滚筒，三个人将滚筒推倒，移到了跑道中间。真真迫不及待地想爬上滚筒，可是爬了一会没有成功。果果同样也没有成功。

真真说："滚筒太大了。"

果果说："这个滚筒老是动来动去。"突然，望望用手一撑，脚一跨，坐在了滚筒上。

望望的这一动作，恰好被真真尽收眼底，真真立刻向望望学了起来，一跳，也跳上去了。一旁的果果看到了，也模仿了起来。不一会儿，大家都骑在滚筒上，左右摇摆起来，他们发现滚筒左右摇摆就像月亮船一样，很开心。

一会儿，望望高兴地对果果说："你看，我的滚筒可以滚动起来啦。"他又看了看我，我给他竖起了一个大拇指，问："你的滚筒是怎么动起来的呢？"

望望想了想，边做边说："滚筒往右滚，我就往左扭，滚筒往左滚，我就往右扭，这样我就不会摔下去了，滚筒还可以向前走。"

大家听了望望的介绍，纷纷都模仿着学了起来。

　　经过一段时间的自主探索，他们上下滚筒越来越娴熟，坐在滚筒上滚动的速度也越来越快，掉下的次数也越来越少。回教室后，我请他们分享了自己的游戏。

　　第二天，越来越多的孩子加入了滚筒游戏。我在观察孩子们与材料互动的过程中，突然看到果果小心翼翼地从滚筒上站了起来。真真大声喊道："果果，好厉害！"果果站在滚筒上，很开心！

　　果果还高兴地跟大家介绍自己是如何在滚筒上站稳的。
　　刚说完不久，真真也成功地站到了滚筒上面。

　　他俩有了第一次站稳的经验，很有成就感，接着又连续尝试了好几次。果果还站在滚筒上与自己的影子玩起了游戏。

　　他俩的游戏吸引了一旁的之之，之之也开始探索滚筒，却怎么也站不起来。真真见状，她一边站上滚筒，一边向之之讲解："你爬上去后，要把手挪到前面，再把脚站起来。"

　　果果说："不要怕。之之，加油站起来。"

　　真真说："对，就是这样。"并用手扶了一下之之。

　　这一次，之之在朋友的鼓励和帮助下，成功站上了滚筒。接下来之之越玩越起劲，不停地摸索着……过了大约几分钟，之之站稳在了滚筒上，而且还可以慢慢地向前移动了。

倾听的回应

● 关注情感状态，不要急于介入

游戏中，教师需要细致入微地把握孩子的情感动向和状态，并加以引导。如：进入中班后，小班时滚筒的玩法已不能满足孩子们的需求，所以他们不断探索，新玩法不断出现。他们在与材料互动的自主探索过程中，不仅发散了思维、锻炼了身体，还体验到了与同伴一起玩游戏的快乐。更重要的是在不断摔倒爬起的过程中，孩子们的毅力、耐力和勇敢坚持的品质得到培养。

同时在上述倾听实录中，我们会发现孩子很容易受同伴的影响，彼此模仿，相互学习，共同进步。因此，我们要为孩子提供更多相互学习和交流的机会，促进他们在原有水平上获得发展。

● 运用肢体语言，充分给予肯定

孩子们自主探索爬上滚筒的方法—骑在滚筒上左右摇摆—坐在滚筒上移动滚筒，我始终在旁观察。当孩子向我投来目光时，我会微笑着看着他，给他竖起一个大拇指；当孩子表达时，我会蹲下来，保证姿态上与孩子同一高度，然后再看着孩子的眼睛，听他讲，并给予肯定和支持。

● 善于发现契机，帮助梳理经验

《纲要》指出："教师要善于发现幼儿感兴趣的事物、游戏和偶发事件中所蕴含的教育价值，把握时机，积极引导。"游戏中，教师要善于发现教育契机，一句问话："你的滚筒是怎么动起来的？"既"跟随"了孩子的兴趣，帮助他们梳理总结了经验，提高了语言表达能力、思维能力等。同时，还能给旁边游戏的同伴提供可视化的参考，也同样收获到成功的喜悦，并在高质量的游戏环境互动中获得深度学习。

倾听助推的深度学习

● 面对问题，猜想验证

深度学习是一种基于问题解决的学习，也是一种基于实践探究的学习。幼儿在真实的情景中，面对各种问题，收集信息并尝试与已有经验建立某种联系，寻找解决问题的可能途径，并在不断尝试解决问题的过程中获得新经验，具体见下表。

遇到的问题	幼儿的猜想	解决方案	结果
怎么爬上滚筒	滚筒动来动去	不断尝试	用手一撑，脚一跨，成功上去
		朋友扶着	滚筒稳定不摇晃了，成功上去
人在滚筒上，怎么动起来	滚筒动，人就会从滚筒上掉下来	人和滚筒一起动	失败
		调节身体，保持平衡	人和滚筒能连续向前移动
怎样可以站稳在滚筒上	滚筒太高，人会掉下来	先爬上滚筒，蹲着，再慢慢地站起来	成功

而在自主探索滚筒的过程中，孩子们遇到了各种问题。可以从上表中看出，他们有自己的猜想，并采用不同的解决方案去达到自己的目标。例如，怎么爬上滚筒、如何让滚筒动起来、如何平稳地站立在滚筒上……他们并没有依赖教师，而是通过相互交流、大胆猜想、积极验证，努力实现的。在孩子们一次次调整、一次次操作、一次次与材料接触中，这些问题都迎刃而解。

每一次探索，都是孩子思维转变的发展，他们面对问题的态度、解决问题的方式、解决问题的能力、解释反思的能力都有所发展。

● 同伴互动，助推探究

从第一次三位孩子选择玩滚筒到第二次六位孩子选择玩滚筒，说明第一次游戏后三位孩子的游戏分享，调动了其他孩子们的游戏兴趣。从倾听实录中，我们可以看到孩子互相之间在不停地模仿学习，在游戏过程中他们还会自我调整、自我反思和总结游戏经验。同时，随着与材料的互动增多，孩子的游戏水平会逐渐提升。如在体验了成功的喜悦之后，果果和真真还将自己的经验传递给了朋友。在帮助之之的过程中，真真、果果除了提供可靠的保护外，还会亲自示范，同时不断运用鼓励的语言激励她，当之之获得成功后，由衷地发出祝贺和赞美。整个过程，他俩充当着游戏中老师的角色。细心、耐心、正面引导等这些对于幼儿园中班的孩子来说，都是相当可贵的品质。

滚筒之"四"探

倾听的实录

　　一段时间后，满满和心仪正用脚移动着滚筒。满满看到妮妮在旁边拍球，她看了一会儿，突然从滚筒上跳了下来，跑向篮球篓，取来了一个球。

　　她对心仪说："我们来传球吧！"我笑了笑，说："你们这个想法，很好！"

　　心仪开心地说："可以。"说完，满满爬上了滚筒。两人站在滚筒上相互抛接球。

　　刚开始传球时，球总是掉。心仪说："太远了，满满你近一点。"

　　满满说："心仪，你轻点……"两人相互交流着。

　　球掉了，两人就从滚筒上跳下来去捡球；滚筒隔得远了，两人就默契地配合着向前走一会儿，再抛球；当滚筒挨得太近时，两人又向后退；当感觉不安全时，她们会从滚筒上跳下来，自我调整。

　　在后续的滚筒游戏中，孩子们还和小伙伴一起玩出了多种花样：红绿灯游戏、滚筒上投篮、多人站在滚筒上抛接球、两人同站一个滚筒上开小汽车／歌唱／玩游戏、

多人合作开火车、两人互换滚筒等。

倾听的回应

● 相信幼儿，提供机会

陈鹤琴先生提出："凡是儿童自己能够做的，应当让他自己做，凡是儿童自己能够想的，应当让他自己想。"[1]我们要相信孩子，因为只有当教师放下对游戏的期待时，孩子就有了游戏的更多可能。如：孩子们刚开始在滚筒上相互抛接球时，球总是掉，教师并没有介入，而是相信孩子有独立处理问题的能力。教师管住手，闭上嘴，耐心等一等，给孩子发现问题、面对问题、解决问题的机会，让他们在碰撞、冲突、协商中找到最佳的解决方案。

● 视频记录，亮点反馈

为了更好地倾听到孩子的声音，游戏过程中，我用手机记录下了幼儿滚筒上相互抛接球的片断。这一方面能保障倾听内容的真实性，另一方面能便于教师反复倾听和分享交流，促使孩子开展反思性学习、分享与借鉴经验。分享交流后，孩子们玩滚筒的兴趣更浓了，探索出的玩法和体验到的成就感也越来越多。

● 迁移经验，敢于挑战

随着孩子们对滚筒的兴趣越来越高，每次都能玩出不同的花样，他们会迁移和运用已有经验进行拓展。如：从在地面拍球，想到了可以在滚筒上传球；从球总是掉，到想各种办法解决问题。孩子们一次次的探索、一次次的尝试给了教师惊喜，验证了孩子是"有能力的学习者"。在一次次的尝试过程中，教师始终给予精神上的鼓励，将更多的时间和空间留给孩子，为孩子提供深度学习的机会，提高了孩子自主解决问题的能力。

倾听助推的深度学习

● 经验重构，新旧经验联结

诺曼提出的"复杂学习模式"，强调游戏与学习之间的关联性，指出游戏对学习产生的极大支持力量。[2]幼儿通过长时间探索游戏，实现知识的增长，从特定材料或者活动中获取零散概念，一旦熟悉这些概念，他们就能不断认识到其中潜藏的模式或结构，并开始重构。"增长 – 重构"过程不断反复，直到调整出现，至此幼儿对新知识、新经验实现了充分的掌握，实现了有意义的学习。如：在滚筒上抛接球，是孩子将第一次独立在滚筒上行走的经验，进行反思、调整，运用到了在滚筒上相互抛接球的活动中，实现了新旧经验的互动联结。

---

1. 陈鹤琴 . 活教育［M］. 南京：南京师范大学出版社，2012.
2. 杨恩慧 . 游戏中幼儿的深度学习及教师的指导策略［J］. 教育导刊，2020：28-33.

● **主动思考，实现高阶思维**

刚开始互相传球时，球总是掉。孩子并没有放弃，而是主动思考："球为什么会掉？"在讨论中，心仪和满满结合自己的已有经验大胆联想、分析、猜测、推理、归纳："怎样可以成功接到朋友抛过来的球？"

在这个过程中孩子能主动学习，预测传球的距离及自主调整滚筒的远近。孩子发现问题、解决问题的能力得到了发展，同时也提高了孩子们的目测、预估能力。当发现不安全因素的时候，孩子也能主动调整，有较强的安全意识。这便是孩子运用高阶思维步入深度学习的过程。

一次次的尝试，一次次的讨论，一次次的调整改进，幼儿的游戏水平、全身协调性、平衡能力、反应能力得到了发展，还学会了与同伴合作，学会了倾听他人的想法和意见，学会了思考和协商。教师则在游戏中持续观察幼儿的游戏行为，不断分析游戏活动的价值，并在尊重幼儿探究欲望的基础上，根据幼儿现有的经验水平、认知方式，让幼儿在自主思考中解决自己提出的疑问及困惑，从而促进幼儿开展深度学习，实现幼儿的全面发展。

扫码观看典型案例"好玩的滚筒"活动视频

二、游戏前的准备

《幼儿园工作规程》提出："幼儿园日常生活组织，应当从实际出发，建立必要、合理的常规，坚持一贯性和灵活性相结合，培养幼儿的良好习惯和初步的生活自理能力。"教师以幼儿午睡起床"穿脱衣服"的问题为契机，倾听幼儿声音，剖析幼儿年龄特点，制定可操作化的目标，结合儿歌、视频、评价鼓励、创设环境、投放材料、家园互动等方式，引导幼儿从生活中的技能学习逐步延伸到游戏前的各项准备。幼儿在观察学习、实践操作、师幼互动、交流反思中，不断提升自理能力，养成良好的习惯，落实《幼儿园入学准备教育指导要点》（以下简称《指导要点》）中身心准备、生活准备、社会准备的发展目标，主动自发提问，积极参与学习，迁移运用经验，互动探讨解决问题，实现生活与深度学习的有机融合。

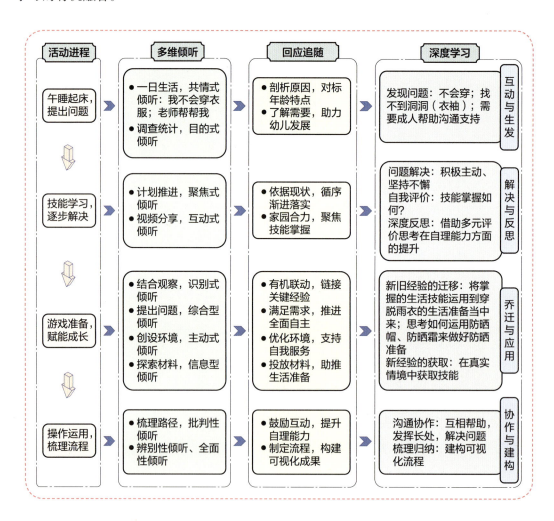

午睡起床，提出问题

倾听的实录

通过阶梯式入园适应了幼儿园生活，缓解好入园焦虑的幼儿们，开启了第一次在幼儿园的午睡生活。午睡起床后，木木睡眼惺忪地揉着眼睛，拿起衣服说道："周老师，我不会穿。"接着，其他幼儿也纷纷寻求老师的帮助："老师帮帮我！""这个怎么穿啊？"甚至还有的小朋友急得哭了起来。

在手忙脚乱地起床后，教师和幼儿们一起坐在活动室聊起了"穿衣服"的话题。

教师说："第一次在幼儿园午睡，你们感觉怎么样？有没有什么问题呢？"

乐乐说："我有点想妈妈，我自己穿不了衣服。"

楷楷说："我需要老师帮我一下下。"

贝贝说："在家里是爸爸妈妈给我穿的，我不会穿。"

今今说："我不知道怎么拉拉链。"

萍萍说："我找不到洞洞（袖子）。"

……

倾听的回应

● 剖析原因，对标年龄特点

进入幼儿园后，幼儿们每天都要午睡，穿脱衣服是小班幼儿必备的生活技能之一。《纲要》在健康领域的目标中指出："（小班幼儿应有）良好的生活、卫生习惯，应有基本的生活自理能力。"但从幼儿的反馈及教师的观察来看，一是幼儿还未掌握穿脱衣物的技能，二是家长包办代替的现象普遍且严重。教师基于以上倾听和观察所搜集到的信息，能够从幼儿年龄特点入手进行分析，科学看待幼儿的发展，理解幼儿现阶段存在的问题及焦虑，从而努力做到以"帮助""鼓励""缓解"为策略，与幼儿共情，倾听时全方位理解幼儿的行为、情绪、想法等，更好走近、了解幼儿，为下一步的支持奠定情感基础。

● 了解需要，助力幼儿发展

从幼儿的表达中，不难发现，他们存在以下几种情况：一是完全不知道穿衣服的方法；二是穿脱各种不同服装种类（拉链、纽扣、套头）的衣服有困难；三是穿好第一步后没办法进行下一步……抱着"问题反映需求，挑战也是机遇"的心态，教师结合《发展指南》在"生活自理"部分小班幼儿应达成的目标，开展"穿脱衣服我能行"的主题活动，并结合不同的衣服种类，制定周计划，逐步推进，促进幼儿的发展，具体如下表。

自理能力培养事项	周次	家园同步练习
洗手	第一周	打开水龙头，淋湿小小手， 关上水龙头，抹抹小肥皂。 手心手心搓搓（内），手背手背搓搓（外）， 手指缝插一插（夹），小拳头抱一抱（弓）。 大拇哥转一转（大），手心手心挠一挠（立）， 手腕也要转转（腕），打开水龙头，冲走肥皂泡。 一、二、三，甩三下
穿衣服	第二周	一件衣服四个洞，宝宝钻进大洞洞， 脑袋钻出中洞洞，小手伸进小洞洞
脱衣服	第三周	一件衣服四个洞，两手抓住中洞洞， 脑袋钻出大洞洞，小手伸出小洞洞
捏小勺	第三周	小小手，真灵巧，五根手指变三根， 变成小枪捏小勺，轻轻舀慢慢送， 啊呜，啊呜，真好吃
叠裤子	第四周	两个好朋友，见面点点头， 然后抱一抱，裤子叠好啦！

倾听助推的深度学习

● 提出问题，调动学习内驱力

幼儿深度学习是高投入的主动性学习。作为小班的幼儿，他们渴望长大，爱模仿。教师要基于幼儿特点，持续激发其兴趣，让幼儿成为活动的主体，同时紧扣幼儿主动提出的问题，与幼儿共情，鼓励幼儿，调动幼儿的积极性，借助学习的外部动力激发他们的学习内驱力。

● 探寻问题，实践求证审视

当幼儿提出"穿脱衣服"的问题时，教师要通过调查，一方面从家长角度了解幼儿在家的实际情况，另一方面从幼儿角度了解他们认为穿脱衣服困难的地方，引导幼儿主动思考，自发寻找存在的问题，在探寻真问题的过程中自然向"深度学习"迈进。

技能学习，逐步解决

倾听的实录

每周根据幼儿需要制定自理能力计划，以儿歌的方式引导，拍摄示范视频，家园共同锻炼幼儿的自理能力。在计划落实的过程中，教师记录幼儿的表达与家长的反馈，具体如下表。

衣服的种类	一对一倾听的主要内容		
	边念儿歌边穿脱	幼儿表达	家长反馈
套头衫 / 穿衣服	抓边子，钻房子，小老鼠，出洞子，吱溜吱溜，上房子	洞洞的衣服好穿，我不会拉拉链	姑娘一上幼儿园就能好好吃饭，自己会穿脱衣服了
套头衫 / 脱衣服	小乌龟，缩缩头，拉出小小乌龟壳。小乌龟，缩缩手，拉出两只小袖口	周老师，我会穿这种衣服（套头衫）	孩子不仅学会了自己穿脱衣服，她还会叠衣服，很整齐哦
开衫 / 过山车式	下巴夹领子，小手钻洞子。向后甩一甩，扣上小扣子	◆ 我找到洞洞钻进去就穿好了 ◆ 衣服就是乌龟壳，我是小乌龟，哈哈	孩子每天会分享老师是如何教他们穿脱衣服的，我们每天都能感觉到他的进步
开衫 / 盖房子式	抓领子，盖房子，小老鼠，出洞子，吱溜吱溜，上房子	老师，你看到妈妈拍的视频了吗？我会自己穿衣服了，厉不厉害？	◆ 现在不愿意让大人帮着做了，说自己的事情自己做，老师们真了不起！ ◆ 在入园前还不会穿脱衣服，也没刻意教过他，自入园以来进步很大！

倾听的回应

● 依据现状，循序渐进落实

3—4岁是培养幼儿自我服务能力的关键时期，这一阶段的主要以模仿学习为主，并在游戏和生活中习得。教师要结合幼儿的年龄特点，聚焦不同种类的衣服，将儿歌、童谣等融入其中，用游戏的方式引导幼儿学习，让幼儿通过儿歌方法指引，掌握自我服务的技能。同时，在倾听幼儿实践过程中的反馈后，有几点思考：一是幼儿在学自主穿脱衣服的过程中能体会到成就感；二是幼儿能感受到儿歌辅助的乐趣，激发内在动力；三是发现大多数幼儿聚焦的是"套头衫"的学习，教师要分析套头衫及开衫穿脱的难易程度，优化及调整目标，分阶段开展，逐步帮助幼儿习得这些技能。

有计划地培养

● 家园合力，聚焦技能掌握

孔子说："少成若天性，习惯成自然。"可见，养成好习惯可助力幼儿一生的发展。良好的行为习惯是促进幼儿能力发展的重要因素，幼儿养成的好习惯会逐渐转化为能力，而习惯养成不是一朝一夕就能做到的，除了在幼儿园通过各种方式培养之外，家庭教育也很重要，家园有效沟通，传递习惯培养目标，同步要求，共同促进幼儿的习惯养成。教师可通过在微信班级群分享适合幼儿们穿脱衣服的方法视频的方式，给予指导，让家园同步。同时，及时私信给家长，反馈幼儿在园穿脱衣服的情况，并通过倾听了解幼儿在家情况，及时给予鼓励和指导。教师要通过给予积极反应，提供小奖品等方式鼓励和赞赏幼儿，提高幼儿及家长的积极性，从而形成良性循环。

倾听助推的深度学习

● 自我实践，整合性发展

将幼儿一日生活与课程建立紧密联系，落实一日生活皆课程的理念。教师要通过创设真实的生活情境，让幼儿在学习生活技能中观察、发现、学习、实践，从而获取经验，养成良好的生活习惯及态度。在技能学习的过程中，幼儿能积极主动地参与其中，养成不怕困难、坚持练习、认真专注的坚韧品质，不仅提高了自理能力，培养了良好生活习惯，更是为幼小科学衔接——身心准备（动作协调）、生活准备（自我服务）奠定基础。

● 自主反思，批判性审视

评价与反思应贯穿于幼儿深度学习的全过程，教师引导幼儿对其自理能力的发展进行自我反思与评价。在过程中，首先应注重评价与反思主体的多元，不管是在家园互动还是在日常生活中教师都要为幼儿提供作为评价主体进行主动交流与表达的机会；另外，也要在推进幼儿自评的基础上，运用教师评价、家长评价等多元的评价方式来关注幼儿学习过程中的发展以及结果的呈现；其次也要重视幼儿愉悦性的情感体验与学习品质等方面，在多元评价主体、评价方式与评价内容的支持下，为幼儿基于自身实际情况进行深度思考提供支持。

游戏准备，赋能成长

倾听的实录

● **情景一**

沙水池游戏前，幼儿拿到了雨衣、雨裤，穿了起来。

成成穿好一只脚后说："老师，我穿不上去了。"

简简对旁边的金金说道："你拿了我的雨衣。"

丹米："我的鞋子呢？"

七七说："像穿衣服一样就穿好了。"

巧巧说："鞋子和裤子连在一起了，我不会穿。"

添添说："我找不到，雨衣不见了。"

……

● **情景二**

游戏时间，幼儿们都待在阴凉处游戏，脸上、头发上挂满汗珠，衣服也被汗浸湿。

都督说："好热啊。"

暖暖说："我都想有个太阳伞。"

星光说："躲在这里，没有太阳。"

凡凡说："我要喝水，周老师，我（水壶里）没水了。"

小米说："我的也喝完了。"

……

● **情景三**

回到教室，在教师的帮助下，幼儿开始脱雨衣雨裤、更换衣服及盥洗，结束后，教师组织幼儿交流与讨论，具体如下表：

话题	教师提问	幼儿回应
关于雨具	刚刚有小朋友提到不会穿雨裤，会穿的小朋友能说说你是怎么穿的吗？	◆ 简简：就像穿裤子一样，一只一只地穿 ◆ 贞贞：我摆在地上，放整齐了穿
	回应：都是好办法。要先分清楚鞋子的前后，鞋子的尖尖朝前穿，然后一只脚一只脚地穿，就不会错	
	那找不到雨衣、雨裤，或者自己的鞋子、雨衣都跑到其他小朋友那里去了，该怎么办啊？	◆ 木木：要放到自己的旁边 ◆ 小鱼：要看清楚

话题	教师提问	幼儿回应
关于雨具	那么多小朋友都放在自己旁边，雨衣、雨裤实在很多，还有的小朋友的都是一样的，分不清楚！	添添：可以给自己的贴上汽车的贴纸
	好主意，可以给自己的雨具做标记。数量很多，我们可以先穿好一样雨具再去拿另外一样吗？	简简：可以呀！
游戏前其他准备	刚刚你们都说很热、很晒，那有什么好办法吗？	◆ 萍萍：在没有太阳的地方玩 ◆ 壮壮：戴个帽子就可以了 ◆ 贝贝：在水池边玩，有水不热 ◆ 小乖：像妈妈一样涂防晒霜呀
	回应：看来夏天玩游戏前都要做好充足的防晒准备，今天我们说的防晒霜、防晒帽都可以回家让爸爸妈妈给你们准备好带来幼儿园，游戏时用	
	回应：今天还有的小朋友出去玩游戏时，水壶里面没有水了，又热又渴，下次出去游戏前要检查一下自己的水壶哦！	

倾听的回应

● **有机联动，助力经验迁移**

在幼儿逐步掌握穿脱衣服的相应技能后，教师要推进游戏与生活的有机联系，将生活中的经验迁移运用到游戏前的准备当中来。从幼儿的表达"像穿衣服一样就穿好了"来看，说明部分幼儿已经实现了经验的迁移与运用。另外，当幼儿表达在穿雨裤过程中遇到的问题时，教师也可在之后的交流环节，抛出幼儿的问题，一是凸显日常经验的有效支持，二是实现幼儿之间经验的互通，为其他幼儿的学习提供支持。

● **满足需求，推进全面自主**

在游戏过程中，教师关注到了幼儿出现大汗淋漓的情况，也听到了幼儿关于气温升高给其带来的不适影响的表达。教师依据幼儿的年龄特点，通过师幼共同交流的方式，倾听幼儿的声音，了解幼儿的想法及需求，进行全面均衡的考虑，并将幼儿的需求告知家长，让家长们为幼儿准备适宜的防晒用品，在达到游戏中防晒目的的同时，也为幼儿游戏前的自主准备与自我服务创造条件。

● 优化环境，支持自我服务

《纲要》提出："幼儿园应为幼儿提供健康、丰富的生活和活动环境，满足他们多方面发展的需要。"当幼儿有"找不到雨衣"的问题并提出用标识来支持寻找时，教师首先要认可幼儿的想法，同时也要思考：一是给予的支持要具有针对性，否则不能真正支持幼儿进行前期准备；二是考虑到雨具日常需要接触到水，用贴纸来做标记其实并不适宜，后续要适时和幼儿们沟通以学号的方式来呈现。

（1）在衣架上呈现幼儿的学号，让幼儿按号取放，能让幼儿快速、自主地取用自己的雨具，不会聚集、拥挤。

（2）为了便于寻找，组织幼儿结合雨鞋收纳方式确定学号呈现位置，并根据幼儿的兴趣进行分组摆放，以图标作为指引，清晰、分流且便于幼儿取放。

● 投放材料，助推生活准备

为了进一步支持幼儿掌握穿脱雨衣的技能，为后续幼儿能自主检查水壶，给水壶灌

69

水，实现自我服务奠定基础，教师可提供带盖子的彩笔筒、拧瓶盖、拉拉链、扣扣子、穿脱雨衣等材料，让幼儿在室内自主游戏中自然获得相关经验，掌握方法，迁移运用至游戏前的生活准备当中来。

倾听助推的深度学习

● 问题驱动，链接关键经验

幼儿在生活迁移游戏的实践过程中出现的问题，这既是教育的契机，也是借此获取知识经验的有效途径。从生活准备情境中拎出的驱动型问题，能促使幼儿迁移已有经验，并基于生活经验再思考，通过链接新旧知识经验来实现迁移与应用，同时也能充分调动幼儿的思维，让他们在师幼互动的过程中，尝试从多角度来思考评价，借助迁移经验来解决实际问题。

● 体验游戏，转化能力素养

首先，教师可通过倾听幼儿的问题，然后提供相应的材料，以材料的趣味性和多元性激发幼儿的操作兴趣，让他们在游戏中获得真实体验，提高内驱力。其次，可提供能持续探索的时间与空间，让幼儿能够有充分的操作机会，在实践过程中获得方法技能、知识经验，以提高动手能力。最后，教师通过细心观察、多重参与与介入指导等方式发现幼儿在过程中存在的问题，帮助幼儿自主探究解决问题，引发深度学习。

操作运用，梳理流程

倾听的实录

又一次沙水池游戏前，幼儿边交流边进行着游戏前的准备。"这是我的雨衣。""我是星星组，我的雨鞋在这里。""我扣不上，木木你帮帮我。""我要戴上恐龙防晒帽。""（防晒霜）挤出来，涂在脸上。""我也有。""我要接点水。"……

倾听的回应

● 鼓励互动，提升自理能力

从幼儿边做边说的游戏前准备，不难发现，他们从前期的经验交流、环境给予的支持及与材料的互动中已经掌握了相关技能，能够自主做好前期的各项准备工作，教师要不断表扬和鼓励幼儿，激发幼儿的动力，并充分放手，给予幼儿自主实践的机会。当个别幼儿存在困难时，教师可帮助幼儿做一半，留一半让幼儿自己来，以逐步提升其自理能力。

● 梳理步骤，构建可视化成果

梳理游戏前生活准备的重点环节，了解具体内容，指导实践工作。和幼儿一起讨论"穿脱雨衣"的顺序和方法，结合小班幼儿的年龄特点和实际需要，制定导图式及图片步骤式流程，通过可视化的图示，一方面支持教师合理有效地进行分工协作，提高工作的效率，另一方面支持幼儿快速有序地完成各个步骤，更进一步保障幼儿的游戏时间，促进幼儿自我服务能力的发展。

1.找雨裤

2.穿雨裤

3.取雨衣

4.穿雨衣

5.脱雨衣

6.放雨衣

7.脱雨裤

8.放雨裤

倾听助推的深度学习

● 有效沟通，推动沟通交往

幼儿在实践的过程中，能够运用语言进行有效沟通，寻求同伴的帮助。如：扣雨衣扣子、拉拉链等，或主动在朋友需要帮助时提供支持，与同伴建立良好的人际关系，发展交往能力。同时，幼儿能够最大化地运用各自的长处，一起解决在生活准备过程中遇到的问题，幼儿之间形成相互依赖和依靠的关系。

● 关联整合，架构知识体系

教师组织幼儿讨论，引导幼儿共同梳理前期经验，对穿、脱雨衣的方法与流程进行了梳理归纳。教师将倾听到的内容通过思维导图的方式进行记录，在回顾的过程中既是调动幼儿的已有经验，又在回顾的过程中反思方法的适宜性，有助于幼儿条理清晰地一步步落实，有序做事，再现幼儿自我服务的过程。

陶行知先生曾说："创造始于问题，有了问题才会思考。"[1] 在游戏前生活准备的实践过程中，教师以倾听问题—提供支持—家园互动—经验迁移—交流讨论—梳理成果的路径，将幼儿单一的掌握"穿脱衣服"技能延伸至自主进行游戏前的生活准备之中。教师倾听、理解、鼓励、支持幼儿，以促进幼儿积极主动来借助多元思维——动作思维、表象思维、语词思维等来尝试解决问题，帮助幼儿积累观察学习、交往表达、发现解决问题的经验，实现向有意义的深度学习迈进。

1. 袁振国．卷首语［J］．中国教师，2012（15）：1.

三、水渠搭建——水流起来了

"水渠搭建"游戏中幼儿从观察模仿简易水渠和在一次次"尝试—失败—再尝试"的过程中，围绕真实问题开展有深度的探究式学习。教师始终践行共情式倾听，通过多种倾听方式，真实记录幼儿的言语和非言语信息，并进行识别、分析和综合，尝试从幼儿本位的倾听主体、宽松愉悦的倾听环境以及多元的倾听方法中，探究倾听过程中助力幼儿从浅层学习走向深度学习的有效策略。

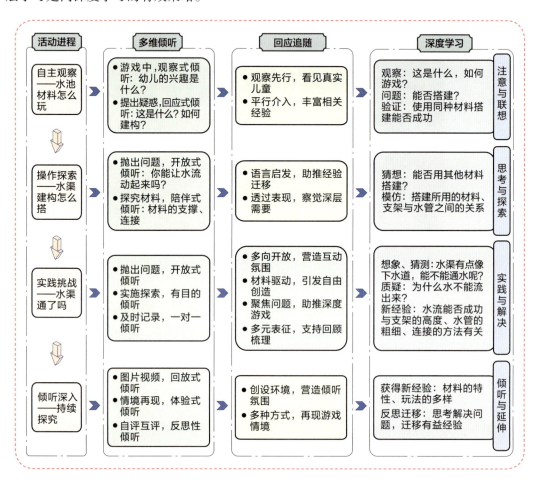

自主观察——水池材料怎么玩

倾听的实录

入园一个多月了，孩子们热衷于在水池边戏水、网"鱼"，探索不同材料如盆、碗、水管等在水里的沉浮。从一开始对水的兴趣，慢慢地发现材料之间的联动，吸引到了更多的孩子加入水池游戏当中。一个秋日的下午，孩子们的游戏悄然发生了……

孩子们自由选择材料，有的孩子相互拿着材料碰一碰；有的从柜子里往外搬运材料；有的拿出水管摸一摸，看一看；有的则拿着新材料大雪花片进行拼接。

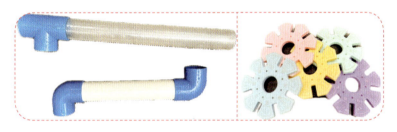

大约 20 分钟后，我观察到孩子们依然只是简单地摆弄材料，有一小部分幼儿这里走走，那里走走，拿起水管又放下，拿起支架又放下。

于是，我默默地用剖面管和立板搭建了一个简易的水渠，不一会儿，一些孩子注意到并走了过来。

旺仔："冯老师，这是什么啊？"我回答："这是一条小水渠，上面可以流水哦。"

旺仔听完后走向旁边的材料柜，从柜中拿出一个剖面管，在"小水渠"旁接着搭建起来……可剖面管总是往下掉，旺仔拿起旁边地上的透明管道，尝试往剖面管下面放、竖着放、斜着放，却怎么也固定不了，最后无奈地将透明管道扔在了一旁。这时晨晨从材料框里拿了一个立板出来，旺仔看到后跑过去将立板拿过来放在剖面管下方，并不断调整立板的位置，终于把剖面管固定好了。就这样，旺仔和晨晨又一起将两块剖面管相互对齐。

倾听的回应

● 观察先行，看见真实儿童

幼儿是天生的游戏家、探索家，哪怕是坐着，也不会停止探索。教师在游戏中既是与幼儿平等的参与者，也是推动幼儿游戏步步深入的引领者。做拥有儿童视角的教师，尊重和理解幼儿，保持对幼儿真正的好奇，用持续的热情去观察、倾听他们在做什么，为什么要这样做。这种持久、真诚的兴趣的产生，源于教师与幼儿之间情感的连接。在关系中，幼儿才能被看见，这也是我们看见幼儿的动力。

● 隐性介入，丰富相关经验

在开始探索水池之前，教师简单介绍了水池中可以探索的区域，帮助幼儿了解材料的运用。刚开始探索材料时，幼儿对材料是充满兴趣的，表现出了浓厚的探索欲望，但大多数幼儿对材料的探索较单一，表现为对同一种性质材料的多次运用和拿了多种材料但不知道如何利用材料进行游戏。随即，教师在幼儿游戏的周围，用剖面管和立板搭建了一个简易的水渠，作为游戏的隐性指导，吸引了幼儿的注意力。旺仔看到后开始了模仿学习，在模仿过程之中，还有着自己的探索与思考。他多次尝试后，发现选择的材料不能支撑起剖面管，转而又探索新的材料，不断调整，最终和晨晨合作完成了两块剖面管的对接，将水渠做了延长。

倾听助推的深度学习

- ● **产生兴趣，尝试自主探究**

水池游戏一直是小班幼儿最喜欢的游戏之一，他们常使用水、沙和其他材料，开展不同的游戏。浓厚的兴趣能够激发幼儿自主求知、探索、体验的愿望，幼儿感兴趣的内容是深度探究的起点。幼儿对周围事物和材料充满好奇，他们时刻都在观察、探索，并形成自己对事物、生活的想法。从进入水池后，幼儿不断在观察材料柜中所投放的水管、支架、透明管道、大花片等材料，并在手中持续摆弄，这一现象直接反映出幼儿对于新材料的好奇，这是幼儿的关注点，也成为一个情境学习的机会。

- ● **主动提问，发散创造思维**

旺仔看到教师所搭建的"水渠"后，一边观察一边向教师提出自己的疑问，在得到教师回应后，能够结合当时所观察到的情况进行模仿学习，在"取材料—失败—更换材料—再失败—再次更换材料"的过程中不断对所用的材料进行调试，尝试找到解决办法，将兴趣从关注材料本身转移到探究的过程中来，一步一步走向深度学习。

操作探索——水渠建构怎么搭

倾听的实录

旺仔和晨晨拿来了软管和小型剖面管，先后把它们放到剖面管的上面，这时旺仔突然拿着小型剖面管说："这一个是下水道吧？"于是旺仔开始搭建下水道，先是拿了一个软管放在下面，摆弄了一番后，又将软管放到了支架上面的剖面管里，一边放软管一边说："我要把他们连起来，就像隧道一样。"……过程中我不断地将不同材料自然放置在孩子游戏场地的周围，供幼儿自主选择。

随后旺仔又拿起来小型剖面管，放在支架下面做下水道。旺仔先是尝试将剖面管在两个立板的中间竖着放进去，又试了一下斜着放进去，还是没有成功，接着又尝试了从立板的侧面插进去，并抬头看向了我，我对旺仔点了点头，用动作示意他继续尝试。就这样，剖面管连续穿过多个立板，下水道已初具雏形。

倾听的回应

- **语言启发，助推经验迁移**

开放的游戏空间和自主的同伴互动环境，有效支持了幼儿全身心地投入、沉浸于游戏的情境之中，从而能积极主动地调动、迁移生活中观察到的经验，不断丰富、拓展游戏情节。游戏中，幼儿所搭建的水渠与下水道产生了自主联动，随着游戏的推进，加之教师适时的回应起到的激发作用，幼儿不再满足于简单重复的建构模仿，不再局限于与材料的机能性互动，在拿到剖面管后产生了联想，游戏主动性不断增强，目的性越发清晰。

- **分析表现，察觉深层需要**

透过幼儿表面的行为表现与反应，我们能察觉出幼儿深层次的需要。教师对幼儿的游戏行为进行了较为详细且客观的记录与拍摄，在此基础上对幼儿接下来的行为进行了预判。如：小班幼儿的连续性游戏较弱，幼儿在选择游戏材料的时候很多时候就是眼前有什么就用什么。因此，当教师观察到幼儿需要用到什么材料时，可将材料拿到幼儿的附近，供幼儿选择，满足其想要搭建下水道的需求；同时，可抓住时机以此促进幼儿持续探索，用眼神、动作等鼓励幼儿实践操作，引导幼儿互相合作建构下水道，增强互动。

倾听助推的深度学习

- **积极投入，自唤学习内驱力**

《发展指南》中明确指出，幼儿科学学习的核心实际是激发其探究兴趣，发展初步的探究能力。在整个游戏过程中，幼儿是整个"探究"的主体，能将生活中的经验自然而然地迁移到游戏中。案例里，晨晨专注游戏与解决问题的行为吸引了旺仔的注意和模仿，由此他们可选择和操作的材料也更为丰富。并且，他们多次尝试解决水渠的搭建，尝试改变支架的摆放位置，调整水管与水管之间的角度与高度，这些片段是幼儿主动探索事物，激发了学习内驱力的反映。

- **操作实验，建构有益经验**

根据维果茨基的最近发展区理论，"儿童的表现总是超出他的实际年龄，高于他日常的行为表现，他似乎在试图超越他现有的行为水平"。[1] 在水池游戏中，幼儿没有满足于现有的搭建水平与玩法，而是通过不断的选择与调整，创造出更加有趣的玩法，从而在不断建构相关的有益经验。

---

1. 阳思思，陶志琼.基于儿童"最近发展区"的教学研究［J］.江苏第二师范学院学报，2017，33（07）：93-96.

实践挑战——水渠通了吗

倾听的实录

在玩什么？ 怎么玩的？	遇到了什么问题，如何解决问题			一对一倾听的 主要内容
	问题	解决方法	结果	
旺仔拿水盆接水后，将水倒入管道之中，让水流进第一个管道中	水只流到了第一个管道，没有继续流到第二个管道之中	晨晨拿来一个三通接口，放在两段下水道的连接处，并且将最后一个支架拆开使管道变短了	水流进三通管道的接口	失败	◆ 我来想办法找一个工具来 ◆ 这个可以吗？ ◆ 水是从高的地方往低的地方流的
再次接水后，观察到了三通接口，没有倒水	三通接口装反方向，倒入的水会流出去	旺仔拿起三通接口后，左右转了转，又看了看，将三通接口换了一个方向	水成功流到第二个管道之中	成功	这个装反了，要这样装
调整材料后，旺仔和晨晨一起将水倒入管道中	水流一下将管道压倒了	旺仔将上面多余的剖面管取出，晨晨则将剖面管放在了下面的支架里，连接前后两个剖面管	水顺利从出口流出	成功	◆ 这个剖面管太重了，不要放 ◆ 这里要接住
小火车将软管放在水管的起点，尝试将水从软管里倒入	水流没有经过软管，直接倒在了水池地面上	旺仔提出可以再搭建一个支架＋水管，将管道之间连续拼接	增加材料后完成	成功	我这个可以！
晨晨与小火车拿来水盆，在剖面管与软管两个出口处尝试接水	软管的水能够成功流出，但白色剖面管被水流冲倒	旺仔观察后，拿来第二根软管从接口处插入，将原来脱落的剖面管接回原位置	水流从连接软管流入剖面积管，最后流到水盆里	成功	◆ 怎么回事？ ◆ 要把水管接起来

1.增加管道

2.尝试倒水

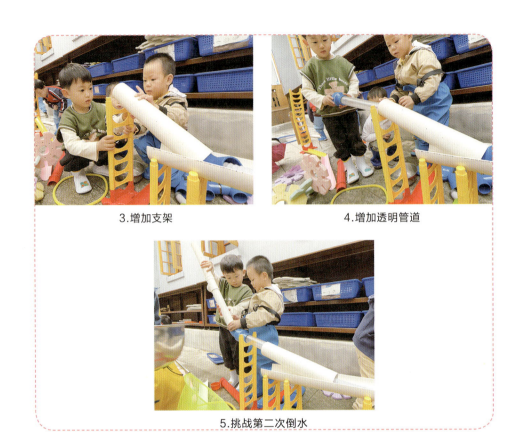

3.增加支架　　　　　　　4.增加透明管道

5.挑战第二次倒水

倾听的回应

● **多向互动，营造积极氛围**

游戏中，要尊重幼儿的游戏意愿，增进幼儿积极的情感体验。教师对幼儿的游戏始终积极共情，尊重信任幼儿，通过耐心倾听与细致观察水渠的建构，了解幼儿的游戏兴趣与意愿，对于幼儿自己发起的、感兴趣的游戏主题"搭建下水道"给予关注，接纳幼儿的想法与试误，适时鼓励，让幼儿有足够的安全感，使游戏具有探究的连续性和可持续性。

同时，在游戏中幼幼、师幼之间充满了互动，幼儿自主选择不同的水管材料、游戏玩伴，通过个别互动、小组互动、集体互动等形式，发现问题，不断讨论解决问题，再通过小组之间的分工合作，形成学习共同体，获得建构水渠与下水道的成功体验。

● **材料驱动，引发自由创造**

为了更好助力幼儿深度学习，教师不应简单地追随和放任幼儿的兴趣，要分析他们感兴趣事物中所包含的学习机会，并且把握好其中可能会遇到的困难。因此，可有意识地投放相关材料，旨在引发幼儿深度思考，鼓励他们积极发现问题并创造性地解决所面临的实际问题。在建构下水道的过程中，教师主动将不同特性的材料。如：将软硬不一的水管、高低不同的支架、大小不一的水盆放置在幼儿游戏周围，并围绕"搭建水管""管道之间的连接""能否接水"等问题展开探究。

● 聚焦问题，助推深入游戏

因为增加了管道的数量与种类，又创造出了不同的玩法，孩子们在游戏之中自主选择玩伴，利用软管可伸缩、可弯曲的特性，想到了不一样的搭建方法。旺仔在游戏中能根据教师平行示范的方法不断创新自己的游戏，从而把在平时生活中观察到的现象进行经验的迁移。教师顺水推舟，用"那下水道可以出水，你的管子能流出水吗"这样启发性的问题，引导孩子们尝试倒水，观察水流的方向与流出情况。为了实现自己的游戏意愿，旺仔、晨晨与小火车从独自搭水管到和同伴合作连接，再到增加支架，从不断调整水管之间的连接到尝试多种接口，在这个过程中运用了观察、思考、对比、调整等有效学习方式。最终，他们通过持续的探索，找到了让水流出的方法。这说明他们有了发现问题、解决问题的意识与能力。

● 多元表征，支持回顾梳理

多元化的表征，让不同学习通道的幼儿都有机会表达。游戏过程中和游戏后的交流、表征是游戏活动的关键环节，使幼儿有表现自己的探究经历、发现、结论的机会，也是在与他人互动、分享、倾听或讨论过程中形成认识的重要基础。

小班幼儿语言表达能力有限，教师可以鼓励幼儿用简单的点、线、圈等涂鸦进行象征性的辅助表达。通过个别、小组式集体的方式进行充分的倾听、肯定游戏发现与探索，让幼儿真实地表达自己的想法。一对一倾听的过程中，让幼儿感受到周围环境对自己水渠游戏中能力的认可与欣赏。还可让幼儿将自己游戏中产生的困惑、水流成功心情与期盼进行进一步的分享，帮助幼儿发现自己的需求，发现可持续探究的问题或主题，激发他们持续探索的欲望。

游戏后的幼儿表征	表征内容
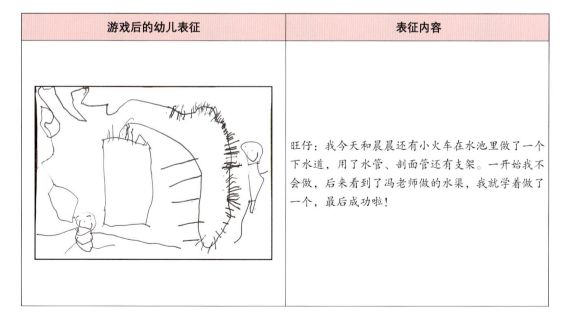	旺仔：我今天和晨晨还有小火车在水池里做了一个下水道，用了水管、剖面管还有支架。一开始我不会做，后来看到了冯老师做的水渠，我就学着做了一个，最后成功啦！

游戏后的幼儿表征	表征内容
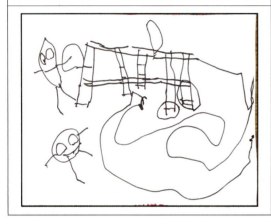	晨晨：我们用了好多支架还有水管做了一个水渠。旺仔说要让水从水管里流出来，可我们接了好多次水，一开始都没有成功。后面发现水要从高往低流，我们就把一部分支架拆掉变矮，最后就流出来了
	小火车：一开始用水管连接，水总是出不来。后面我拿了软管，发现软管可以变形，这样就没问题啦

倾听助推的深度学习

游戏内容	深度学习	幼儿可能建构的相关经验	幼儿的学习与发展（依据《发展指南》）
探索材料的连接，搭建"下水道"	◆ 迁移经验 ◆ 专注坚持	幼儿能发现同伴所用到的材料，展开联想进行下一步的连接，并且在模仿过程之中，有着自己的探索与思考	◆ 在搭建"下水道"的过程之中，幼儿既能模仿同伴的方法，也能按照自己的想法选择搭建的材料，敢于尝试探索；当想加入同伴的游戏时，能友好地提出请求。这与《发展指南》社会领域目标2相吻合
接水、倒水，完成"下水道"	◆ 识别问题 ◆ 探索材料 ◆ 多向协同	在"水渠"的搭建过程中，幼儿不断试错、尝试材料、调整材料，尝试解决"流水不出""水管倒了"等问题，并持续挑战	◆ 幼儿尝试用各种材料来实验搭建"下水道"。探索不同材料之间的连接，并且发现水管与软管之间的特性，建构出两条不同的管道。这与《发展指南》科学领域目标2与目标3相吻合

- **寻求问题，产生探究思维**

自主游戏中，幼儿的游戏起点具有生成性特点，问题意识是幼儿探究的起点。案例中，"水管掉了"这一情况改变了幼儿原先设想的"流水"的游戏主题。"怎么样让水管连接、完成下水道"成为幼儿迫切想要解决的问题。在解决问题的过程中，新的问题不断出现，诸如水管不断脱落、连接处的管道装反、剖面管摆不稳……面对不断涌现的问题，幼儿展开了持续的探究活动。

- **实践操作，获得亲身经验**

皮亚杰认为，儿童的学习（或思维的发展）是儿童与外界环境相互作用的过程，是其认知结构（图式）不断发展变化的过程。[1] 而在儿童认知结构的发展过程中，儿童自身的操作活动起着重要的作用。案例中，幼儿在游戏的过程中遇到困难，为了解决问题，幼儿尝试了不同的方法。

一是经验判断法。幼儿发现水管掉了，立刻将上面的剖面管取下，放到下面进行支撑。这是幼儿基于生活经验迅速做出的反应。当幼儿发现基于经验做出的尝试不能解决问题时，他们开始寻找更为合适的材料，探索更为有效的方法。每一次新材料的选择，都是幼儿基于已有经验解决当下问题的尝试。在这一过程中，幼儿的认知不断拓展，新的经验不断被建构。

二是观察比较法。幼儿通过眼看、手摸等方式直接感知材料，在充分观察的基础上，对不同材料进行比较与分析、归纳与整理，从而选出最适合建构"下水道"的材料。同时，对操作过的材料的认知内化为幼儿的已有经验，粗与细、高与矮、软与硬等概念开始形成，为他们更深入的探究打好了基础。

三是人际互动法。幼儿情境中的深度学习活动，是一个充满了师幼互动、幼幼互动、人机交互影响的社会化过程。此案例中，幼儿之间相互模仿、相互交流、共同探究，对水管、彩色剖面管、软管、支架、水盆等材料的选择和尝试都是在幼幼互动中完成的。在此过程中，教师主要充当观察者的角色，直到一个切入点的出现——幼儿主动提出使用"三通接口"来尝试解决问题。这时教师适时介入，通过提问"看看三个管道口都打通能流水的吗？"使幼儿找到正确连接三通接口的方法。由此可见，幼幼互动和师幼互动是幼儿持续探究的助推剂。

倾听深入——持续探索研究

倾听的实录

游戏结束后，孩子们回到教室，纷纷谈论起刚才在水池中的游戏情况，旺仔指着电视上我所投屏的照片说："我们今天用水管搭了一个好长好长的下水道，厉害吧！"

---

1. 徐东，杨琴. 身体的回归：具身视角下的幼儿教育［J］.宜春学院学报，2024，46（1）：103-108.

晨晨说："对，我们和旺仔一起搭的。"

小火车随即进行附和："用了好多不同的材料，有支架、水管，还有水盆。"

小宝听到后说："我看到啦，我也会搭，下次也要搭一个这样的下水道。"

小可乐说："小宝，我下次可以和你一起搭吗？我也想玩。"

"好呀好呀！"小宝、北北、旺仔等几个平时经常在一起游戏的孩子兴奋地回应道。

旺仔说："那我们先去做记录，下次就可以按照记录上的游戏啦，还要让冯老师把照片贴出来，这样下次就知道了。"

倾听的回应

● 创设环境，营造倾听氛围

游戏后的分享与交流环节，既是幼儿语言学习和语言发展的重点，也是深度学习的重要体现。教师要为幼儿创设自由、宽松的语言交往环境，让每个幼儿都有表达阐述自己活动经历的机会，让幼儿想说、敢说、喜欢说，并能在这个过程中得到积极回应。幼儿与同伴、教师的分享以及表述自己探究的过程和发现都是深度学习的重要方式。

● 多种方式，再现游戏情境

为了帮助幼儿更好地分享，教师可以提供多种帮助幼儿回顾的素材，如视频、图片、教师的口述以及使用同种水管材料展示一些较有代表性的行为、情境，从而引发幼儿之间的讨论与思考，促进幼儿的深度学习。

倾听助推的深度学习

● 多元评价，主动反思迁移

幼儿是自主游戏评价中的主体，每个幼儿的观点与想法都值得尊重与接纳。在游戏后的分享环节中，幼儿围绕搭建水渠中的"问题解决""方法运用""同伴交往与合作"等展开自我评价与同伴互评，他们在自我反思与同伴评价中获取有益经验，实现主动学习。另外，教师在游戏观察中也会捕捉到一些有教育意义的游戏瞬间，通过补充评价的方法，引导幼儿主动扩展并深化，提升游戏的实践经验，让他们从"爱玩"向"慧玩"发展。

旺仔等几名幼儿在建构水渠与下水道的过程中，遇到许多实际的问题，但在教师的支持下，锲而不舍地寻找解决办法，发展了关键经验和工程思维。旺仔在搭建水渠时联想到了下水道，发现了支架高低的问题，并能通过调整支架的数量来改变支架的高度。这一行为促进了他们对于水流特性的认识。晨晨也在连接水管的启发下，发现管道之间的接口可用三通连接，这些都是空间方面的关键经验。整个制作过程充分体现了幼儿优秀的合作能力及灵活解决问题的能力。教师要善于发现幼儿自主游戏中所蕴含的深度学习契机，以幼儿自发的游戏为切入点，充分调动幼儿的内在动力和积极性，通过介入、提问、追问等方法推动幼儿开展深入探究，并在活动中给予幼儿充分的自主性和同伴合作的机会，使幼儿通过自主探究、同伴合作等方式获得解决问题的方法，并获得经验的迁移运用、问题解决与思维能力的提升。

扫码观看典型案例"水渠搭建"活动视频

四、趣玩泡泡

《纲要》明确了教育活动内容的选择应体现的原则："既适合幼儿的现有水平，又有一定的挑战性；既符合幼儿的现实需要，又有利于其长远发展；既要贴近幼儿的生活来选择幼儿感兴趣的事物和问题，又要有助于拓展幼儿的经验和视野。""趣玩泡泡"的游戏过程就体现了"源于生活，缘于兴趣"的特点。结合小班幼儿的年龄特点，通过自主游戏、集体活动、助教活动、亲子互动多元展开。在吹泡泡、玩泡泡的过程中，幼儿通过观察比较、动手探索尝试、实际操作，激发了对吹泡泡的强烈好奇心，并通过主动探索、发现问题、分析问题、解决问题，在猜测、应用、联系、质疑、分析、验证、评价中体验到了成功的乐趣和喜悦，建构了新经验，促进了深度学习。教师要充分尊重和保护幼儿的好奇心和学习兴趣，倾听幼儿的原声音，接纳幼儿的想法，帮助幼儿逐步养成积极主动、认真专注、不怕困难、敢于探究和尝试等良好的学习品质。

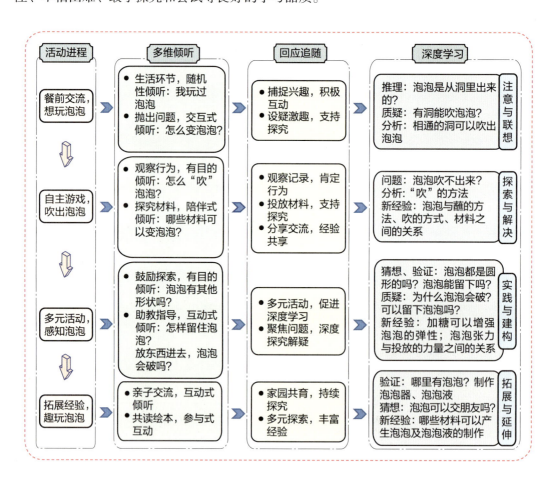

餐前交流，想玩泡泡

倾听的实录

一次餐前活动，小朋友们三三两两地和同伴自由交流着周末趣事。登登说："我和姐姐在公园里玩了泡泡机，吹了好多好多的泡泡。"其他幼儿随声交流："我也玩过泡泡。""我家也有泡泡机。"……小朋友们你一言我一语纷纷表示有过玩泡泡游戏的经历。过了一会儿，庆庆走到我跟前说："朱老师，我们下午可以玩泡泡游戏吗？"庆庆的提议得到了小朋友们的呼应。一次平常的餐前谈话，唤起了他们玩泡泡游戏的美好回忆，生发了他们想玩泡泡的兴趣。听了他们的想法，看到他们满怀期待的模样，我同意了他们的提议。

我说："想玩泡泡游戏的下午就可以去水池玩哦。不过老师这里只有泡泡液，要怎么玩呢？"

瓜子说："那要有泡泡棍和泡泡机，我就是用泡泡机来玩的。"

我说："我没有泡泡机也没有泡泡棍，怎么办呢？幼儿园里有什么玩具、材料可以用来玩泡泡吗？"

安静了十几秒钟后。

豆子说："泡泡棍是要伸进（泡泡液）里面的，是要拧开的。"

我说："泡泡棍上还有许多的什么呢？"

豆子用手比画了一个洞："是有许多这样子的东西的。"

我说："许多的洞洞，对吗？"

豆子说："是的。"

可乐说："我的泡泡机是有洞洞的，就是从洞洞里吹出来的咧。"

我说："你们觉得有洞洞的玩具是有可能变出泡泡，是吗？"

大家点点头，接着我请小朋友们去寻找觉得可以变出泡泡的材料。有的去活动室里，找来细长的吸管；有的在玩具柜里，找到水管和花片玩具。但是没有人选积塑材料柜有洞的子弹头玩具和聪明棒玩具。

幼儿自选材料　　　　　　　　　　　　　　未选择

倾听的回应

- **捕捉兴趣，积极互动**

《评估指南》的"教育过程"关键指标"师幼互动"中明确提出："要善于发现各种偶发的教育契机，能抓住活动中幼儿感兴趣或有意义的问题和情境，能在识别出幼儿以新的方式主动学习时，及时给予有效支持。"首先，在餐前自由交流时，一幼儿提出泡泡游戏的话题，其他幼儿迫不及待地表达自己玩泡泡的经历，教师满足了幼儿分享表达的欲望，给予充分的幼幼互动时间；其次，教师侧身倾听幼儿之间的对话，抓住幼儿的兴趣点与之互动，调动了幼儿的已有经验充分交流；同时，尊重了幼儿下午在幼儿园玩泡泡游戏的想法，引发幼儿主动探究。

- **设疑激趣，支持探究**

幼儿提出想要玩泡泡时，虽然班级没有泡泡机，但教师抓住契机适时地把问题抛给幼儿。"只有泡泡液，怎么玩泡泡游戏呢？"引发了幼儿讨论。豆子调动原有经验——用泡泡棍变出泡泡。教师及时追问："泡泡棍上有什么呢？"引导幼儿关注泡泡棍，表达自己的发现。

小班的幼儿在表达想法时，动作比语言更快，表达时会手舞足蹈，教师不仅倾听到了幼儿的语言，也倾听到了幼儿用手做出的"洞"的动作。当幼儿不知道如何表达描述时，教师尝试用语言辅助询问："是有许多洞洞，对吗？"通过设疑提问、追问，引导幼儿结合已有经验，展开交流、讨论，表达对"泡泡是怎么变出来的？"的思考，激发幼儿深度探究。

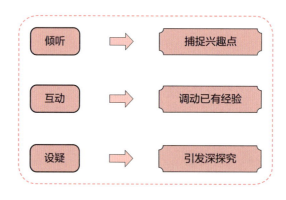

倾听助推的深度学习

- **结合问题思考，推理出有洞的材料可以变出泡泡**

教师提出具有挑战的问题："只有泡泡液，怎么变出泡泡？"以唤醒幼儿已有经验，点燃幼儿的内驱力。幼儿基于想要玩泡泡的迫切心理，积极思考调动以往玩泡泡游戏的经验。教师倾听幼儿的思索后通过追问与之互动，引导幼儿发现泡泡棍上的"洞"，再思考推理出："泡泡棍上的泡泡是从洞洞里出来的。"幼儿的语气并不是很肯定，其实也是在质疑自己的推理结论，但是得到了同伴积极的认同和教师及时的鼓励，让幼儿肯定了自己的推理没错。

　　小班的幼儿以模仿学习为主，且有从众的心理。"泡泡是从洞里出来的吗？"在这个问题上有的幼儿认同，有的还是存在质疑的。接下来的交流探讨激发了幼儿深入探索、验证的想法。

● **结合材料选择批判思考：有洞的材料不一定都能吹出泡泡**

　　《发展指南》科学领域的"科学探究"教育建议中提出："要引导幼儿在探究中思考，尝试进行简单的推理和分析，发现事物之间明显的关联。"教师鼓励幼儿自主寻找玩泡泡游戏的材料，具体见下表。

材料	特点	材料选择的思考	选择情况
水管、吸管	两头有洞	一头吹，一头出泡泡	多数幼儿
子弹头	一头有洞	幼儿能应用到同伴的提议："泡泡是从洞里出来的。"同时又分析、迁移了这一想法："有洞不一定能吹出泡泡，洞洞不通泡泡出不来。"	无
花片	平面材料，有孔洞但没深度	大多数幼儿持质疑态度没有选择，一个幼儿则认为花片玩具有相通的洞也可以变出泡泡	1人
聪明棒			无

　　在材料的选择过程中，幼儿能分析、推理材料能不能玩出泡泡，虽然没有实践，但是在选择时就有了深度的思考。

倾听的实录

　　教师结合观察到的幼儿游戏行为记录了一对一倾听的内容，具体见下表。

材料	在玩什么？怎么玩的？	遇到了什么问题，如何解决问题				一对一倾听的主要内容
		问题	解决方法	结果		
水管	薇薇将直筒水管在泡泡液里轻点两下，轻吹	无	无	吹出3个拳头大泡泡	成功	你看我（的泡泡）
吸管	可乐将吸管倾斜，把泡泡液倒进吸管	吸管表面没有沾上泡泡液	看看旁边的登登	泡泡没有吹出来	失败	要怎么把它（泡泡液）搞进去？
	可乐将吸管在泡泡液里转两下	无	向同伴学习	吹出几个小泡泡	成功	哇，我也成功了！
	登登把吸管放泡泡液里直接吹	无	无	吹出满杯泡泡	成功	吹出了一个冰激凌！

材料	在玩什么? 怎么玩的?	遇到了什么问题,如何解决问题				一对一倾听的 主要内容
		问题	解决方法	结果		
花片	墨弦将花片放进泡泡液里,用力吹	吹的气短促	将花片充分蘸上泡泡液	吹破了	失败	吹的力气不够很大
	墨弦将花片放进泡泡液里,用力长吹	无	无	吹出几个小泡泡	成功	嘻嘻
透明大水管	一一对着长水管吹	吹的气短	再次尝试	泡泡破了	失败	我的泡泡呢? 为什么吹不出来啊?
	将水管在泡泡液里用力点	水管没有沾上泡泡液	沾一下,检查再吹	没有泡泡	失败	没有啊!
	将水管在泡泡液里轻点,然后再吹,并且在吹的时候要把水管轻移	无	无	吹出最大泡泡	成功	哈哈!
篮子	将篮子蘸上泡泡液,再甩动篮子	无	无	许多小泡泡	成功	哇,好多泡泡!

倾听的回应

● 观察记录,肯定行为

游戏中教师默默在旁观察并用相机记录幼儿的探究过程,当幼儿成功时,为她而开心;当幼儿犹豫时,用肢体动作、表情、语言激励幼儿。小班的幼儿在游戏中,遇到问题时有依赖思想:"朱老师快来帮帮我!""朱老师,怎么回事啊?"所以游戏中教师有时要适时地错开视线,激励幼儿自行探索。正因为教师没有及时出手,幼儿有了向同伴学习和自主探索的机会。

● 投放材料,支持探究

低结构材料可以引发幼儿的想象和创造,有利于幼儿持续地开展探索。幼儿在探索初期用自己在活动室里找到的水管、花片、吸管去验证探索游戏。活动过程中教师将水池柜里的部分游戏材料拿出来,随意摆放,并鼓励幼儿自主更换材料探索;同时用不同大小的器皿装泡泡液,支持幼儿运用不同大小的材料去探索。游戏中幼儿能大胆尝试、探索并且有了新发现。

● 分享交流,经验共享

游戏后教师开展一对一倾听交流,深入了解幼儿眼中的游戏过程是怎样的,又有哪些新的发现。通过教师的观察、幼儿的游戏分享交流，让教师更好地理解了幼儿的行为，走进了幼儿的游戏世界。同时围绕泡泡游戏展开了集体分享交流活动，通过个别幼儿的游戏介绍、幼幼互动交流、师幼对话交流，共同梳理了吹泡泡游戏中蘸泡泡液的方法、吹的力气、不同吹泡泡材料之间的关系。经验的共享，激发了更多幼儿参与泡泡游戏中，也为后续活动做好了铺垫。

倾听助推的深度学习

游戏材料	吹泡泡大小发现	深度学习：联系与建构
吸管、花片	几个小泡泡	◆ 泡泡大小与吹泡泡材料的口径大小、吹的时间长短有关： ◇ 同样的一口气，口径大的材料吹出的泡泡大 ◇ 同样的口径，吹气时间越长泡泡越大 ◆ 泡泡数量的多少和孔洞数量多少有关，篮子的洞洞多，一次吹出的泡泡数量就多 ◆ 吹泡泡的方法： ◇ 吹的力气不能太大，太大泡泡就破了，力气小了吹不出泡泡，吹的力度要适中且绵长 ◇ 用大口径材料吹泡泡时，要移动工具将泡泡抛出去，不然泡泡会挂在工具上变小 ◇ 要轻轻蘸泡泡液
直通积塑水管	拳头大的泡泡	
积塑水管 （T字形和十字形）	一头吹出泡泡	
篮子	许多小泡泡	
透明水管	大泡泡	

● **发现问题，思考解决吹出泡泡的方法**

初次探索吹泡泡游戏时，有的幼儿第一次就成功了，有的幼儿尝试了多次还是失败了。吹泡泡失败的原因与吹的力气、蘸泡泡液的方法有很大的关系。在自主探索的过程中，有的幼儿自我发现，自主解决；有的模仿学习；有的通过同伴交往的方式解决问题。在探索解决问题的过程中，幼儿能发现问题的原因，不断调整策略。如：一一用大水管吹泡泡时，发现"为什么泡泡吹不出来啊？"他两头观察水管，发现没有蘸上泡泡液，蘸完后检查了再吹；但泡泡一吹就破，经反复尝试，最后通过吹泡泡时移动水管，成功吹出了泡泡。在探索过程中，他不时地自我反思、发出疑惑、观察分析，最后探索出了吹泡泡的方法。

● **不断尝试，探索并发现用不同的材料吹出的泡泡的数量、大小不一**

游戏中幼儿保持着对泡泡游戏的兴趣，不断运用不同的游戏材料和不同的方式吹泡泡，来验证自己的猜测。登登说："吹出了一个冰激凌！"他发现把吸管放在杯子里持续地吹，可以吹出许多的泡泡，而且泡泡留在杯子里可以保留较长的时间。可乐说："哇，好多泡泡。"他探索了用不同材料吹泡泡，有水管、吸管、透明大水管、PVC水管、篮子等。一一从吹不出到吹出了许多泡泡，运用了吹和甩的方式，还发现了泡泡数量与洞的数量之间的关联，泡泡的大小和容器口径、吹气长短之间的关系，建构了吹泡泡的新经验。

多元活动，感知泡泡

倾听的实录

教师结合观察到的幼儿活动中的情况记录了一对一倾听的内容，具体见如下表格。

活动类型	问题	实践探索				验证后的一对一倾听的主要内容
		猜测	推测、分析一对一倾听	验证方式	发现	
集体活动："神奇的泡泡"	教师：泡泡有其他形状的吗？	有	◆ 用正方形工具就会吹出正方形的泡泡 ◆ 洞洞是圆形的，所以吹出来泡泡也是圆形的	用不同形状的材料实践探索	泡泡都是圆形的	◆ 你看我的圆形泡泡 ◆ 我这个吹出来的也是圆形的泡泡 ◆ 说了泡泡都是圆形的了吧
		没有	我的泡泡棍是三角形的，吹出来泡泡也是圆形的			

活动类型	问题	实践探索				验证后的一对一倾听的主要内容
		猜测	推测、分析一对一倾听	验证方式	发现	
家长助教活动："泡泡探索家"	幼儿：泡泡飞起来后过一会儿就会破，可以留下泡泡吗？	可以	◆ 大人是很厉害的，泡泡可以留下来 ◆ 泡泡飞到水上没有破，可以留下泡泡	爸爸妈妈调制泡泡液，演示实验。幼儿自主探索感知	白糖能增加泡泡液的黏度；与棉手套接触能使泡泡富有弹性且不易破碎	◆ 哇，好厉害！ ◆ 真的可以哦！
		不可以	我吹的泡泡破掉了			
	家长：泡泡里可以装东西吗？会破吗？	会	泡泡的壳好小，会炸掉		在泡泡液里加入糖，让泡泡液的表面张力变小，泡泡不容易破	◆ 我的怎么破了？ ◆ 要轻轻地放进去
		不会	不会破，我在杯子里吹了泡泡，把吸管伸进去都没有破			

倾听的回应

● **多元活动，促进深度学习**

　　游戏持续开展的过程中，幼儿有了进一步的思考，想要获得的也更多。如何满足幼儿的需求，促进幼儿深度学习呢？教师结合幼儿提出的问题，分析并思考以什么样的形式展开活动能让幼儿接受，且持续保持对泡泡的兴趣。如：在集体活动"神奇的泡泡"中提供各种形状的工具，让幼儿猜测、推理、验证，感知泡泡的形状；"泡泡飞起来后过一会儿就会破，可以留下泡泡吗？""泡泡里可以装东西吗？会破吗？"而这一类的问题相对比较复杂，教师可以有效利用家长资源，邀请化工院教师参加活动，让专业的人来解答专业的问题，促进幼儿的深度学习。不同形式的活动既能拓展幼儿的经验，也丰富了活动的类型，能激发幼儿对泡泡保持持续的热情。

● 聚焦问题，深度探究解疑

《发展指南》科学领域的"科学探究"教育建议中提出："要认真对待幼儿的问题，引导他们猜一猜、想一想，有条件时和幼儿一起做一些简易的调查或有趣的小实验。"在玩泡泡的过程中幼儿提出了问题："泡泡飞起来后过一会儿就会破，可以留下泡泡吗？"可见幼儿在不断地思考。教师要引导幼儿聚焦问题，大胆猜测和表达自己推测的理由；以实验操作的方式展开，让幼儿直接感知、实际操作、亲身体验，从而获得关于泡泡的相关知识经验。也许对于小班的幼儿来说，他们不能理解为什么加糖是改变了泡泡液的张力，但是他们通过实验能直观感知，加糖到泡泡液里能留住泡泡，且泡泡不容易破裂这一现象。

倾听助推的深度学习

● 围绕问题，根据观察到的泡泡的情形进行大胆地推测和质疑

《指导要点》学习准备中的发展目标"好奇好问"教育建议中提出："要保护幼儿的好奇心和主动性，接纳、鼓励幼儿对新事物的观察、提问等探究行为，避免简单打断或否定幼儿的奇思妙想。"幼儿在探索泡泡的过程中，自主提出问题即表示幼儿在思考。如："泡泡飞起来后过一会儿就会破，可以留下泡泡吗？"有的幼儿结合已有经验推理表达："泡泡飞到水上没有破""我吹的泡泡破掉了"，有的幼儿则是联系生活，充分相信成人"大人是很厉害的，可以留下泡泡"。由此可见，幼儿有自己的理解与思考，并能表达自己的观点。

教师提出问题："泡泡有其他形状的吗？"基于对游戏活动的深入观察，倾听幼儿游戏时的交流、发现，记录游戏中的对话、行为，教师观察到幼儿的兴趣和游戏进程，抓住深入学习的点，进行有效的提问，以集体活动的形式展开，促进幼儿感知泡泡的形状。

家长助教提问："泡泡里可以装东西吗？会破吗？"基于教师与家长的沟通交流，家长倾听幼儿的想法，同时也是基于家长的专业理论素养，引导幼儿大胆表达疑问，带领幼儿观察实验了解加糖可以增强泡泡液的黏度，感知泡泡液的特殊之处。

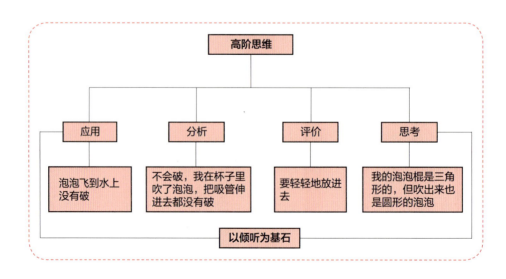

94

● 自主验证，亲身感知发现放入物体大小、放入力道和泡泡液表面张力间的关系

每个问题的答疑解惑都由实验呈现，能让幼儿亲身体验，并自主验证结果。如在往泡泡里放东西时，有的幼儿插入吸管泡泡却破了，然后他们在反复的实践中发现"要轻轻地放进去"，即感知放入时的力道和泡泡表面的张力之间的关联，并明白了虽然加入糖可以增强泡泡液的黏度和减小泡泡液的表面张力，但是力气太大泡泡一样会破裂。

拓展经验，趣玩泡泡

泡泡系列活动的深度探索过程中，幼儿将泡泡游戏从家庭带到幼儿园，又从幼儿园延伸到了家庭中。教师运用亲子调查、制作、实验的方式，启发幼儿关注："还可以用哪些材料玩泡泡，制作泡泡器？""可以自己做泡泡液吗？"……

具体见下表。

活动类型	拓展延伸活动内容及形式	可能建构的经验及深度学习
分享阅读	◆ 提供泡泡相关的绘本，开展共读一本书的活动 ◆ 在阅读角投放收集到的泡泡绘本，供幼儿自主阅读	◆ 初步感知"感知图书的作用，体会通过阅读获取信息的乐趣" ◆ 激发对阅读活动的兴趣，喜欢看图书讲故事
亲子调查	通过照片、记录、视频等形式寻找"生活中哪里有泡泡""哪些材料可以吹泡泡"	◆ 关注生活、热爱生活，对生活中的事物感兴趣 ◆ 尝试用调查表记录 ◆ 能向同伴表达自己的发现 ◆ 初步感知材料的特性，了解哪些材料能产生泡泡
亲子制作	寻找材料，亲子制作泡泡器	◆ 初步感知、发现材料的特点 ◆ 发展动手能力、创造能力 ◆ 迁移吹泡泡的经验，制作能吹出泡泡的玩具 ◆ 新经验获得：在泡泡里面吹泡泡
亲子实验	亲子实验调制泡泡液	◆ 初步感知材料的特性，运用材料大胆地制作泡泡液 ◆ 初步感知材料的配比、浓度与吹泡泡成功与否的关系

伴随着幼儿与家长的共同探索和发现，家长通过倾听幼儿心声，观察幼儿行为，更加了解了幼儿的年龄特点和思维特点，更加理解了幼儿的学习方式。在持续探究的过程中幼儿拓展了对材料运用的认知，丰富了对泡泡的感知，建立了新经验。教师鼓励幼儿将在家里探索发现的经验，在集体中分享交流。在师幼倾听、幼幼倾听和互动交流中，进一步提升了认知，推动了泡泡游戏的深度学习。也以泡泡为纽带，家长与教师进行了交流，拉近了家园关系，实现了家园共育。

扫码观看典型案例"趣玩泡泡"活动视频

五、马车搭建记

马车对于生活在 21 世纪的孩子们来说是一个很难接触到的新鲜事物。一个有趣的童话故事《灰姑娘》，使刚进入小班下学期的孩子们对马车产生了浓厚的兴趣，于是引发了"马车搭建记"的游戏活动。从概念的明确到结构的观察，从材料的选择到外形的设计，从实际的搭建到马车的连接，从载人载物到动力的探索，一个又一个的问题层出不穷，需要幼儿与同伴一起猜想质疑、调查了解、合作探究、协商讨论；需要激活已有的经验，迁移运用所学知识，整合信息，建构新认知；需要想象创造和批判反思，把好的想法不断地"做出来"。与此同时，还需要教师与家长在多维度的倾听中助推幼儿的持续探索，运用多种支持策略给予幼儿有效回应。这样一个真实问题的解决过程，充分地体现了幼儿深度学习的内涵与特征。

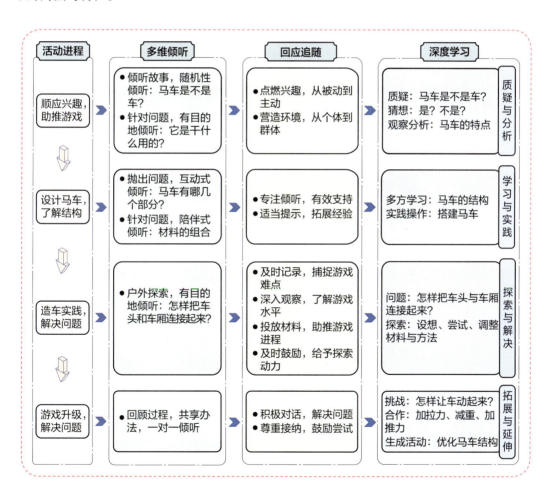

顺应兴趣，助推游戏

倾听的实录

　　离园整理环节，教师像往常一样给孩子们讲起了故事。这天，教师讲的是《灰姑娘》，孩子们听完后，鑫鑫站起来问："老师，什么是马车？"教师听到后，找来了马车的图片，孩子们看了后七嘴八舌地讨论开了。

　　乐乐说："马车就是车，它有轮子，跑得很快，灰姑娘的马车就跑得很快。"

　　皓皓说："马车就是马拉的车，我看到仙女把老鼠变成了拉车的马。"

　　茜茜说："马车是车，它里面还可以坐人，灰姑娘就是坐在马车里的。"

　　讨论结束后，鑫鑫问："老师，我们可以自己搭一辆马车吗？我们幼儿园有大大的轮子，就像图片上马车的轮子一样。"教师说："当然可以呀，但是今天时间来不及了，你们回家之后，可以和爸爸妈妈一起画一画你想搭的马车，然后想一想需要哪些材料。"

　　孩子们离园之后，教师立即给家长们发布了亲子小任务：请家长和小朋友一起画一画想搭的马车。

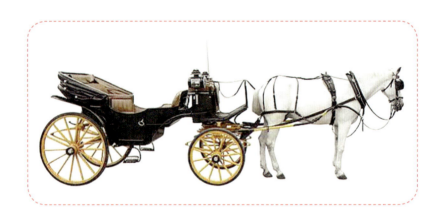

倾听的回应

● **点燃兴趣，从被动到主动**

　　《发展指南》指出："理解幼儿的学习方式和特点。幼儿的学习是以直接经验为基础，在游戏和日常生活中进行的。"学前期的幼儿主要是以具体形象思维为主，他们通过观察和模仿来学习。有孩子提出问题："什么是马车？"教师没有急于用语言给出回应，而是出示图片，鼓励幼儿用自己的眼睛观察。这样的做法既解答了幼儿的疑问，也让幼儿在解决问题的同时，学会了如何去主动学习。

● **营造环境，从个体到群体**

　　联结主义学习理论认为学习需要儿童超越个体认知，联结群体经验。每个个体都有自己的经验世界，他们通过对话、协作，互相开阔视野。[1]学习不只是个别主体的心智活动，更是各个主体之间的互动。因此，教师在解决问题时，要注重营造适合集体讨论与对话的环境，引导孩子们在交流中学习别人的知识经验。

倾听助推的深度学习

● 猜想质疑，明晰概念

《发展指南》关于科学领域的"科学探究"在3—4岁阶段的目标一指出："对感兴趣的事物能仔细观察，发现其明显特征。"对于马车究竟是不是车的疑问，通过观察，乐乐、皓皓、茜茜、鑫鑫都能够根据自己的已有经验大胆地表述自己的想法，同时，还能够将头脑中形成的车的表象与马车进行比较，如乐乐和茜茜都能够找到其相似之处——马车与车都有轮子，两者都能够载人载物；同时还能够找到其明显特征"马车就是用马拉的车"。讨论的过程中，孩子们能够仔细倾听他人的想法，同时结合自己与同伴的表述，丰富自己的已有经验，明确马车是车，为后续建造马车提供了有力的概念支撑。

设计马车，了解结构

倾听的实录

第二天，大部分小朋友都从家里带来了和爸爸妈妈一起完成的马车的图画。教师利用晨间谈话的时间和幼儿进行了交流。

教师说："小朋友们，谁想和大家分享一下自己的马车？"

天天说："我画了一辆飞天马车。它可以飞到天上。"

茜茜说："我的马车是紫色的，因为我最喜欢紫色了。"

在自主游戏计划时间，教师和孩子们就马车的结构问题进行了集体讨论。教师再次出示了马车的图片，并提问："孩子们，你们看一看马车由哪几个部分组成？"

泽宇说："马车有轮子。"

鑫鑫说："马车有马。"

教师说："对，马车有马，我们可以把这一部分叫作车头。"

乐乐说："马车上面有一个可以坐人的地方。"

茜茜说："马车上还要有门和窗户。"

教师说："乐乐和茜茜说的这个部分叫作车厢，是可以坐人和装货物的。你们真厉害，把马车的结构都说出来了。马车由三个部分组成，它们是车头、轮子、车厢。"

---

1. 张春兴.教育心理学［M］.杭州：浙江教育出版社，1998：20.

　　在接下来的自主游戏时间，孩子们来到了操场，开始根据自己的设想搭起了马车，具体见下表。

幼儿作品	结构
	三轮车＋塑料筐＋麻绳
	三轮车＋大轮子＋木梯＋木板车

幼儿作品	结构
	三轮车＋滑板车＋麻绳
	三轮车＋滑板车

在这一次的搭建过程中，孩子们用不同的材料搭起了自己的马车，出现了以上的情景。

倾听的回应

● 专注倾听，有效支持

教师对幼儿的倾听属于对幼儿深度学习的支持行为，在教师倾听幼儿游戏计划的过程中，可以帮助幼儿梳理游戏中需要用的材料和游戏实施的具体步骤，使幼儿的游戏过程更加具有目的性。

● 适当提示，拓展经验

对小班幼儿来说，掌握一些科学概念是有难度的。在认识马车的结构的讨论过程中，教师用简练的语言适当提示，能加深孩子对于马车整体的认知，帮助他们在后续的搭建马车的游戏中，把握好马车的基本形态。

倾听助推的深度学习

● 多方联动，建构新知

幼儿的深度学习需要在"群体情景"中展开，小班幼儿的计划意识较为薄弱，还无法独立完成游戏计划，需要家长的帮助。在与家长共同制定计划的过程中，孩子们通过主动回忆，将以往在游戏中运用到的材料迁移到马车搭建中，并通过初次建造对马车结构也有了更加清晰的了解。几组的成品中都有马、车厢、车轮、车轴等部分，但对于车厢部分应在车轮之上这一结构尚不明晰。孩子们发现疑问后，与同伴共同讨论马车的具体结构，同时教师以一对一倾听及有效提问的方式帮助幼儿整合周围信息，从而超越个体认知，联结群体经验，建构新的经验。

造车实践，解决问题——如何连接

倾听的实录

● 情景一

鑫鑫拿来了两个大轮子一个木梯。然后他将轮子的杠杆卡在木梯的凹槽中。两头卡好之后再用一个木梯进行延长。马车的车厢就搭好了。轩轩骑来了小三轮车，他们打算用小三轮车当成车头，鑫鑫绕到三轮车的后面，用手将三轮车拉到了车厢前面伸出来的木梯上面，嘴里一边说着："这样就好了。"可是当他松开手之后，由于木梯是一个斜坡，所以小三轮车就滑了下来。这次的连接显然失败了。鑫鑫又跑到材料柜里找起了绳子，他发现了一个绿色的"绳子"（闭合橡皮绳），他将绿色的"绳子"放在三轮车尾和木梯上，这样车头和车厢就"连"起来了。鑫鑫高兴地骑上三轮车往前开，结果绿色"绳子"从木梯上滑落，车厢还是停在原地。

孩子们在游戏时，教师一直在旁边记录。回到教室后，教师和幼儿一起看游戏视频和图片回顾游戏过程。看完之后，教师请小朋友们给大家分享自己的游戏故事。

鑫鑫说："我搭了一辆超大的马车，它有大大的车轮。我用了三轮车当车头。不过我想往前开的时候，车头走了，但是后面的没走。"

教师："哦，你是说车头和车厢没有连接起来，是吗？"

鑫鑫点了点头说："对。"

教师："小朋友们，你们有没有什么好办法可以把车头和车厢连接起来呢？"

泽宇说："可以用胶带将车头和车厢粘在一起。"

皓皓说："我们是用绳子在那个三轮车上绕呀绕，然后就连起来了。"

悦悦说："我们是用手抓着那个绳子。"

天天说："我们就把那个绿色的'绳子'套在车子上，就连好了。"

教师说："那下次玩的时候，没有将马车连起来的小朋友可以试一试他们的这些方法。"

- 情景二

在第二次游戏时，轩轩和鑫鑫找来了木板车，鑫鑫将木梯的凹槽卡在木板车尾部的边沿，接着把木板车用绳子缠绕在了三轮车上。完成之后，轩轩骑上了三轮车，鑫鑫坐在了车厢上，由于他们搭好的位置在一个转弯的地方，轩轩在踩的时候有点费力，鑫鑫也在后面用手抓着轮子往前推，终于马车慢慢地向前移动了一点点。

倾听的回应

- 及时记录，捕捉游戏难点

小班幼儿的语言发展水平有限，教师在幼儿进行游戏时，要及时用视频和图片记录的方式，捕捉到幼儿在游戏中遇到的困难，这样教师就能根据幼儿遇到的问题帮助他们推动游戏进程，使幼儿的游戏玩得更加深入。比如：在第一次造车时，教师用视频记录下了孩子们遇到的不会连接和车子开不动的两个问题。

- 深入观察，了解游戏水平

教师的有效支持与回应必须建立在深入观察的基础之上。在自主游戏中，当幼儿遇到技术性难题、游戏延伸或扩展困难以致无法投入游戏情境时，或教师通过观察发现幼儿即将进行深度思考和探索、幼儿即将产生新知识经验、幼儿需要整合游戏经验时，教师都应当提供适宜的支持。所以，教师需要对幼儿当前的游戏行为作出细致、耐心地观察。在孩子们的马车出现了总是开不动的问题之后，教师通过观察发现是孩子们的连接方式出现了问题，于是组织孩子们讨论，听取了一些孩子的成功经验，总结了"缠绕"和"套住"两种成功的连接方式。

● 投放材料，助推游戏进程

《纲要》明确指出："幼儿园的空间、设施、活动材料和常规要求等有利于引发、支持幼儿的游戏和各种探索活动。"《评估指南》在环境创设方面提到了关于玩具材料投放的具体评估要求："玩具材料种类丰富，数量充足，以低结构材料为主，能够保证多名幼儿同时游戏的需要，尽可能减少幼儿使用电子设备的机会。"

由此可见材料投放的重要性。孩子们在建造马车的时候，很多都遇到了连接的问题，于是教师投放了很多可以用于连接的材料，有麻绳、跳绳、魔术贴腰带、胶布、橡皮绳5种材料。由于橡皮绳是闭合的圈，所以使用橡皮绳的孩子将绳子套在车上就成功地连接好了，车头拖着车厢往前就能开动起来。使用麻绳的孩子用了缠绕的方式来进行连接，开始只绕了一圈，发现不行，于是又多绕了几圈，最后也成功了。

● 及时鼓励，给予探索动力

搭建马车这个活动给班上的孩子带来了很多乐趣，也带来了很多挑战，教师应密切关注孩子的游戏状态，当孩子们因为困难和挫折想要放弃游戏时，教师会走过去轻轻地抚摸孩子的头，微笑着鼓励："再试试看，你一定可以的。"总之，可以采取以下方式为孩子们提供情感支持，如微笑、点头、注视、倾听、拥抱、抚摸等；以及非肢体语言，如移情与安慰、肯定与接纳、回应、鼓励、赞扬等，让孩子有持续探索的动力。

倾听助推的深度学习

● 迁移经验，聚焦"连接"

在建造马车的过程中遇到了许多让大家都很困扰的问题，其中鑫鑫在搭建过程中，发现车身与车头无法连接，于是在已有的材料中找到了魔术贴腰带试图连接，其他孩子则采用了麻绳、跳绳等材料，这些都源于他们将生活经验、学习经验、前期经验整合，并运用在了新的情境中。

● 反复尝试，分享经验

在找到材料连接后，孩子们进行了初次连接，游戏后的讨论过程中，鑫鑫说道："我往前开的时候，车头走了，但是后面的没走。"虽然幼儿未提出自己的疑问，但是发现了游戏中出现的问题。基于部分幼儿的成功经验，教师通过有目的地提问，帮助幼儿梳理经验，让幼儿从同伴中获得新的经验，知道可以通过捆绑、缠绕、借助外力（用手抓着绳子）、闭合套环等方式使连接更加稳固。在整合各种连接方式后，教师尊重并鼓励幼儿再次进行尝试，整个过程中幼儿不怕困难，多次积极主动地尝试，根据搭建马车的材料来选择合适的连接方式。

游戏升级，解决问题——动力问题

倾听的实录

● 情景三

轩轩骑在三轮车上，慢慢地往前开，骑了一分钟左右，车子还是走得很慢，轩轩说："我没有力气了，这个车子太重了。鑫鑫你下来吧。"于是鑫鑫就从车子上下来了。轩轩又拿来了小推车，他将滑板车的绳子套在小推车上，这下轩轩和鑫鑫的马车就快快地开起来了。

在游戏回顾环节，鑫鑫说："我们的马车开始的时候开得很慢。于是教师在电脑上放出鑫鑫他们的马车图片。请小朋友们一起来说一说，有什么办法能让我们的马车开得快一点？"

嘉嘉说："我可以用力地踩踏板。"

浩浩说："还可以找两辆车一起拉。我和嘉嘉就一起拉了琪琪。"

轩轩说："可以不要载人，鑫鑫坐在车上的时候，我就开不快，他下来了我就开得快一些了。"

倾听的回应

● 积极对话，解决问题

《纲要》中明确提出："教师要关注幼儿在活动中的表现和反映，敏感地察觉他们的需要，及时以适当的方式应答，形成合作探究式的师幼互动，以关怀、接纳、尊重的态度与幼儿交往。"《评估指南》指出："尊重并回应幼儿的想法与问题，通过开放性提问、推测、讨论等方式，支持和拓展每一个幼儿的学习。"师幼互动不仅强调了教师的情绪状态应该要和蔼可亲，同时也强调教师的应有支持性的态度和行为，要尊重和接纳幼儿个性化的思维和情感表达，倾听幼儿，允许幼儿反复探索，应用关注的目光在幼儿背后默默观察和支持。游戏后，教师认真倾听孩子们的问题。"老师，我们的绳子总是掉下来。""老师，我车子太重了，我拉不动。"问题提出之后，教师通过开放性的提问："你们有什么好办法？"引导他们思考讨论、解决问题。最后教师和孩子们一起梳理总结解决方式，鼓励孩子再次尝试，使他们的深度学习在一次次的发现问题、集中讨论、梳理方法、实践探索的过程中得到升华和完善。

- ● 尊重接纳，鼓励尝试

孩子们在造车的游戏中，有很多的探索行为。比如：用不同的绳子连接，用不同的材料组合马车的主体。教师充分尊重了孩子们的游戏主体地位，接纳他们的探索行为，让他们能够完成从猜想到实践再到验证的深度学习的过程。

倾听助推的深度学习

- ● 主动探究，解决问题

马车连接好后，孩子们高兴地坐上了马车准备开动起来，可马上遇到了难题。"为什么我的马车开不动呢？""为什么我的马车开动了却跑不快呢？"针对这些问题，孩子们开始了积极的探索，他们开始对马车进行了改造，有的给马车加了"两匹马"，有的卸下了马车上的"货物"，有的与同伴下车一起推动马车前行。就这样，孩子们充分与周围的环境材料互动，不断尝试，不断探究，寻找解决问题的办法。

- ● 表达想法，初试合作

《发展指南》语言领域中指出："幼儿在运用语言进行交流的同时，也在发展着人际交往能力、理解他人和判断交往情境的能力、组织自己思想的能力。"当遇到马车开不动的问题时，轩轩能主动表达自己的想法，"我们的车子太重了"，而后做出决策，让车上的鑫鑫下车，并再次开动马车，验证自己的想法。同时，鑫鑫也能够听从同伴的意见，共同寻找最佳的解决办法，在与同伴交流、共同参与游戏的过程中，逐步体会合作的重要性，在具体的情境中，逐步学习分工合作。

从孩子们的兴趣出发，生发出共同谈论的话题，从原来的漫无目的聚焦到与家长共同做计划搭建马车，使他们能够有意识地调动已有生活经验，并学习他人的经验，在这个兴趣相互激发的过程中，引发深入探索的契机；在搭建马车的过程中，提供低结构的、多类型的、孩子们需要的材料，并收集他们在游戏时遇到的问题，一起讨论，倾听孩子们的心声，通过看、问、激的方法，激发幼儿在游戏中的主动性。整个游戏过程始终以幼儿的高阶思维发展为目标，借力教师的有效倾听与回应，促进了幼儿的深度学习。

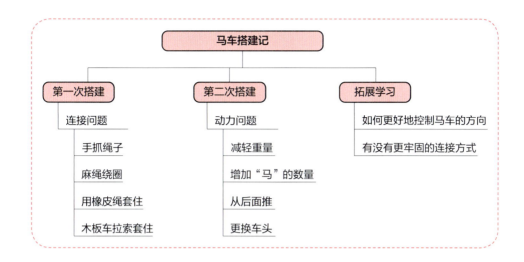

至此，"马车搭建记"暂时告一段落了，但孩子的成长之路并没有因此而停止。有没有更好的连接材料？是否有更高效的连接方法？如何解决马车方向控制的问题？未来，值得期待！

扫码观看典型案例"马车搭建记"活动视频

六、梯子变形记

即将要更换自主游戏场地了，在自主游戏后教师带着孩子们一起看看新材料，孩子们既欣喜又好奇。他们七嘴八舌地说了起来，年年兴奋地指着梯子问道："这是什么？"

"这是用来干什么的？我们明天可以玩吗？"昕昕挠了挠头大声问道。带着这些疑惑，追随着孩子们的兴趣，我们对新材料中的梯子展开了讨论。

六六说："这是梯子，我在家里看到过！"

一一说："梯子是用来爬的！"

漫漫说："我玩滑滑梯的时候也爬过梯子！"

宸宸说："我也想做一个滑滑梯玩。"

昕昕说："我看到大班哥哥姐姐玩过，把木板放到梯子上就可以滑了……"

第二天，孩子们搭建滑滑梯的游戏开始了。

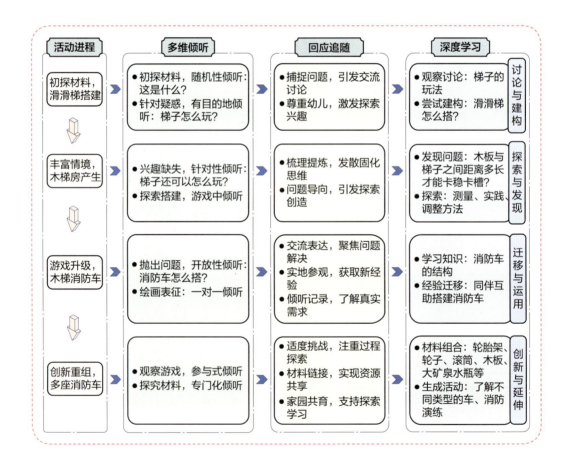

初探材料，滑滑梯搭建

倾听的实录

　　自主游戏开始了，孩子们纷纷走向综合材料，其中年年和几个小朋友选择了梯子，他们合作将梯子抬到了操场中间，并扶起梯子架起来。然后，年年开始爬梯子，爬了几次之后他又去搬来了一块没有卡槽的长木板，边搬边向旁边的昕昕招手大声喊着："昕昕，我们来搭一个滑滑梯！"年年和昕昕的想法不谋而合，于是他们拿来木板斜放在梯子上，滑梯很快搭好了。"让我来玩一下！"年年高兴地爬上梯子并滑了下来，但是滑的时候木板掉下来了。于是，昕昕把木板搬起来重新架了上去说："我去试试看！"昕昕爬上梯子滑的时候木板又掉了下来。"为什么老是掉？"昕昕挠了挠头说。过了一会儿他跑开了，不一会儿，只看到他又搬来了一块木板并大喊："年年，快过来！我知道怎么搭了！要木板上有东西卡住才不会掉下来！"他搭好之后迫不及待地爬上去滑，发现虽然木板有滑动，但是并没有掉下来，于是他又去检查了一下卡槽，确定放好之后开始和小朋友们玩起了滑滑梯的游戏。

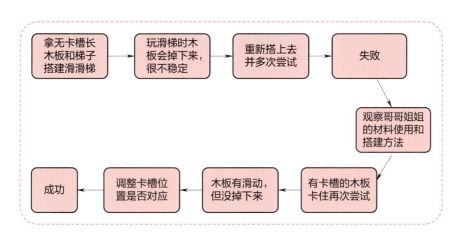

倾听的回应

- ###### 捕捉问题，引发交流讨论

《发展指南》中提出："应为幼儿创设自由、宽松的语言交往环境，鼓励和支持幼儿与成人、同伴交流，让幼儿想说、敢说、喜欢说并能得到积极回应。"在认识梯子的过程中，幼儿有疑惑："梯子可以用来干什么？"教师通过观察及时发现问题，创设轻松愉快的语言环境，开展有针对性的讨论，启发幼儿回忆生活中的场景，通过师幼交流的方式来引发幼儿思考，为进一步探索游戏材料的玩法奠定基础。

- ###### 尊重幼儿，激发探索兴趣

游戏中幼儿尝试发挥想象力与游戏材料充分互动、积极思考，大胆猜测。在搭建过程中，当幼儿拿取没有卡槽的木板探索时，教师没有制止；多次尝试用没卡槽的木板和有卡槽的木板来搭建滑滑梯稳定木板的过程中有失败、有模仿学习、有尝试调整，教师都没有介入，允许幼儿试错，幼儿在游戏过程中获取了经验，充分发挥了幼儿的主体性。教师对幼儿的充分尊重与信任给与了幼儿探索的机会，也让幼儿在初探材料中体验了失败和成功。对幼儿的尊重，也是对幼儿游戏能力和自我成长能力的信任。正是这种"信任"给与了幼儿最大的支持，不断地激发幼儿探索兴趣。

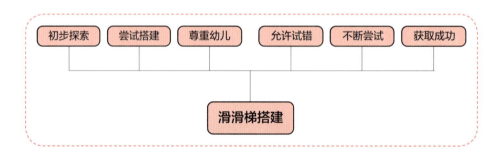

倾听助推的深度学习

- ###### 模仿构建，唤醒探索能力

幼儿在经验分享中说道："看到大班哥哥姐姐玩了，把木板放到梯子上就可以滑了。"从中能够看出他们在平时的游戏中注意到了大班幼儿玩过此类游戏。幼儿在初探游戏中对环境、材料都充满着好奇感和新鲜感，他们坚持不懈地探究新的未知，不断产生新的喜悦。游戏中通过尝试、模仿、学习、建构来搭建滑滑梯，搭建过程中探索并感知材料的特性和物体的结构特点，激发幼儿进一步探究的兴趣，为幼儿之后游戏中的学习和发展做铺垫。

● **不断调整，发展分析能力**

幼儿在探索木板和梯子的过程中，选择了有卡槽和没卡槽的木板来进行搭建，在游戏体验中发现光滑的木板架在梯子上滑行时容易掉下来，不适合当作滑滑梯的滑板。幼儿游戏时发现木板掉下来是因为材料不适宜。幼儿通过观察、思考、交流、分析游戏材料的适宜性，他们在不断地调整材料的过程中建构了"用卡槽卡住梯子"会更稳固的认知。从做到思，从行动到思维，是引导幼儿深度学习的重要过程。

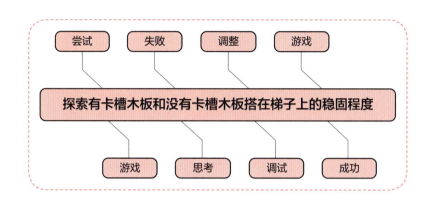

丰富情境，木梯房产生

倾听的实录

自从玩了滑滑梯游戏，孩子们一到操场上，就开始用梯子搭滑滑梯，持续了好几天，渐渐地孩子们对滑滑梯的游戏兴趣有所下降，玩滑滑梯的人数越来越少。教师结合此现象，在游戏后进行了有针对性的倾听。交流中有孩子提出："滑滑梯不好玩！不想玩了！"教师通过追问："为什么不好玩？梯子还可以怎么玩？"话题一出，孩子们立即讨论了起来。

乐乐："滑下去就没有了，屁股也疼。"

瑞瑞："我们拿很多个梯子放在一起架起来爬！"

瑾年："对呀对呀！把木板放到中间，就像一座桥一样！"

六六："我不想滑了！我想玩过家家。"

昕昕："我知道了！我们可以把梯子变成我们的家！我们在家里面玩！"

瑶瑶："我看到哥哥姐姐就是这样玩的！"

这个提议吸引了一部分孩子的兴趣，大家纷纷对"木梯房子"产生了较大的兴趣。

游戏进程	游戏材料	木梯房搭建过程中遇到的问题	解决办法	一对一倾听的主要内容
第一次探索	木梯、无卡槽木板、有卡槽木板	无卡槽木板太短，架不上去	更换有卡槽的长木板，拉近梯子之间距离	太短啦

111

游戏进程	游戏材料	木梯房搭建过程中遇到的问题	解决办法	一对一倾听的主要内容
第二次探索	木梯、有卡槽长木板、短木板、爬爬垫	短木板架在长木板中间容易滑动	增加爬爬垫架在上面	这个怎么动来动去
第三次探索	木梯、有卡槽长木板、短木板、爬爬垫	房子上层的小朋友下不来	在顶层搭个滑滑梯	我们怎么下来啊

倾听的回应

● 梳理提炼，重燃游戏兴趣

"相信儿童是有能力的学习者"是瑞吉欧带给我们的教育理念。[1]倾听幼儿，首先应该相信幼儿是有能力学习者，相信幼儿是艺术家、科学家，相信幼儿有能力对自己的游戏环境进行创设。教师要及时关注和跟进幼儿的游戏情况，在玩滑滑梯游戏中幼儿兴趣出现下降的趋势时，教师通过开放性提问，请幼儿说说自己以前看到过的、玩过的相关梯子的游戏，还可以怎样玩，以引发幼儿之间的兴趣、经验和方法的相互激发与碰撞，实现互相启发、拓展思路、激发创造、提升游戏水平的目的。同时，教师及时梳理梯子的新玩法：爬梯子、搭桥、搭房子，以此丰富游戏内容。

● 问题导向，引发探索创造

教师通过倾听和观察幼儿在搭建房子过程中的语言和游戏行为，发现游戏中存在木板太短、容易滑动、上层幼儿下不来等问题。教师观察到幼儿遇到的困难，给予适宜的指导，激发幼儿自主解决问题的能力。教师追随幼儿的游戏，适时提出问题："怎么办？还有其他材料可以使用吗？"以此激发幼儿探索不同的材料进行游戏。多元的材料很大程度上影响着幼儿游戏的内容，探索多样化材料的过程中能激发幼儿想象和创造，引发和推动幼儿的深度学习和探究，收获新的成长。

倾听助推的深度学习

● 分析原因，建构认知

游戏材料具有的探索性是幼儿进行复杂学习的关键因素，幼儿在游戏中与材料互动，在假设和验证中进行逻辑推理，解决问题，从而获得丰富的学习机会。在房子搭建过程中，幼儿通过不断地思考、重建、增添、构建获得新的经验。如：材料组合、木板排序规律、物体的摩擦、物体的稳固……在一次次的尝试中，他们不断地肯定和否定，一次又一

---

1. 倪中华.意大利瑞吉欧的项目式学习：以儿童为中心.［J］，上海教育·环球教育时讯.2021：7.

次地发现和表达，建构新的知识。

● 自主探究，解决问题

《发展指南》中指出："幼儿学习的核心是激发探究兴趣，体验探究过程，发展初步的探究能力。"在游戏中，发现木板太短架不上去、短木板容易滑动、上层幼儿不能下来这三个问题后，幼儿通过观察原因、对比测量、调整材料、迁移经验等方法让长木板架上去，让木板稳定，让同伴从木板滑下来，实行了在自主探索的过程中解决问题的目标。这与科学领域目标 2 中"能用多种感官或动作去探索物体，关注动作所产生的结果"相吻合。幼儿在探索中不断地观察材料，主动思考问题，并尝试解决，将科学探究中的方法迁移到游戏当中，从而使问题得到了解决。

遇到的问题	深度学习	幼儿可能建构的相关经验	幼儿的学习与发展（依据《指南》）
无卡槽木板太短，架不上去	试验与调整	在搭建中发现木板的长度与梯子的距离不吻合，尝试用目测和用木板对比的测量方法去比较并通过调整木梯的位置来完成搭建	◆ 在房子搭建过程中，幼儿在组合木梯和木板时，发现木板因太短而架不上去的问题后，尝试寻找长木板来替换短木板，这与科学领域目标 2 中"能用多种感官或动作去探索物体，关注动作所产生的结果"相吻合
短木板架在长木板中间容易滑动	发现与解决	在尝试中发现木板与木板放在一起踩上去容易滑动，用垫子铺在上面能更稳固，体现了幼儿主动探究和解决问题的能力	◆ 游戏中，幼儿通过实践和目测的方法发现梯子与木板之间距离的关系，并通过不断更换不同长度的木板，调整与梯子之间的距离，并经过多次试验和测量，最终让木板卡在木梯上，这与科学领域目标 2 中"具有初步的探究能力"相吻合
"房子"着火了，上层的小朋友下不来	游戏与创新	丰富情境后发现"着火了下不来"的问题后，迁移滑滑梯的游戏经验创新组合到新游戏中	

游戏升级，木梯消防车

倾听的实录

游戏后，孩子们还意犹未尽，回到教室后，你一言我一语地讨论着自己的游戏故事。

瑾年："今天我们的房子着火了，然后我去救火了！"

一一："我也去救火了，我开大水把火都熄灭了！"

子奕："火好大，我一个人都浇不灭！"

六六："消防员是灭火的，我在电视上看到过！"

漫漫："我也看到了，我看到消防员开车去灭火的！车上还有水管呢！"

宇靖："我也想开车去灭火！"

昕昕："我们也可以做一辆车呀！"

六六："车子怎么做呀？"

于是孩子们的木梯消防车制作动工了。

材料不适合
"这个斜着不好坐啊！"

替换滚轮
"这个怎么滚不过去？"

木梯太短
"接不上啊！"

消防车搭建历程与一对一倾听

灭火游戏
"可以坐好多人了！"

消防车组建成功
"成功啦！"

换长木梯
"用我这个！"

倾听的回应

● **交流表达，聚焦问题解决**

分享与讨论中，幼儿对消防车的搭建兴趣逐渐高涨，但本身生活经验有限，幼儿对于消防车的认识不够深入和全面，不足以支撑幼儿完成搭建。教师聚焦游戏中的问题"消防车不会搭"，引导幼儿开展讨论，以调动幼儿思维，提高幼儿思考问题、解决问题的能力。教师再通过展示图片、播放视频的方式让幼儿在看、说、听的过程中了解消防车的结构，为后续的搭建提供思路。

● **实地参观，链接新旧经验**

蒙台梭利曾提出："来自智力的东西没有一件不是来自感官的。"[1]由于小班幼儿完整表达的能力较弱，逻辑思维也尚未成形，这就决定了他们更需要通过感官和肢体来感知、认识事物。因此为了让幼儿的认知更具体形象化，教师鼓励家长带领幼儿去消防站进行实地参观，观察、认识消防车，用眼睛、嘴巴、耳朵、手不断地看、问、听和触摸，在多种感官体验中了解消防车的特征和消防员灭火的过程。活动既追随了幼儿的游戏兴趣，又激发了新的探究兴趣，引发幼儿的深度学习，让幼儿在学习中获得新的经验，同时也体验到活动带来的乐趣，同时，新经验的拓展丰富了幼儿的游戏内容和情节，并起到了有效的支持作用。

● **倾听记录，了解真实需求**

《评估指南》提到"师幼互动"时强调："重视幼儿通过绘画、讲述等方式对自己经历过的游戏、阅读图画书、观察等活动进行表达表征，教师要一对一倾听并真实记录幼儿的想法和体验。"幼儿的想象力较为丰富，但语言表达能力欠佳，可通过多元表征的方式表达其需求和想法。幼儿通过用线条、颜色以及自创的图形、符号来表征消防车，展现他们对事物特性、关系的理解。教师则通过观察、倾听与询问等方式帮助幼儿用文字的形式

---

1. 刘文.蒙台梭利幼儿感官教育［M］.上海：第二军医大学出版社，2004.

记录。这个过程不仅是幼儿自己梳理的过程，也是教师倾听幼儿的过程，通过这样的倾听与交流、记录，教师更容易注意到幼儿思维与成人思维的不同，从而避免主观猜测，能更准确地了解幼儿兴趣点以及游戏需求。

幼儿绘画表征	一对一倾听
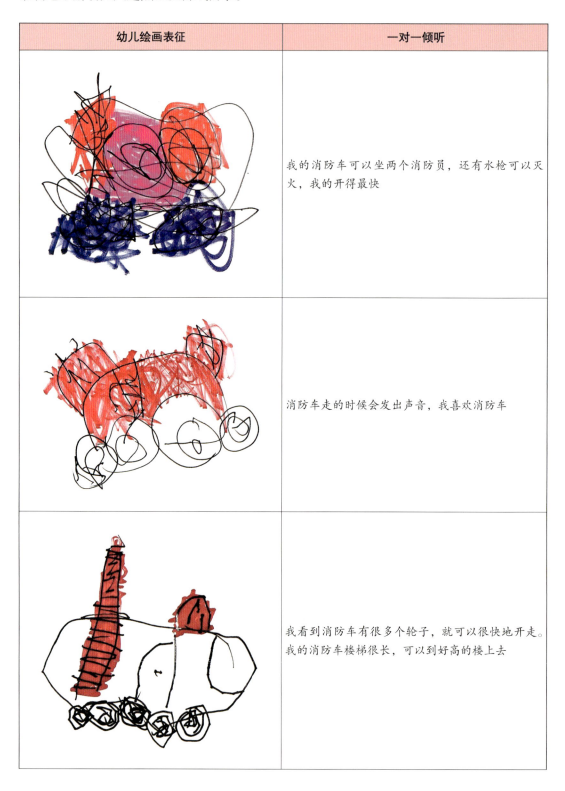	我的消防车可以坐两个消防员，还有水枪可以灭火，我的开得最快
	消防车走的时候会发出声音，我喜欢消防车
	我看到消防车有很多个轮子，就可以很快地开走。我的消防车楼梯很长，可以到好高的楼上去

幼儿绘画表征	一对一倾听
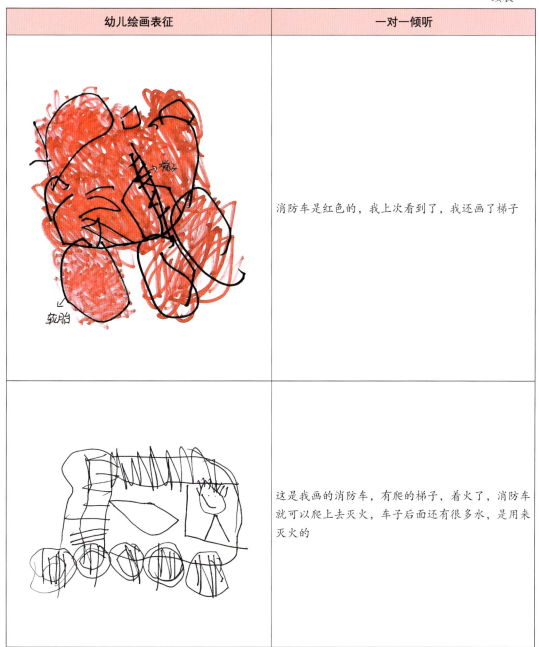	消防车是红色的，我上次看到了，我还画了梯子
	这是我画的消防车，有爬的梯子，着火了，消防车就可以爬上去灭火，车子后面还有很多水，是用来灭火的

倾听助推的深度学习

● 持续游戏，聚焦目标

在搭建消防车的游戏中，幼儿在选择材料、探索材料、调整材料的过程中有困难和无助，也经历了失败和成功，但他们表现出积极主动的态度，有共同的目标——完成消防车的搭建，坐在"消防车上去灭火"。教师作为观察者，追随幼儿的兴趣，支持和推动幼儿用自己的方式去追寻和探索他们自己的目标。

● **实践操作，理解意义**

　　幼儿在实物建构的过程中，充分发挥其想象力，通过操作长短不一的梯子和大小、材质不同的轮子，理解了不同材料之间的关系，理解了不同材料的结构与自己期待的结果之间的关系，理解了材料长短、大小等特征与事物结构之间的关系。幼儿正是通过这一系列的操作理解了材料之间的关系。

创新重组，多座消防车

倾听的实录

● **情景一**

　　"着火啦！着火啦！"在房子上面的熙哲大喊："我来救火！"宇靖和几个小朋友拿着大水瓶和一根水管嚷嚷道："好多人呀！好挤呀！你们往前面去一点呀！我都坐不下了！"

● **情景二**

在游戏分享环节，晨晨说道："今天的火太大了，只有一根水管，我灭了好久都没灭完！"

倾听的回应

● **适度挑战，注重过程探索**

3—6 岁幼儿处于动作发展的关键时期，且安全和自我防护意识不足，易出现意想不到的安全问题。游戏中出现了轮胎架抬不动、放不稳、车上人太多等情况，对于小班幼儿有一定的挑战性。游戏中"消防车上人太多导致木板和轮胎架被压弯"存在一定安全隐患，他们面对挑战没有做出正确的判断，而是让消防车上的人持续增加。教师没有一味地鼓励幼儿去"冒险"，而是根据游戏实际情况，持续地观察、倾听、解读，并以适宜的方式参与游戏，支持和推动幼儿的游戏，保障幼儿的安全。

教师在游戏中不仅关注了游戏的进展，还关注了环境和材料的安全。保障环境和材料的安全，成为支持幼儿大胆探索、适度挑战的前提和基础。[1] 教师要在保证安全的基础上，营造鼓励尝试、挑战的氛围来支持幼儿大胆探索、适度挑战。基于幼儿的真实发展水平和特点，教师要从多方位收集信息，给予幼儿不断尝试、挑战自己、巩固技能的机会，要挖掘幼儿在游戏中的不同表现，勾画出游戏过程中的真实发展全貌。

---

1. 董旭花.自主游戏：成就幼儿快乐而有意义的童年［M］.北京：中国轻工业出版社，2021：3.

● **开放材料，实现资源共享**

现有材料已经不能满足幼儿的游戏需求。在探索过程中，幼儿能够用不同材料进行组合，赋予材料不同的功能和作用，来满足他们的游戏需要。游戏中，幼儿已有用白色水管灭火的游戏经验，但由于白色水管只有一根，材料的数量限制了幼儿的游戏。教师及时帮助幼儿梳理经验："水管是什么形状的？操场上还有什么材料也是这个形状的？"启发幼儿从材料的多元性角度思考，让幼儿不受约束地使用场地上任何的材料，发挥材料的最大价值。材料的开放使用消除了材料玩法与使用空间的限制，充分满足了幼儿游戏的意愿和需求，后续幼儿对材料的创造性使用也会层出不穷。

● **家园共育，支持探索学习**

幼儿对于消防车座位太少没有争议，但对于"怎么搭建多座消防车"有困惑。幼儿在讨论时联想到公交车可以坐很多人，周末邀请爸爸妈妈一起乘坐公交车，了解公交车的内部结构，在过程中感受幼儿在游戏中的学习，让家长、教师、幼儿之间建立起理解和信任关系，家长能理解教师为什么要开展此活动，从而认同与支持幼儿的自主游戏。

倾听助推的深入学习

● 迁移应用，促进深度探究

带着满满的探究欲望，幼儿希望尽快开始游戏，于是对游戏材料进行了新一轮的探索与思考。针对搭建的"消防车太挤"的问题，幼儿尝试寻找能解决问题的材料，基于之前实地参观的经验，幼儿在搜寻一圈后发现放轮胎的轮胎架是镂空的，可以容纳数十个小朋友，于是他们用这个材料尝试进行搭建。在这个过程中能够看出幼儿可把已有经验迁移应用到游戏中，还能根据材料的造型来探索材料的适宜性。在材料组合搭建过程中，又发现了材料太重搬不动、抬不高、车子开不动、人太多木板被压弯等问题，幼儿在游戏中不断调整让"多人消防车"变得稳固且安全。幼儿在游戏过程中"重新认识"和"重新构建"自己的经验，以积极的情绪观察物体、组合材料、亲身验证、测试调整，延伸了学习的广度和深度，也体现了幼儿进行深度学习的有效过程。

游戏过程	遇到的问题	解决的办法	结果
发现新材料：轮胎架	太重搬不动	大家一起抬、推、拖	成功
把轮胎架放到滚轮中间	轮胎架放不稳，容易滑下来	把滚轮放到轮胎架一头的靠中间位置	失败
	◆ 轮胎架放不稳，容易滑下来 ◆ 轮胎架太重，幼儿尝试了几次后，教师考虑到有安全隐患问题，及时给予了帮助	用有卡槽的木板连接两个滚轮，再把滚轮抬到木板上	成功
小朋友们试坐消防车	◆ 小朋友踩到滚轮的两边时，轮胎架被压弯了 ◆ 由于人数太多，轮胎架底下的木板被压弯了	把木板替换成单梯，梯子的承重力更强，再添加一个滚轮用以和单梯连接，把轮胎架放到中间，让轮胎架两端更好地受力	成功
灭火游戏	灭火过程中没有足够的水管	把黑色滚筒当作大水管来灭火，快速灭火	成功
	坐车人太多，车子开不动	车上的小朋友用手滚轮子，后面的小朋友推车子前行	失败

从游戏中能够看出幼儿对搭建消防车的兴趣浓厚。"除了消防车，还可以搭什么车？"结合幼儿的疑问，教师生成了"认识不同车辆类型"的教学活动，带领幼儿学习不同类型的车辆的外形结构和特征，还结合实际生活和幼儿的经验，开展了消防演练、安全逃生等安全教育活动，增强了幼儿的安全意识。支持教师借助家长资源、社会资源与环境资源拓宽幼儿思维，发展幼儿问题解决能力、资源整合运用能力、角色表现与创造能力、材料创新使用能力，使幼儿的学习品质、社会性得到发展。

梯子变形计的游戏过程中，教师基于幼儿的兴趣，倾听幼儿的真实想法，提供环境和材料上的支持，创设宽松的语言环境，引导幼儿发散思维，大胆表达观点。在这个过程中，教师给予适当支持，以最小程度的介入，做到最大程度上成就幼儿的描述、总结、试验、验证等活动。整个游戏中，幼儿的语言表达、社会交往、同伴合作、发现及解决问题等能力得到了不同程度的提升。

看似简单的游戏，幼儿却越玩水平越高。他们的消防车虽不能真正灭火，但承载着他们的梦想，教师也将一直行走在倾听理解、支持回应的路上，倾听幼儿，相伴成长；让幼儿站在游戏中央，倾听他们的心声，创设符合幼儿发展需要的游戏环境，陪伴幼儿健康快乐成长！

扫码观看典型案例"梯子变形记"活动视频

第二节　一对一倾听助推4—5岁幼儿
深度学习的典型案例

一、滚动乐

在每日生活中，教师要尝试从幼儿主体出发，营造宽松愉悦的倾听氛围，不断深挖倾听的多元工具与方法，优化一对一倾听流程，助力幼儿的发展。一次球的滚动深深吸引了幼儿，一句"我们也在这里搭建一条滚球轨道吧"，自此，一场关于滚动的游戏探索就此开始。

"滚动乐"游戏中，幼儿以自身兴趣为起点，在积极的内在动机的支持下，通过自主、合作等探究方式，专注、持续地探索，并能以迁移运用、反思、解释等高阶思维最终解决实际问题，促进自身思维能力发展，引发深度学习。

教师要为幼儿提供充分的时间、空间、心理等支持，投放丰富适宜的材料，在游戏中以欣赏支持的态度观察倾听幼儿，允许幼儿持续深入地探究、试错、重复，共享幼儿成功的喜悦，及时通过语言、行为等方式鼓励赞赏幼儿，推动游戏的不断发展。

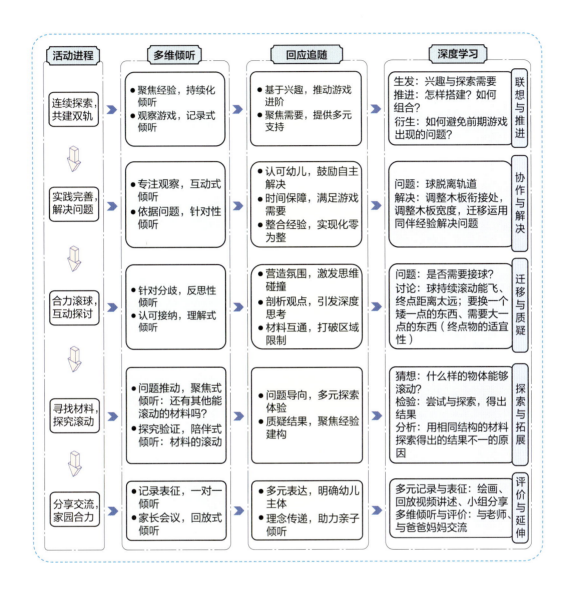

连续探索，共建双轨

倾听的实录

游戏生发的一对一倾听	
游戏行为	幼儿表达
对球在感统器材上的滚动感兴趣，不断调整球的位置、用的力度以及球的大小来对比、探究球滚动的速度	◆ 我的滚得比你的快 ◆ 我们要在同一个地方开始才行
观察到其他班级的幼儿运用攀岩墙、梯子和木板开展滚球游戏	我们也在这里搭一条滚球轨道吧，要更高的，球会滚得超级快！

滚动游戏进阶中的一对一倾听		
游戏阶段	游戏行为	幼儿表达
滚球初尝试	程程、墩墩将四组梯子（一组长、两组适中、一组短）按从长到短的顺序依次摆放	我们还需要一块短木板！
	程程搬来木板，连接四组梯子，在木板最末端放上轮胎	好啦！开始！
	洋坨把球放在木板上并挪动球的位置，松手后，球滚下去到了终点，但没有进入轮胎	◆ 耶！成功了！ ◆ 没有进到里面，不算！
	程程和墩墩尝试，球没有进入轮胎，出现滚到一半就掉下来，碰到旁边的梯子掉下来等情况	◆ 这太长了，老是会掉！ ◆ 旁边要有东西挡住就好了！
滚球再探究	程程、西宝、博伦再次进行滚球尝试，搭建轨道的方式和前一次游戏的一样	再试一次！
	程程推动球，球在第一个连接处弹了一下，继续向前滚动，然后在轮胎边缘弹了出去，进入了前方放置的一个滚筒里，并滚了出去	滚筒也是洞！
	西宝滚球，球成功进入轮胎	◆ 我进了，我进了！ ◆ 你看，我进了！
	程程滚球，球成功进入轮胎	◆ 进洞！ ◆ 我进了，耶！
	西宝滚球，球停在了轨道连接处的槽内	◆ 啊，没进！ ◆ 为什么会被卡住呢？ ◆ 这个（前）高，这个（后）矮！ ◆ 这有一个缝！
	博伦搬来了一个长的架子放在最前面，并增加一块木板用来连接，然后将前面的木板压在后面木板之上，丹米、小乖乖、恩恩、星光加入游戏	哇！好快！

滚动游戏进阶中的一对一倾听		
游戏阶段	游戏行为	幼儿表达
滚球再探究	游戏记录后的一对一倾听	我们搭了滚球轨道，然后又来了很多人，滚完球从架子上跳下来，然后我看一下有没有进洞。没有用长架子的时候，我们都进了球；用了长架子后，就进过一次，有几盘没进。有一次球还卡起来了，我们就把两个板子一起斜起来，球就咕噜咕噜滚下去了！
滚球持续进阶	孩子们搬来梯子和攀岩墙组合搭建滚球轨道	我们可以爬上去滚球，哈哈！
	孩子们拖来一辆木箱车放在最矮梯子的前方，开始滚球游戏	◆ 哇！进球！ ◆ 一下就进了，成功！

合作探索双轨建构中的一对一倾听	
游戏行为	幼儿表达
孩子们从材料区搬来梯子，简简先摆好一个	我来都你们
孩子们用手指着梯子横梁数	1、2、3、4
都督和另外两个小伙伴搬来了一个五层的梯子，随后走到另一个五层梯子旁拍了拍，又指了指两个四层的梯子	看那边
三个人推动梯子，将它们并拢摆放好	◆ 合拢了 ◆ 完毕了
简简放好轮胎	拿板子去
全全搬来板子，先将板子一端搭在二层梯子顶端，再将另外一端搭在三层梯子最上方的横杠上，接着继续抬起板子往上搭	这样搭可以
简简和小鱼搭好另外一块板子，推动板子调整宽度，接着移动轮胎	◆ 太宽了 ◆ 放中间
加多宝、地地搬来长板子连接剩下的梯子，他们和简简分别抬着板子两边和中间，简简往上抬	◆ 3、2、1 ◆ 长一点 ◆ 往上

阶段	幼儿发展经验	游戏进展情况
阶段一	探究滚动轨道搭建, 建构从高到低的搭建经验	
阶段二	从高到低搭建滚球单轨, 发现球不容易滚进轮胎且容易脱轨	
阶段三	掌握一定的滚球经验, 感知坡道轨度与滚动速度、路径之间的关系	
阶段四	参与人数多, 开启组合搭建模式, 发现放置有挡板的车, 球更容易滚进轮胎	

倾听的回应

● **基于兴趣，推动游戏进阶**

"滚动乐"游戏源于体育运动中幼儿的探索发现，生发于幼儿的观察与兴趣，教师用心观察、留心记录幼儿每次游戏的探索行为，倾听幼儿的对话、交流、反思与需要，分析其中丰富递进的游戏内容，思考如何帮助幼儿巩固与拓展经验。从游戏生发到游戏的不断进阶再到探索"双轨"的建构，教师始终营造开放、宽松、包容的游戏氛围，在游戏各阶段放下自我、放下预设、放下权威心态，真正倾听幼儿的声音，尊重幼儿的想法和观点，与幼儿平等对话，从而挖掘出幼儿游戏所需要的元素，发现幼儿的兴趣所在，与他们积极互动，提出"具有激励性而又不使其丧失信心"的"问题"来激发幼儿进一步探究的欲望。如：怎样在加入高架子后还能有效保障球进洞呢？为幼儿进一步迁移前期游戏经验来拓展游戏提供支持。

● **聚焦需要，提供多元支持**

倾听不是简单地听和记录，而是听懂、尊重、接纳与支持。教师有针对性地运用游戏现场倾听、一对一倾听、一日生活中的随机倾听等多种方式读懂幼儿，了解幼儿的做法、感受以及真实需求，在捕捉幼儿的真实想法后，有计划、有目的地从不同角度提供多元支持，在关注幼儿生理需求的同时，重视其心理需求。如：当幼儿提出要建构"双轨"时，教师给予情感支持，鼓励幼儿大胆尝试；出现材料数量不够的情况时，通过师幼共同讨论的方式，教师和幼儿共同思考怎么处理。基于倾听，能从多维度满足幼儿的游戏需求，在为游戏的开展提供支持的同时，还有助于教师深入了解幼儿，通过多元途径支持幼儿的学习与发展，让幼儿感受到被尊重和被理解，建立更深厚的师幼关系，增强有效互动。

倾听助推的深度学习

● **持续探索，建构内驱力**

在游戏生发中倾听到的幼儿的表达，在游戏过程中观察到的幼儿持续推进的游戏内容，都能看到幼儿积极主动的探索行为，并且能感受到过程中其所呈现的愉悦状态。幼儿对"滚动"的探索活动表现出了浓厚的兴趣，为了追求和体验自己所期待的结果，激发了其不断探究的内部动力，且在亲身体验、实际操作、直接感知的过程中又进一步激发幼儿的内驱力，在获得成就感、满足感的过程中，更加投入到游戏中。

● **开放环境，促进互动性**

幼儿园开放式的场地环境、多元化的游戏材料为幼儿的探索、互动和创造提供了支持。游戏中，幼儿调整材料进一步完善轨道，通过数数判断梯子摆放位置，积极表达合作意愿——"我来帮你们"，共同搬运梯子和木板，借助"3、2、1，往上"的口号协作解决问题……这些充分体现了幼儿能够运用语言来实现游戏目的，沟通协作能力得到发展。幼儿的游戏行为及交流表达都体现出了多元材料与宽松氛围、环境给幼儿互动、游戏提供的支持作用。

实践完善，解决问题

倾听的实录

● 情景一

洋坨将球放在木板中间，球滚到木板连接处，弹了出去。程程马上从轨道下方钻了过去，同小鱼爬上连接处的梯子。小鱼摸着木板说："一个高，一个矮。"然后，她用手捶打凸起来的木板处。程程也用手推动木板，然后做了一个"OK"的手势。简简开始滚球，结果球撞到左侧木板的一角掉了下去。

● 情景二

程程继续推动木板，说："要一样长、一样平，好啦！"再次尝试时，球成功地通过第二部分，但在下一个连接处时又撞到木板的一角弹了出去。

● 情景三

小鱼说："你看这里又是一个高，一个矮。"程程说："那里本来就是下坡啊。"洋坨挪动了一下木板，小鱼边滚球动边说："它撞到这里就歪了。"洋坨和墩墩继续挪动木板，洋坨说："要碰着这个（木板的连接处）。"接着，小鱼爬上梯子，程程站在轨道末端，两人一起推动两个梯子说："挪开一点。"两个木板呈"八字形"摆放。小鱼说："我要开始滚球了。"这次球成功地到达终点。

倾听的回应

● 认可幼儿，鼓励自主解决

在三次问题的发现与解决过程中，幼儿畅所欲言，积极提出自己的见解与看法；教师也做到了尊重幼儿，鼓励幼儿按照自己的思考自主探究，尝试解决问题。在游戏中，教师持续观察倾听幼儿解决问题的过程——幼儿通过调整木板衔接处和调整木板宽度解决问题。从两名幼儿合作解决问题到幼儿之间互相学习，迁移经验来运用解决，教师始终站在观察者、鼓励者、支持者的角度记录幼儿的游戏过程，实现"观察—调整—反思—检验"的循环。从幼儿的交流和行为中，也能看出幼儿交往能力、探究能力及解决问题能力的提升。

● 时间保障，满足游戏需要

《放手游戏　发现儿童》中提出："让幼儿能投入真游戏，保障他们有足够的游戏时间至关重要；有了充足的游戏时间作为保障，他们就有机会与环境、材料、同伴进行深度互动，从而满足他们在各方面的学习与发展的需要。"[1]因为搭建和完善轨道花费时间长，幼儿后续对于"滚动"的探索时间会减少，他们就无法在当下游戏时段中完成自己的探索，体验到成功的喜悦。教师应增设和延长幼儿的游戏时间，让他们有足够的时间去探索、去发现、去表达他们的情绪和想法。幼儿还能不断丰富游戏内容，持续探索，并通过对话、讨论等方式来沟通交流，这样不仅可以满足幼儿的游戏需求，还能提升幼儿游戏兴

---

1. 程学琴.放手游戏　发现儿童［M］.上海：华东师范大学出版社，2019：88.

趣，也为教师提供足够的观察窗口，进行一对一倾听。

● 整合经验，实现化零为整

"滚动乐"游戏持续了一个多月的时间，幼儿在游戏中建构了从高到低的轨道、组合了不同的材料与场地环境、实验了多样终点物，但从幼儿这阶段的游戏行为来看，前期的部分经验并没有迁移运用到当下游戏中来，仍然比较零散。在游戏结束后，教师与幼儿通过倾听、互动，回看对比多次游戏的照片与视频，将游戏中得到的多元经验进行分析与归纳，将其整合，实现化零为整，为之后的持续探索提供完整的经验链。

倾听助推的深度学习

● 问题解决，递进式探究

幼儿在游戏中能意识到问题所在，并清楚地描述问题。基于"球脱轨"这一问题，从程程和小鱼的个体观察感知到洋坨和墩墩加入解决问题的群体感知，可以看出幼儿的探究过程呈现出递进式的特征。幼儿在表述观点、对话交流、实践验证的过程中，思维也得到了碰撞，能以自主探究的方式来独立解决问题。互动交流与解决问题的过程，也提升了幼儿的自我反思能力，支持了幼儿由浅层学习向深度学习的迈进。

● 潜移默化，助推终身发展

游戏中，幼儿基于实践探索和观察发现两个视角来自主推动游戏发展，幼儿积极互动沟通，自发运用高低衔接、拉直过渡等方式和同伴协作解决问题，很好地实现了"玩中学"，有益于幼儿的终身发展，而获得该能力的过程就是深度学习的过程。

合力滚球，互动探讨

倾听的实录

简简爬上轨道，脚踩在木板两边，说："我来当山洞。"球钻过"山洞"滚了下去。其他几个小朋友也爬了上来，于是有人滚球，有人在中间助力球的滚动、球滚了下去，小鱼接住球，说道："轮胎好远。"在接下来的探究过程中，程程、小鱼和简简就要不要接球进行了交流并尝试验证。

程程说："用力滚。"

小鱼指着轮胎说："好远。"

简简说："它会飞起来的。"

程程用手比画球的行进轨道说："它会飞起来的。"

简简说："不需要你拿。"

小鱼将球放在木板中间推了一下，说："你看它不会飞吧！"

程程说："不要拿，一直滚球，球就会直接飞。"

小鱼开始滚球，结果球在轨道中间掉了下去，简简说："轨道太宽了，谁让你把它打开的？"金金从轨道上爬下来，将木板合拢一些。程程滚球，球成功地滚到终点……孩子们继续着他们的探究。

简简说："周老师，我们要比赛，谁得分最多谁就获胜。"

金金说："我记不住那么多得分。"

倾听的回应

● **营造氛围，激发思维碰撞**

《纲要》提出："为幼儿的探究活动创造宽松的环境，让每个幼儿都有机会参与尝试，支持、鼓励他们大胆提出问题，发表不同意见，学会尊重别人的观点和经验。"

在游戏中，教师为幼儿营造轻松、自由的游戏氛围，幼儿可以根据自己的想法落实游戏计划，从游戏中幼儿的对话来看，在宽松氛围的支持下，幼儿能够基于不同的角度大胆表达自己的观点，并说明理由，同时也会对同伴的想法进行思考和判断，并展开质疑、反驳。游戏中，小鱼基于观察提出"球不能飞"的结论，程程基于多次探索经验提出"球能飞"的想法，教师充分支持幼儿之间的思维碰撞，鼓励幼儿通过探究来验证自己的想法。游戏中，幼儿的交际能力、沟通能力、批判思维能力更加可视化。

● **剖析观点，引发深度思考**

在当下游戏中，幼儿虽然基于"是否接球"产生了分歧并陈述了各自的观点，但在接下来的探究中并没有解决该问题。游戏后，教师组织幼儿就"是否接球"这一内容进行了探讨思辨。在幼幼之间的阐述过程中，教师也提出了疑问：球进洞概率很小，很容易碰到轮胎的旁边，导致"球飞出去"，这是为什么呢？基于此问题，参与游戏探究的幼儿提出："要把轮胎拿进来一下，隔轨道近一点。""要换一个矮一点的东西，轮胎太高了。""我觉得需要大一点的东西，挨着板子放，球一滚下来就会飞进去。"……从幼儿你一言我一语的讨论中可看出，他们关注到了要观察"球"的滚动路径，也关注到了终点目标物的适宜性。在这个过程中，教师既与幼儿一起分析他们的观点，同时也适时抛出疑问，引导幼儿反思，从而引发幼儿的深度思考。

● **材料互通，打破区域限制**

针对游戏中的问题——记不住得分，教师引导幼儿思考解决方法，讨论可以借助哪些材料去支持记录得分。可用"纸笔"记录，在游戏中体会数学的用处，通过数数的方法确定名次，根据统计结果做出决定；也可寻找场地周围的树叶，教室内的各种材料，如雪花片、积塑等计算得分，通过对比判断名次。在游戏中，通过室内外材料的互通，区域限制的打破，为不同需求的幼儿提供支持。

倾听助推的深度学习

● **聚焦分歧，调动学习能力**

通过倾听和观察，可以看出幼儿在游戏中针对"接球"提出了异议，既是基于自身想法提出观点，也是调动已有经验思考同伴想法的适宜性，他们在过程中调动了多种学习能力。如：观察、反思、质疑、补充、验证、批判性思维等，同时也渗透着认知、人际交往等能力的多元发展。在游戏中，激发了幼儿的学习动力，在实践中整合了多元知识经验，在协作中促进了深度学习。

● 唤醒重组，建立新旧联系

幼儿在不断深入沟通交流中，有结合前期经验，分析球的滚动路径而提出的思考，一方面说明迁移与积累的经验在游戏中得以运用；另一方面也表现出：在遇到新的问题情境时，幼儿仍会出现经验唤醒和知识迁移困难。教师通过抛出问题，引导幼儿提取与唤醒前期经验——将之前的游戏中获得的"终点四周放有挡板的车，球更容易进洞"的经验运用到游戏当中来；从幼儿提出的解决策略来看，他们也关注到了终点目标物的适宜性，建立了新旧知识间的联系。

寻找材料，探究滚动

倾听的实录

教师结合观察到的幼儿游戏行为记录了一对一倾听的内容（具体见下表）。

材料探索中的游戏行为	发现问题、解决问题			幼儿表达
	发现	解决	结果	
壮壮取来木棒在木板上滚动。	木棒偏离轨道	再次尝试	失败	总是掉
壮壮又拿来一根黄色棍子在木板上滚动。	木棍撞到柚柚的头，偏离轨道	柚柚再次放上木棍	失败	◆ 你拿一边吧 ◆ 放！ ◆ 柚柚！ ◆ 啊！
暖暖和几个孩子搬来圆柱体，递给洋坨。	圆柱体没有放在木板中间	推动圆柱体调整	失败	往这边来一点
		仔细调整圆柱体位置，挪动至中间，两边距离相对一样长	成功	◆ 3、2、1，开始 ◆ 击倒了

倾听的回应

● 问题导向，多元探索体验

从幼儿持续探索物体滚动的游戏历程来看，一直以来探索的都是"球"的滚动，教师借助问题"还有其他能滚动的材料吗"来推动游戏的进一步开展，幼儿开始自主寻找各种粗细、长短、材质不一的圆柱体进行尝试，体现幼儿与环境、材料的充分互动。从中感知几何图形的基本特征，并在游戏中发现了保持平衡的关键——将材料放中间，获得多元探索体验。

● 质疑结果，聚焦经验建构

幼儿自发探索圆柱体滚动的背后，一方面体现了他们对于能滚动的物体的结构特点有一定的经验，另一方面也反映了经验的单一性。后来，幼儿基于探索后所得出的结果为：迷彩圆柱体成功，但同样是圆柱体结构的木棍和木棒则失败。教师采用了以下三种方式来引导幼儿建构新经验：一是师幼结合材料的异同共同分析原因；二是回看游戏视频寻找可能影响滚动的因素；三是与家长建立联系，充分运用高校资源，来建立家园校三方有机联系，聚焦经验建构。

倾听助推的深度学习

● 猜想验证，助推问题解决

游戏 行为	深度 学习	幼儿可能建构的相关经验	幼儿的学习与发展 （依据《发展指南》）
探索物体的 "滚动"	猜想 验证	自发寻找各种能够滚动的物体，进而猜测与验证。	◆ 幼儿的游戏行为体现《发展指南》中科学领域数学认知目标3"能感知和发现常见几何图形的基本特征"的达成。 ◆ 指向《发展指南》中科学领域"科学探究"的目标3"能感知和发现简单的物理现象，如物体形态或位置变化等"的达成。
	分析	在游戏情境中，感知和发现材料的放置位置、材料的粗细、长短、轻重等因素对滚动平稳性的影响。	

● 解码学习，建立多重关系

游戏中，教师倾听幼儿的对话、沟通、交流，分析幼儿的学习与发展，反思材料投放、环境营造、教师支持等多方面的内容；游戏后，教师借助师幼互动、家园共思等方式，将游戏中幼儿的对话、游戏与多元经验建立有机联系，从多维角度解码学习，让幼儿通过和教师的交流，和爸爸妈妈的实践探索，了解问题背后的原因，获得更为丰富的经验，也体现了学科知识与游戏的有机融合。

分享交流，家园合力

倾听的实录

游戏后，孩子们对游戏进行了记录，并与老师进行了一对一倾听与小组分享。

记录表征	幼儿表达
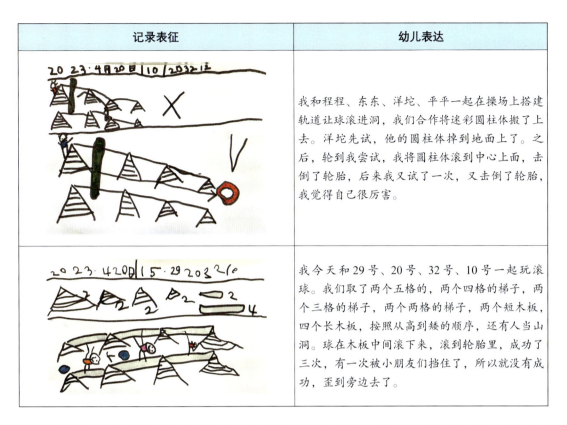	我和程程、东东、洋坨、平平一起在操场上搭建轨道让球滚进洞，我们合作将迷彩圆柱体搬了上去。洋坨先试，他的圆柱体掉到地面上了。之后，轮到我尝试，我将圆柱体滚到中心上面，击倒了轮胎，后来我又试了一次，又击倒了轮胎，我觉得自己很厉害。
	我今天和29号、20号、32号、10号一起玩滚球。我们取了两个五格的，两个四格的梯子，两个三格的梯子，两个两格的梯子，两个短木板，四个长木板，按照从高到矮的顺序，还有人当山洞。球在木板中间滚下来，滚到轮胎里，成功了三次，有一次被小朋友们挡住了，所以就没有成功，歪到旁边去了。

后期，我们开展了"游戏与倾听"的专题家长会，家长们通过体验游戏，观摩游戏，共同分析游戏来了解游戏对幼儿学习与发展的重要性，了解一对一倾听的必要性，树立了正确的理念，助力家庭中一对一倾听的运用。

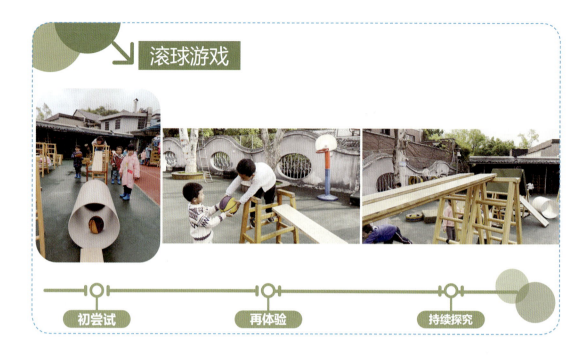

滚球游戏

初尝试　　再体验　　持续探究

倾听的回应

● **多元表达，明确幼儿主体**

在自主游戏中一对一倾听幼儿时，教师要尊重幼儿的发展特点，鼓励幼儿自主选择运用语言表达、绘画表征、回放视频讲述、小组交流等多种方式真实表达自己的想法与感受，教师可通过思维导图、情境再现等方式提供可视化的途径支持幼儿，运用多元工具倾听幼儿，更进一步做好分析、解读、支持、反思、调整等。

● **理念传递，助力亲子倾听**

教师通过家长会这一途径，让家长们充分感受一对一倾听对于了解幼儿真实想法、需要、感受的重要意义，将科学理念传递给家长，尝试将幼儿园中的一对一倾听衍生到家庭中的亲子一对一倾听，让家长充分相信幼儿，营造民主、和谐的家庭氛围，鼓励幼儿自主表达，向幼儿学习，这也是反思教育的一个过程。

倾听助推的深度学习

● **复盘游戏，构建可视化支架**

游戏后，通过回放游戏视频可帮助幼儿回顾游戏行为，生发话题，引发交流与讨论。在这个过程中，要将主动权给予幼儿，让幼儿自由讲述经验、感受、问题的发现与解决，以引发其他幼儿共同探讨、反思。教师也可适时"穿针引线"延伸话题，活跃幼儿的思维，做到游戏过程的可视化。同时，幼儿通过绘画、语音等方式记录游戏，也是游戏经验的可视化，能让幼儿的游戏看得见，让幼儿的学习、探究、发展有迹可循。且幼儿通过记录表征厘清了思绪，也整合了记忆、分析、反思、经验拓展等方面的内容，建构了可视化支架，助推了游戏经历向经验的转化。

● 多元评价，追踪幼儿发展

教师通过记录、回顾、倾听、参与、反思等多种方式了解游戏进程，分析归纳经验，呈现幼儿学习发展轨迹，同时聚焦游戏发展路径，助推幼儿将游戏的分享交流转化为生成性的活动内容。另外通过家长会，让家长通过倾听见证幼儿的发展，走进幼儿的内心世界。其实这样的一个过程，也是见证幼儿绘画表征、语言表达、逻辑思维等能力提升的过程，是展现幼儿个性、爱好的平台。

一个球，几块木板，幼儿取材于生活之中，从探索单轨建构，到发现脱轨问题，又衍生出双轨建构，再到完善轨道，合力滚球，最后尝试探索多种材料的滚动，积极运用感官发现、尝试、探索。游戏中，幼儿大胆表达、回应、反驳、质疑，游戏后，幼儿自主表征、语言交流，将所思、所想、经验、感受等梳理反馈，教师在不断倾听、记录、互动反思、支持推进的过程中，实现了高质量的师幼互动。杭州师范大学儿童哲学研究中心高振宇主任指出："西方哲学是观看的哲学，东方哲学是倾听的哲学。观看是聚焦性的，而倾听是弥散性的。我们需要保持虚空，以耳听、以心听、以神听。"倾听于幼儿而言是水，是太阳，是不可或缺的珍贵；倾听于成人而言是理解，是期待，是分担，也是共享快乐，让倾听链接师幼关系，让倾听助力师幼成长。

扫码观看典型案例"滚动乐"活动视频

二、造船记

一次餐后散步，幼儿偶然的发现与师幼互动激发了"造船"的欲望。之后，幼儿不是匆忙地动手造船，而是通过观察、讨论、实验、反思等方式，获得分析现象、解决问题的方法，促进自身高阶思维能力的发展。教师则基于幼儿兴趣和需要，把室内外自主游戏和一日生活各环节活动巧妙融合，利用一切机会倾听幼儿的表达，发现其想法和思考，不断支持幼儿，使他们在自主计划、调控、创造中健全人格品质、建构关键经验、获得各种能力，实现全面发展。回首探索旅程，30多个幼儿、3个多月的持续探究、300多张游戏记录、800多个照片视频，教师始终用开放的心态倾听幼儿，将理念转化为教育行为，促使幼儿的深度学习与教师的专业化成长达到一个完美的融合状态。

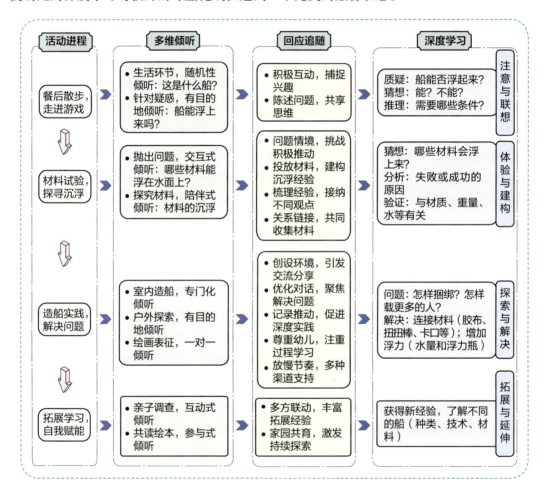

餐后散步，走进游戏

倾听的实录

一次餐后我和孩子们一起在长廊散步，三三两两结伴交流，很是悠闲。"快看！

138

一只船！"琪琪突然停下脚步问："黎老师，这是什么船呀？"一句随机的交流，一次平常的对话，一个自然、真实的故事悄然发生。

回到活动室后，大家就康康提出的疑问"这艘船能浮在水面上吗？为什么？"进行了讨论。

琪琪："它里面有气体，可以漂浮在水上。"

赫赫："里面有空气，就像气垫船也有空气。"说到这里，玥儿站起来凑到赫赫耳边说："还很轻。"赫赫接着进行了补充。

和和："因为船到有水的地方它才会游动。"

茜茜："轻的东西才能在水面上浮着，我在我家鱼缸里做过实验。"我问："什么样的实验？"茜茜继续说："把一个有点重的宝石放上去，它沉到我家鱼缸底下去了，换一个很轻的小积木上去，就没沉下去。"

……

倾听的回应

● 积极互动，捕捉兴趣

倾听幼儿的原声音是发现幼儿对这个世界哲学思考的第一步，《发展指南》倡导："幼儿园要重视幼儿的学习品质，要充分尊重和保护幼儿的好奇心和学习兴趣。"教师在餐后散步环节及时捕捉、把握住幼儿对船的兴趣，倾听幼儿的原声音，尊重幼儿的真实感受和想法。当幼儿问"这是什么船？"时，教师深入挖掘声音背后的意义，以幼儿的发现为切入点，积极回应和互动，调取幼儿已有经验，激发幼儿自由表达的欲望，[1] 引出沉浮的探究话题，激起对沉浮现象的进一步思考，从而为"哪些材料可以用来造船呢"的探索提供无形的支架。

---

1. 忞艳莉，鄢超云. 倾听儿童：以儿童的哲学构建儿童的活动 [M]. 北京：教育科学出版社，2022（8）：66-67.

● 陈述问题，共享思维

返回教室后，康康提出疑问："这艘船能浮上来吗？"教师创设民主的氛围，在协商、交流、对话的环境中，引导幼儿大胆发表自己的观点，让他们相互学习与借鉴，并通过联想联系新旧知识思考"船为什么可以浮在水面上？"，支持幼儿把后续探索的新知识与应用情境紧密联系，从而为材料探究中新知识的理解和有效迁移奠定基础。

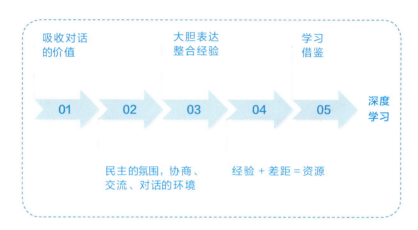

倾听助推的深度学习

● 有意注意，唤醒学习内驱力

《发展指南》科学领域4—5岁发展目标指出："喜欢接触新事物，经常问一些与新事物有关的问题。""这是什么船"说明幼儿有较强的观察力，对场地游戏材料比较熟悉，很快就发现水池材料的变化。从幼儿的对话中感受到他们对船产生了浓厚的兴趣，不仅想要自己尝试坐一坐气垫船，还想要自己来造船。同时，这一片段直接反映出幼儿对船的和认知水平，是幼儿的思考，更是幼儿主动探索周围事物的一种方式，激发学习内驱力。

● 敢于质疑，发展高阶思维

回到活动室后，康康大胆提出自己的疑问："船能浮在水面上吗？"在讨论中，琪琪、和和、茜茜、赫赫等幼儿结合自己的已有经验大胆联想、分析、猜测、推理、归纳：船浮在水面上需要满足哪些条件？并得出结论：可能与船的材质、里面的空气和水有关系。其他幼儿能够仔细倾听他人的观点，以此来丰富自己的学习，大家从已有经验的理解层面对船产生了有意注意，这是幼儿运用高阶思维步入深度学习的必要前提。

材料试验，探寻沉浮

倾听的实录

教师结合观察到的幼儿游戏行为记录了一对一倾听的内容（具体见下表）。

在玩什么？ 怎么玩的？	材料探索中遇到了什么问题？如何解决问题？				一对一倾听的 主要内容
	问题	解决方法	结果（沉浮）		
唔哩和琪琪抬了一块很长的木板放入水池中	木板沉下去了	木板下垫几块可以浮在水面上的花片	两头的花片被压住不动，中间的花片漂走了	失败	琪琪，把它抬开
牛牛和元宝分别把小积木和矿泉水瓶放入水中	无	无	无	成功	我这个可以！
唔哩用脚踩花片	花片沉下去了	松开脚	花片又浮上来了	成功	用脚踩的话就不行了
涵涵把积塑玩具连同手一起放入水底转圈圈	积塑无法浮上来	松开手	积塑玩具浮上来了	成功	漂浮啦！
屹坨把空盆子放入水中	装水的盆子沉没下去	把水倒掉	盆子依然浮在水面上	成功	漂浮啦！
苗苗坐在"钓鱼船"上拿着船桨在水里划动了几下	船划不动	请体重较轻的俞俞来坐船，几人合作用手推船	船在水池里向前滑行	成功	◆ 怎么划不动？ ◆ 水太少了 ◆ 俞俞轻一点，坐在上面我们推
寻找排水孔	排水孔的塞子不见了	用瓢、盆等东西堵住	瓢、盆浮起来了	失败	◆ 这里有排水孔 ◆ 跑了
	水池里的水太少	从涂鸦区接水管到水池里，同步放水	水池太大，一会儿很难积满水	失败	◆ 涂鸦有水，我们用管子 ◆ 开始放水行动 ◆ 水开大一点

倾听的回应

● 问题情境，挑战积极推动

幼儿的经验是比较孤立的、零散的、碎片化的，不利于幼儿形成整体感知，建立经验链之间的联系并开展深度学习。为了助推幼儿获取整体性经验，教师创设具有开放、挑战性问题情境："什么样的材料适合造船呢？"鼓励幼儿带着问题去探究，尝试把很多材料放入水中，探索物体在水中的沉浮现象。从前面的表中不难看出，幼儿在探索中围绕问题展开了积极的互动和交流。

● 投放材料，建构沉浮经验

杜威强调："成人要帮助儿童组织经验产生的条件。"也就是说，要以儿童自己当下的经验作为生长点，让儿童在真实的生活和学习中，通过"相互作用"建构属于自己的经验，而教师的努力和作用就在于不断创设有利于儿童经验生长的"条件链"。

为了让幼儿能够与材料有很好的互动，在手脑并用过程中深入思考，教师投放了大量低结构、高探索、可移动、可组合的探究式游戏材料，以满足幼儿自主选择、自由取放的需要。教师支持幼儿通过自己的尝试、同伴的讨论来解决游戏中的一个个难点，如：瓶子的沉浮是否与空气有关？怎样让浮起来的物品沉下去？哪些材料能够浮上来，是否适合用来造船？……教师在一旁细心观察、倾听和记录，幼儿在自由探索和反复尝试中，建构关于沉浮的新经验。

● 梳理经验，接纳不同观点

教师引导幼儿结合材料探究的沉浮情况，观察同伴实验的成功经验，并支持他们进行梳理和统计。幼儿则根据各自的探索、猜测和商讨，最终决定选择三种材料来造船：矿泉水瓶、大花片、积木。通常情况下，幼儿会根据自己当下所观察、体验到的现象做出判断，如材料探索时，幼儿发现有洞的塑料花片能够浮在水面上，就猜测花片造船也能浮起来。作为成人很容易能根据材料的特点判断其是否适合用来造船，但是教师非常尊重幼儿的想法，鼓励幼儿大胆尝试，为后续探索提供了支架。

什么适合造船

材料	沉或浮	是否合适
	↑	○
	↑	○ ○
	↓ ↑	
	↓ ↑	○
	↓	
	↑	

- 关系链接，共同收集材料

　　造船的材料从哪里来呢？大花片和积木在材料区就有很多，但是没有矿泉水瓶。大家提议：回家一起来收集。教师在班级群中告知了家长幼儿的需求，邀请家长和幼儿共同收集矿泉水瓶，支持幼儿实施自己的造船计划。收到任务后，家长们纷纷响应：有的当天就把瓶子清理好了，有的动员邻居一起收集瓶子，还有的家长带动办公室的同事共同收集，家里、办公室的角落都变成了"资源收集处"。由此看出，家长们能接纳幼儿的想法和需求，并给予幼儿充分的信任与支持，这为幼儿的造船计划带来了积极的力量，能促进其个性发展。

游戏 内容	深度 学习	幼儿可能建构的相关经验	幼儿的学习与发展 （依据《发展指南》）
探索材料的 "沉浮"	猜想与 验证	◆ 发现瓶子、花片、塑料玩具、积木、盆子等材料会漂浮在水面上，由此得出哪些材料是能够浮在水面上的，能够用来造船 ◆ 用按、压、甩、转、盛物等多种行为去探索物体的沉浮现象 ◆ 在真实情境中感知物体沉浮的现象与物体的材质、重量及池子里的水量等有较大的关系，使幼儿在原有水平上对沉浮有了更进一步的了解	在探究材料沉浮现象中，幼儿按照自己的想法选择造船的材料，敢于尝试探索，遇到问题时尽量自己想办法，不依赖他人，体现幼儿具有自尊、自信、自主的表现，这与《发展指南》社会领域目标3相吻合
寻找排水孔	推理	◆ 认为充气船的重量和池子里的水量影响船的沉浮结果 ◆ 尝试用周边的材料解决排水孔漏水和池子里水太少的问题，体现了主动探究和解决问题的能力	幼儿尝试用各种材料和动作比较物体在水中的现象，探索材料的沉浮，充分体现了《发展指南》科学领域目标2：幼儿具有初步的探究能力

● 发现问题，试图解决

幼儿将材料放入水中尝试用按、压、甩、转、盛物等多种方式让物体浮起来、沉下去，可见，幼儿在探索和解决问题过程中开始内化以往的游戏经验。当幼儿发现水池里的水放了很久还是比较少时，提出检查排水口是否为关闭状态，于是几名幼儿开始寻找排水口。琪琪发现了排水口的位置，并试图用手上的水瓢等材料堵住排水口。这里能看出幼儿能在探索中发现问题，并试图寻求解决的办法。

● 专注探究，猜测验证

幼儿尝试用各种材料探索，检验自己的猜测，这种专注和持久的表现反映出幼儿对物体沉浮现象有较浓厚的兴趣，并能够与环境材料充分互动、积极思考，大胆猜测。当苗苗坐上"气垫船"时，用划桨滑动了几下，说："怎么划不动呀？"后来发现水池的排水口是开着的，水池里的水太少了，初步猜测船能够浮起来还跟水池的水量有关，便迅速寻找并堵住排水孔、增加引流水管，由此验证自己的猜测。

造船实践，解决问题
——造瓶子船

倾听的实录

● 情景一

珈珈和小爱拿了四个一样的瓶子，一开始将四个瓶子立在桌上，排列得整整齐齐，两人用绳子绕着瓶身绑时，瓶子却歪了，小爱说："这样不行，绳子太长了。"接着，她们用短的绳子将四个瓶子呈"田字形"绑在一起，却不能成功打结。

● 情景二

安琪和洋洋把六个瓶子立起来摆成一排，瓶子却在用胶布粘贴的时候左摇右摆，他们又将四个瓶子躺平放在桌上，由安琪来按住瓶子，洋洋来缠绕胶布，终于成功啦！

倾听的回应

● 创设环境，引发交流分享

《纲要》明确指出："环境是重要的教育资源，应通过环境的创设和利用，有效地促进幼儿的发展。""幼儿园的空间、设施、活动材料和常规要求等要有利于引发、支持幼儿的游戏和各种探索活动。"《评估指南》也重点聚焦幼儿在教育过程、环境创设和师幼互动等过程中的发展，使幼儿能在高质量的游戏环境互动中获得深度学习。游戏前，教师组织幼儿根据上一次的讨论自主选择造船材料、伙伴和场地，小组成员合作将各自的材料运到活动室（教室和寝室），看似简单的"平铺""并排""缠绕"等动作充分体现了幼儿与材料的互动，幼儿的思维在操作材料、同伴交流的实践探索中可视化了。

● 记录推动，促进深度实践

为了更深入了解幼儿的感受和想法，游戏前，教师倾听幼儿自主记录后的表达，辨别、解读幼儿行为，以幼儿的游戏行为和想法作为支持的依据推动游戏发展，并作为第二次造船的跳板。游戏后，幼儿运用图画、符号等方式进行表征，教师将一对一倾听的内容和游戏行为关联，并解读幼儿可能获得的发展，如推测、总结、反思、计划等能力。

游戏后的表征	表征内容
	我和小朋友可以做大一点的矿泉水瓶船，而且上一次旁边是没有栏杆的，这一次后面也可以加一些栏杆。上一次只坐了1个小朋友。这一次，我们可以把船变得非常大，最少可以坐3个小朋友，还可以继续变大，最好能坐5个人
	上一次我们做实验的时候用了积木花片还有矿泉水瓶，我觉得我们还能继续用矿泉水瓶做，而且需要更大的矿泉水瓶，但是花片就不想用了，因为花片不能浮起来
	我想和17、26号一起做一个用竹子做的竹筏，因为我们觉得积木做的船太小了，我们就去仓库拿了一堆竹子，先试一下能不能在水池浮起来，因为竹子很重，如果可以浮起来就做一个竹筏。我们想要最大的
	我画的这是一个水池，箭头代表上一次我们在水池的时候发现的那个水一边上面在放水，下面有一个水闸一边在排水。这一次，我们要先去把那个水池的排水口给堵住，然后让水变得非常得多，然后我们再做一个大的船

● 尊重幼儿，注重过程学习

当幼儿用透明胶固定瓶子时，教师没有告诉他们透明胶遇水会失去黏性，支持幼儿自主思考和发现，放手让他们在不断探索中获得新经验。本次除了造瓶子船，还有积木船和花片船，三种不同的船放入水中，呈现了不同的实验结果。教师尊重幼儿，不管造的船最终能否浮在水面上，能否承载乘客，教师重点关注的都是幼儿在过程中的学习与发展，并让每一名参与的幼儿都被认可，让他们在这样的环境下，保持持续性探究的兴趣和欲望。

倾听助推的深度学习

● 重组改造，促进新经验的生长

在造瓶子船中遇到了很多问题，最主要的是"瓶子连接和捆绑"的问题，从瓶子的选择、摆放方式、连接的方法到将瓶子组装成一艘船，都具有一定的挑战性，幼儿的经验在不断与环境和材料的互动下，实现了经验的连续改造和重组，延伸了学习的广度和深度，促进了幼儿经验的生成和生长，最终达到了促进幼儿深度学习和发展的目的。

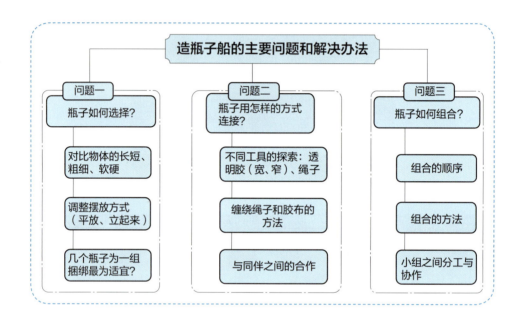

● 分工合作，搭建良好协作团队

幼儿通过商讨选择了三种材料造船，并自由组成三队，从搬运材料到准备工具，从一个人固定瓶子到一群人用按、压、粘等方式固定瓶子……小组成员能够共同协商、合作完成瓶子船的制作，作为中班幼儿来说，"团队协作"维度得到了发展。

● 具有主见，成为游戏的决策人

通过倾听了解到，幼儿因为船太重、漏水、浮不起来等原因舍弃了积木和花片船，而瓶子船能够载1人，并想要载更多的人（办法：增加浮力，船变大）。同时，有幼儿见过用竹子做的竹筏，也想试一试。接着，教师、幼儿和家长共同寻找竹子、收集大大小小的矿泉水瓶，为后续造船做准备。

造船实践，解决问题
——完善竹筏

倾听的实录

第二次幼儿造了超大的瓶子船和竹筏，瓶子船能够载六七个小朋友，竹筏能够成功浮起来，但是站上去就沉了。

大雨后的一次户外活动，一名幼儿发现造的竹筏坏了，俯在我耳边告诉我："黎老师，我们的竹筏坏了。"

倾听的回应

- #### 优化对话，聚焦解决问题

"我们的竹筏坏了。"听到这句话，幼儿都凑过来想看个究竟，并议论纷纷。教师用思维导图的方式记录下大家的讨论内容（如下图），再现思维过程，帮助幼儿厘清思路，有针对性地解决问题。

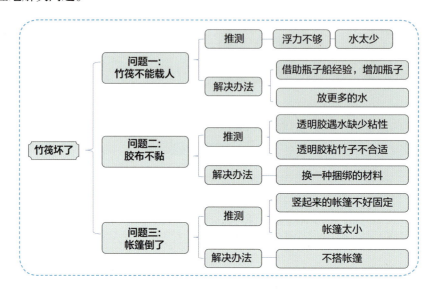

- #### 放慢节奏，多种渠道支持

面对"用什么工具捆绑竹子"的问题时，幼儿表现出为难、疑惑的表情，他们并不是没有能力解决该问题，而是生活经验不够。此时，教师并不急于引导幼儿重造竹筏，而是引导幼儿在生活中观察，鼓励幼儿寻求爸爸妈妈的帮助和支持查找更多资料，多渠道支持探究。

倾听助推的深度学习

- #### 迁移经验，检验策略

在处理"竹筏不能载人"的问题时，幼儿借鉴了造瓶子船的经验，把大的矿泉水瓶放在船下面增加浮力，以此检验能否满足载更多人的需求。这都源于幼儿前期的生活经验、学习经验。

- #### 主动发问，寻找工具

关于"用什么材料固定竹子"的问题，幼儿一时之间没有想到对策。这样看似活动被搁浅了，但实际上是幼儿开始了主动向成人提出问题，学习查阅资料和解决"捆绑"疑惑的过程。幼儿到幼儿园的各个角落查看、回家请教爸爸妈妈、用电脑查阅资料……用心寻找合适的捆绑工具。功夫不负有心人，幼儿在玩具架上、洗衣机后面的电线上、妈妈的办公室等地方发现同一种工具材料——塑料卡扣，琪琪带过来后，大家一试便达成共识，一致认可卡扣的适宜性。

在兴趣的促使下，幼儿自主收集材料，自发结伴，通过实验、比较、观察、讨论等形式，感知材料和工具的特性，发现船的材质、重量、水的浮力等都可能与"沉浮"有关。两个多月的时间中，幼儿一共造了三次船。第一次是造的是积木船、花片船和瓶子船；第二次造的是瓶子船和竹筏；第三次是完善竹筏。整个过程花费时间长、问题多，教师基于观察倾听和持续支持助推了幼儿的深度学习。

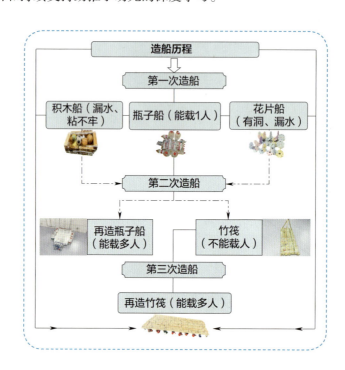

"你坐过船吗？""我们生活中还有哪些船呢？""船是用什么材料制作的呢？"随着幼儿的兴趣和需要的变化，教师开展了"亲子调查表""手工制作""阅读节共读一本书"等多种类型的活动，让幼儿了解到了更多各种类型的船，感受到了先进的造船技术，知道了造船的材料可以是金属、木头、塑料等，拓展了视野。就这样，教师认真观察游戏行为，定格每一个动作、每一句话，走进幼儿心灵。教师通过倾听幼儿的原声音，为孩子游戏的空间、材料、时间提供保障。在倾听中，了解幼儿有"造船"的欲望；在倾听中，了解幼儿已有的认知经验；在倾听中，鼓励幼儿发现问题和解决问题……基于倾听，当幼儿有想法、有方向时，站在幼儿身后鼓励支持；当幼儿有想法、无方向时，站在幼儿身边指明方向；当幼儿没有方向、束手无策时，教师站在幼儿前面抛出疑问，在倾听中理解、接纳、支持幼儿，助推幼儿进行深度学习。

　　虽然幼儿做的小船没有汽笛没有舵，也没有船帆，但它是独一无二的、不畏风雨的小船，它能帮助教师带着幼儿驶向美好的未来，驶向梦想中的彼岸！

扫码观看典型案例"造船记"活动视频

三、身边的科学

《发展指南》明确指出："幼儿科学学习的核心是激发探究兴趣、体验探究过程、发展初步探究能力。"探究兴趣固然重要，但教师在追随幼儿兴趣时不能毫无甄别，盲目地追随，而要分析幼儿感兴趣的问题是否具有潜在的学习价值，有哪些可提供深度学习的契机。

一次午睡前，幼儿脱毛衣时引发了讨论与思考，教师就从幼儿的视角切入课程的实践，以中班主题活动"身边的科学"为兴趣点展开了一系列活动，并通过倾听幼儿的心声、观察幼儿的行为、支持幼儿的探究等，激发幼儿开启多层次思考讨论，引发幼儿的深度学习；通过多种参与路径，搭建有效支架，拓展幼儿的深度学习；通过多种方式呈现，分享课程故事，推进幼儿的深度学习。

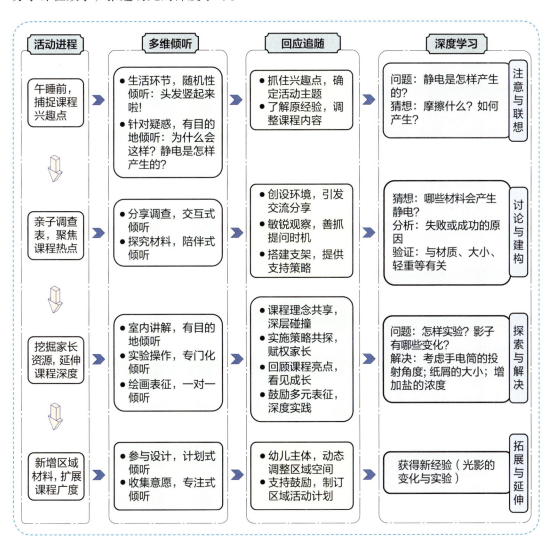

午睡前，捕捉课程兴趣点

倾听的实录

这天午睡前，孩子们发现脱毛衣的时候，头发会在头上竖起来！他们觉得可有趣了……

中午起床后，孩子就"头发为什么会竖起来"这一问题开展了讨论。

北北说："我脱毛衣的时候发现会有刺刺啦啦的声音。"

多多说："我脱衣服的时候，好像有电，我的手都被电到了。"

旺仔说："我妈妈说过，天气很冷，我们的身上就会有电。"

小团子说："有静电，所以头发才会变成爆炸头。"

北北说："这是摩擦产生的电。"

扬扬说："对，被静电电到的时候很痛，像被刺了一样，还有点痒。"

蒙蒙说："我上次玩滚筒的时候，在里面也有电，头发也竖起来了。"

小辣椒说："是的是的，我和爸爸碰到手也被电到过。"

倾听的回应

● **抓住兴趣点，确定活动主题**

《纲要》指出："幼儿园教育应从幼儿的实际出发，结合班级的实际情况，因地制宜地开展适宜于儿童的多样性活动。"在实施幼儿园教育的过程中，我们会发现预设的课程内容有时不能满足幼儿的兴趣需求，难以受到幼儿喜爱。因此，在一日生活各环节中，应及时捕捉幼儿的兴趣点，站在幼儿视角，以幼儿的兴趣和需要为出发点，来丰富课程内容，支持幼儿的主动学习与发展。

就午睡前孩子们脱毛衣产生静电这一现象，孩子们提出：静电是怎么出现的？为什么会有电？……从幼儿的种种疑问中，教师及时捕捉到关键，开始深入挖掘这一内容，并将问题交给幼儿自己来解决，让幼儿在兴趣的驱动下主动去学习。

● 了解原经验，调整课程内容

在课程的实施过程中，有时会出现课程内容不符合幼儿实际发展水平的情况，教师需要及时进行适当调整与规划，而这样的调整应基于教师对幼儿的倾听、观察，在充分了解幼儿的发展情况的基础上，来做出适宜的、科学的调整，使幼儿在探索中成长，在尝试中持续深入。

为了更好地支持幼儿，教师记录下幼儿讨论的内容，针对原有经验进行了调整。

幼儿前期经验梳理		
调查问题	幼儿已知经验	发展水平
静电是什么？ （已知经验）	◆ 摩擦会产生静电 ◆ 静电会使头发竖起来 ◆ 碰到身体或者物品会产生静电	◆ 喜欢探究新事物，能联系已有生活经验进行探究 ◆ 能用语言、符号表达自己的想法与感受 ◆ 能倾听同伴的想法，尝试与同伴完成任务
最感兴趣的是什么？ （兴趣点）	想要与同伴试一试产生静电	
还想知道什么？ （生发点）	◆ 为什么会产生静电？ ◆ 还有别的和静电一样有趣的现象吗？	

倾听助推的深度学习

● 对话生发，初步建构静电经验

基于对静电的浓厚探究兴趣点，幼儿有过多次讨论，并联系到自身实际体验、生活中的观察、与家长的日常交流等，纷纷说出了自己的想法与猜测。过程中教师没有直接介入，而是提供宽松自由的环境，让幼儿的对话自主生发和推进。旺仔说："天气变冷，这是静电的现象。"北北说："衣服相互摩擦就会产生静电。"涵涵又说："什么是摩擦？我们来试试吧。"最后，大家一致决定要来动手实验产生静电，并讨论起了如何寻找材料、合作、记录。

● 敢于挑战，主动投入持续探究

有挑战的驱动性问题是开展深度学习的核心，这里的问题不是幼儿能够独立解决的简单问题，也不能是超越幼儿现有能力太多的艰深问题，而是在幼儿的最近发展区内的问题。从"如何摩擦产生静电？"出发，随着幼儿探究的逐步深入，他们提出："要用到什么材料？""怎样摩擦才有用？""是上下摩擦、左右摩擦、还是画圈摩擦？"在提出这一环套一环的问题过程中，幼儿探究的热情不断被激发，并有目的地开展了支持研究，这也为幼儿深度学习的发生创造了条件。

亲子调查表，聚焦课程热点

倾听的实录

从孩子们的表达与谈论中，教师倾听观察到，他们对静电这一科学现象很感兴趣，教师追随幼儿的兴趣点，师幼共同制作了一份关于"生活中的科学"调查表，让孩子们带着疑问回家跟爸爸妈妈一同开展调查。

返园时，孩子们带来了自己的调查表，迫不及待地分享了自己发现的科学小现象。

小可乐说："我喜欢玩泡泡水，妈妈就带我一起制作了泡泡水。我在里面放了糖，白白的，甜甜的，妈妈还在里面加了洗碗用的洗洁精，然后加水把它们搅拌均匀就可以吹出泡泡啦！而且我发现加了糖的泡泡不容易破，我把积木丢进泡泡里，泡泡都没有破，而是把积木包进去啦，真有意思！"

小辣椒说："我在家和爸爸一起做了'盐水浮鸡蛋'的实验，准备了两杯清水，两个鸡蛋，一包盐。先是把盐倒进一杯清水里，用筷子把盐搅融化。另一杯水里不放盐，就是清水，然后把两个蛋分别放进这两个水杯中。我等了一会儿，发现盐水里的鸡蛋就浮起来啦！爸爸告诉我说，这是因为盐融化后，盐水的密度高于鸡蛋的密度，所以鸡蛋就能浮起来了。"

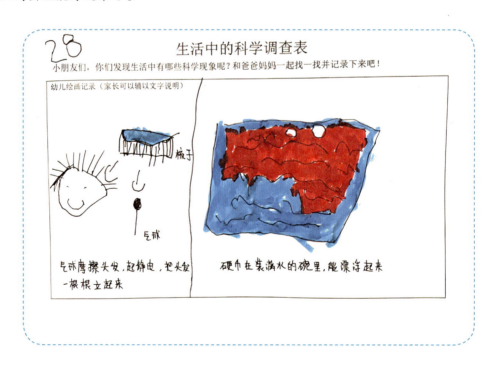

158

倾听的回应

- **创设环境，引发交流分享**

《纲要》明确指出："环境是重要的教育资源，应通过环境的创设和利用，有效地促进幼儿的发展。"在分享前，教师与幼儿不断创设与本主题相关的物质环境，提供多样实验材料，在墙面创设相关图片，让幼儿在科学情境的氛围中观察、操作与思考。教师组织幼儿根据调查表自主分享交流，看似简单的"话语""表征""验证"，充分体现了幼儿与实验材料之间的互动。幼儿的思维在操作实验、同伴交流的实践探索中可视化了。

- **敏锐观察，善抓提问时机**

在幼儿小组分享自己在家与爸爸妈妈共同完成的亲子调查表时，有幼儿说："我在家的实验没有成功，我和妈妈试了很多次都没有产生静电。"有的幼儿则表示："我成功了！我用梳子在头发上摩擦，然后就吸起了小纸片。"幼儿之间就这个实验能否成功产生了不同的意见，你一句我一句，谁也不让谁。于是，教师走过去问："能不能更加清楚地说一说你的实验过程，做了哪些步骤之后成功的呢？"在教师的追问和引导下，两名幼儿按照实验的顺序一步一步解释，最后发现是小纸片需要撕得比较小且碎，梳子也要用塑料的，这样就能成功了。然后，教师引导幼儿在教室内再次实验操作进行验证。

另外，在"亲子调查表——身边的科学"的谈话活动中，幼儿展开了激烈的讨论，教师在这个过程中使用了一定的提问技巧，不直接回答，让有想法、想表达的幼儿有了更多的表达机会，进而在解决问题中建构知识经验。诸如：

他刚才说了什么？你们听懂了吗？

你们有没有不同的想法与建议？

我刚才没有听明白，谁能帮他说得更加具体一些呢？

关于这个实验，有没有与他不一样的想法与结果？

如果还想继续玩，你们还想怎么玩？

● 搭建支架，提供支持策略

《发展指南》明确指出："成人要善于发现和保护幼儿的好奇心，充分利用自然和实际生活机会，引导幼儿通过观察、比较、操作、实验等方法，学习发现问题、分析问题和解决问题，帮助幼儿不断积累经验，并运用于新的学习活动，形成受益终身的学习态度和能力。"那么，为幼儿提供探索的机会就要创设适宜的学习环境，因为环境是"第三位教师"，它能推动幼儿的学习进程。在这样的过程中，幼儿进行互动，专心致志地探索他们感兴趣的事物，建构和表征他们的认识，从多重视角进行多种联结。同时，教师在区域中投放了科学小实验的相关材料与物品，让幼儿在丰富的环境中探索、操作、验证，主动建构相关经验，并将内容表征在清单上，便于为后续探讨和探索提供新思路。

倾听助推的深度学习

● 多向交流，积极的学习者态度

幼儿通过亲子之间的交流与合作，以绘画、幼儿叙述、家长记录等方式表达想法，记录结果。从"感兴趣的实验""收集实验材料""操作验证实验过程与结果"等途径进入，架设起幼儿的已有经验和新经验之间的桥梁，在解决问题提高探究能力的同时，展现了幼儿积极的学习者态度。

● 分享表达，实现经验的整合迁移

分享活动中，幼儿通过图画的形式呈现所提出的关键问题，并根据意愿确定重点探究的内容，最终定了三个内容："科学现象原理是什么？""实验想要做什么？""实验想要谁来参与？"在这个过程中，教师采用了幼儿哲学活动中常用的谈话方式，引导幼儿运用哲学思维思考问题、解决问题，营造了尊重、平等，没有是非对错，鼓励大胆表达的良好活动氛围。

挖掘家长资源，延伸课程深度

倾听的实录

这些科学现象的原理是什么呢？专业的问题必须由专业人士来解答。幼儿园充分挖掘家长资源，邀请了湖南大学物理与微电子学院的家长来给孩子们答疑解惑。

夏夏爸爸通过视频、图片展示实验过程，给孩子们讲解简单的科学原理及实验方法。

● 【静电飞花】

夏夏爸爸说:"小朋友们,你们知道什么是静电吗?"

茶宝说:"就是脱毛衣时我的头发会飞起来!"

夏夏爸爸说:"是的,还发现有其他静电现象吗?"

悠悠说:"我牵妈妈的手,有时会被电到。"

夏夏爸爸说:"是的,冬天你们睡觉的时候有没有发现,身体跟被子摩擦会出现小火花?"

● 【穿墙而过】

夏夏爸爸说:"小球是怎样穿过墙的?"

球球说:"墙上有一个洞。"

开心果说:"球把墙推走了。"

● 【3D眼镜】

夏夏爸爸说:"小朋友们,爸爸妈妈带你们去电影院看过电影吗?看某些电影的时候需要戴一副眼镜,为什么呢?"

夏夏说:"为了保护眼睛。"

小团子说："不是，看 3D 电影的时候就要戴 3D 眼镜。"

夏夏爸爸说："是的，那是 3D 眼镜，能让平面的图像具有立体感。立体感产生是因为左右眼看到的画面或颜色不同，从而产生逼真的立体效果。你们蒙住一只眼睛试试看是什么感觉？"

● 【记忆合金】

夏夏爸爸："你们一定记得家里的零食放在哪里吧？那是由于你的大脑帮你记忆这些信息。金属也有自己的记忆能力，在一定温度下发生变化后，在另一温度范围又能恢复成原来的形状，等一下你们可以去观察一下这一神奇现象。"

孩子们的眼睛齐刷刷地看着夏夏爸爸讲解，生怕错过精彩瞬间，听得非常认真。

实验操作讲解完成后，孩子们已经迫不及待地想要动手开始操作了。为了让孩子们更好地观察实验现象，我们将实验分为了三个小组，孩子们轮流观察并动手操作。

倾听的回应

● 课程理念共享，深层碰撞

《纲要》中指出："家庭是幼儿园的重要合作伙伴，应本着尊重、平等、合作的原则争取家长的理解和主动参与、积极支持，要帮助家长提高教育能力，从而实现最有效的家园合作共育。"家长不仅是课程支持者，更是重要的参与者和合作者，幼儿园需要与家长、幼儿共建课程，他们都是实施的共同体。家园共育体现在理念的同步上，除了向家长宣传科学的育儿观外，定期与家长进行交流也非常重要。如：在本主题前期，教师在班级群向家长分享了幼儿对静电的兴趣，以及后续的课程计划，以平等合作的态度邀请家长们成为课程的制订者，参与调查表的讨论与制订。

- 实施策略共探，赋权家长

家长助教进课堂，能够有效拉近幼儿与家长间的距离。教师要事先与家长做好沟通，提供适当的互动技巧支持，能使内容避免过于深奥枯燥、活动现场过于混乱。如本活动"身边的科学"中，我们引入了家长资源，通过线上和线下两种途径帮助家长了解幼儿的年龄特点，并共同预设了助教环节中的关键引导语和可能的回应，创设了适合中班幼儿的游戏情境，以体验的方式让幼儿亲身了解各个实验的原理及常见的仪器。

- 回顾课程亮点，看见成长

在家长助教活动中，还邀请了家长在现场拍摄活动照片并记录活动感想，及时将家长的评价进行整合，传达给幼儿，让幼儿感受到来自家长的重视与肯定。同时，这一方式也深受家长和幼儿的喜爱。之后，还将本课程的历程通过公众号等形式进行展示，与家长和幼儿共同回顾系列活动，同时感谢和回顾家长们为本课程做出的贡献，欢迎家长在评论区自由发表观点，营造宽松自由、互相学习、互相思考的互动氛围。

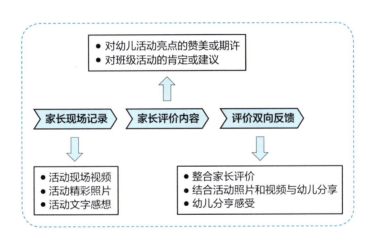

- 鼓励多元表征，深度实践

游戏后的幼儿表征	表征内容
	狗狗：我发现把气球放在头发上摩擦，可以产生静电，然后就能吸起纸片了！好神奇！

163

游戏后的幼儿表征	表征内容
	悠悠：我用气球在俏俏头发上擦来擦去，气球就可以吸起小纸片了，俏俏后面也在我的头上摩擦，我们一起合作，实验都成功啦！
	球球：我用毛笔蘸了盐水画在了纸上，我发现盐水里有一点一点的小粒粒，我还放到嘴里尝了一下，是咸咸的。放学的时候纸上面的水就干了，"雪花"就出来啦！

倾听助推的深度学习

- 科学小实验中幼儿建构的科学核心经验

在家长助教活动中，幼儿了解了实验原理，分组进行了操作实验，亲身进行了验证探究，整个学习过程都是幼儿在主动探究过程中自然发生的，比起被动接受、灌输式的浅层学习，儿童深度学习更需要时间上的保障和支持。因此，活动中没有设定分组与顺序，幼儿可根据自己的想法与意愿自行组队、选择助教家长、开展思考与探究。同时，在这过程中幼儿也积累了相关的科学核心经验，具体见下表。

实验名称	核心经验
小娃共振	比较两个"小娃"对象在频率相同与不同时的变化与现象
3D眼镜	◆ 对"红""蓝"两色进行观察比较，发现其不同之处 ◆ 运用较完整的语言讲述通过 3D 眼镜中所观察到的发现
静电飞花	◆ 感知静电现象 ◆ 根据"静电飞花"实验操作过程提出问题，并大胆猜测答案

实验名称	核心经验
穿墙而过	◆ 发现物体的性质会影响其运动轨迹与方向，如圆的球会滚动 ◆ 了解"偏光镜"，知道不同角度光线穿过镜片会有不同现象
记忆合金	◆ 学习观察"记忆合金"的运动轨迹和变化 ◆ 发现"合金"这一材质性质在冷热风的情况下会发生变形
盐水画	◆ 在"绘画""记录"的过程中运用多种感官感知事物的特征，如盐水的味道、水分蒸发后的形态 ◆ 感知和体验材料"盐"具有溶解、传热等性质

● 多元记录方式中所体现出的幼儿思维方式

伴随着探索，记录会自然而然地发生。在家长助教活动中，记录一直伴随着孩子们的学习过程。记录大多发生在实验现场，是及时、有效的记录。如：孩子们观察静电飞花的方法记录、用3D眼镜观看立体图片的表征记录、对小娃共振频率的"分段式"记录、对记忆合金冷热风所制造的不同造型记录等，记录的过程正是发展高阶思维、对信息深度加工的过程。

1. 绘画表征，内隐思维外显化

在实验开始之前，孩子们用绘画来表征自己想要实验的内容与猜测，然后再结合自己的想法进行操作、探究，不仅增强了实验的目的性，而且能帮助他们将实验过程完成地更加细致，在"绘画—操作—调整—再记录"的过程中，内隐的实验动机能通过绘画表征外显出来。

2. 数字表征，抽象思维具象化

数字表征也是幼儿常用的表征形式之一，特别是进入中班，幼儿对于数字所代表的含义有着浓厚兴趣，数字表征也有效促进了幼儿数学、科学能力的发展。例如：在"小娃共振"实验中，幼儿会将不同频率小娃所摆动的次数进行计数记录，随着实验次数的增加，数字表征的形式也不再局限于摆动的次数，还涉及实验次数的编号。数字表征贯穿于整个实验的始终，幼儿抽象思维具象化，探究也更深入。

3. 符号表征，个体思维群体化

一些简单的符号表征作为幼儿彼此间能看懂的交流方式，让个体的思维群体化，同伴互动更加多维。比如："静电飞花""盐水画""穿墙而过"等实验在开始前幼儿之间有着不同的想法，有的认为实验不能成功，有的则认为能成功，也有一小部分幼儿觉得能成功一点点。这时，巧用符号表征就显得尤为重要。孩子们就用了√、×、△、○来表示相应实验的成功率。

新增区域材料，扩展课程广度

倾听的实录

经过本次助教活动，孩子们对于生活中的科学现象产生了浓厚的兴趣。教师及时抓住他们的兴趣点，将兴趣继续延伸。

例如：孩子们时常会看到太阳底下斑驳的树影，有时会玩踩影子的游戏，或者做出搞怪的姿势来看看自己的影子……

阳阳："我看到我的影子啦！你看，我用小手变出了一只小鸟。"

蒙蒙："我变成了一只小白兔，我有长长的耳朵！"

小宝："上次家里停电，妈妈就打开了手电筒，还教我怎么用手掌变'小狗'。"

狗狗："我晚上去接哥哥下晚自习，哥哥在路灯下踩我的影子，我往前走，影子就越来越长了……"

在倾听孩子们心声的基础上，我们创设了多种材料来支持他们进一步地进行探索实验。

结合幼儿意愿新增的区域材料

光影角

探秘倒影

影子爬楼梯

彩色光影

结合幼儿意愿新增的区域材料	

彩色方块、手电筒	皮影剧场

倾听的回应

● 幼儿主体，动态调整区域空间

随着幼儿区域活动经验的不断积累，幼儿对空间的需要也在发生变化，从最初在某一固定空间活动逐渐扩展到多个区域空间并用，而当前区域空间的固定性和孤立性无法满足幼儿经验拓展和深入探究的需要，从而影响幼儿参与活动的积极性。

1. 支持幼儿参与区域空间设置

倾听幼儿心声后，针对幼儿想要投放的"光影"类材料，从个别区域入手，引导幼儿经由"讨论—设置—再讨论—再设置"的实践循环，支持幼儿参与空间设置，从而增加幼儿对活动空间的认同，满足幼儿的内在需要进而使空间成为支持幼儿深度学习的有利条件。

2. 允许区域联动与空间调整

不同类型的区域不应是割裂的，而应共同为幼儿提供多方面发展的经验，因此，教师鼓励幼儿在区域与区域之间建立起联动，进行材料、经验的共享，以维持幼儿主动学习的兴趣。同时，根据幼儿需要和后续活动情况，动态调整区域空间大小、位置等。

● 支持鼓励，制订区域活动计划

在区域活动之前，鼓励幼儿计划游戏活动内容，包括"玩哪个区域材料""和谁一起玩""玩什么内容""想要完成什么样的作品"等，根据幼儿年龄和能力水平的不同，让他们以不同的形式进行计划，如口头语言、绘画、前书写、图表等。另外，鼓励幼儿谈论自己的计划并及时予以肯定，使幼儿获得学习的积极性与自信心。

倾听助推的深度学习

● 深度探究，持续获得经验生长

关键经验	存在问题	调整措施
观察实验能力： 在实验的过程中发现物体的性质和用途	幼儿发现了用手电筒照物体会产生影子，影子会印在纸盒的不同面上。但是，幼儿在记录时没有注意到影子的颜色是黑色的，而是用彩色笔来记录影子的	◆ 提供关于影子的绘本，激发幼儿的探究愿望，增进幼儿对影子的认识 ◆ 创设环境"影子大不同"，启发幼儿从不同的角度照射积木，观察积木在不同的面的影子 ◆ 提供更丰富的探索材料，比如不同的记录表，鼓励幼儿从多方面探究影子
表达交流能力： 客观描述所发现的事实或事物特征	在表达时，幼儿对影子的形状和颜色描述比较少，大多只关注影子的大小，对于不同面上的影子关注比较少	◆ 创设供幼儿交流的机会，比如利用晨间谈话时间，引导幼儿谈一谈自己对影子的认识和发现 ◆ 在幼儿交流时，教师应倾听并用提问的方式引导幼儿思考，比如可以问："你还观察到什么？""影子是什么形状，什么颜色的？"
科学思考能力： 根据已获得的经验进行推断得出结论	在游戏时，幼儿发现了在不同的面上都有影子，但是对该现象进一步的思考较少，教师可以抓住幼儿的兴趣点，继续引导他们探索	◆ 提供多样化的材料，鼓励幼儿探索影子的颜色、不同面上的影子等，并创设相应的环境作为支持 ◆ 鼓励幼儿提出问题，并将幼儿的问题梳理出来
书面交流能力： 用图画或其他符号进行记录	幼儿在记录时，大多只按照之前示范过的方法进行记录，即使发现不同面上的影子时幼儿也没有想要记录的想法	继续优化记录表"影子爬楼梯"，引导幼儿探索不同面上的影子并记录

● 问题支架，多维度表达与思考

幼儿的深度学习不是学习内容的加深加难，而是基于问题解决的高阶思维培养，其中幼儿通过多样化、有层次的提问启发自我思考，寻找解决问题的多种方法，促进批判性思维、创造性思维、逻辑性思维等的发展。

虞永平教授说："课程在儿童的生活和行动里。"教师对于幼儿生活各方面的挖掘和利用，是建构课程的关键。陶行知曾说："大自然都是活教材，有价值的活教材，它也是孩子们探索的好素材。"教师将生活资源、家长资源、社区资源与幼儿的兴趣联系起来，这样随之产生的活动就是灵活的、多元的。活动内容的不断系统化，会深化幼儿的学习，丰富幼儿的经验，促进幼儿的发展。

扫码观看典型案例"身边的科学"活动视频

四、我的运动我做主

虞永平教授说："幼儿园课程要聚焦儿童积极性、主动性、创造性。只有儿童的积极性、主动性、创造性得到调动，儿童才能成为学习的主人，成为学习的主体。儿童是主体，就必须是积极的、主动的和创造的。课程要聚焦儿童的多感官参与，多样性的活动。"[1]"我的运动我做主"活动源自幼儿运动会后的自主交流讨论，教师倾听到了幼儿的内在需求，关注到了幼儿的兴趣，于是与幼儿共同生发了系列活动：运动议事会、调查访问、定向游戏、亲子探访等。通过多元的活动，支持幼儿关于运动会策划的实践。课程实施过程中，教师始终相信、尊重幼儿，激发幼儿的内驱力，引导幼儿反思、分析、猜测、判断、协商、应用，助力幼儿深度学习，促进幼儿高阶思维能力的发展，帮助幼儿建构新经验。

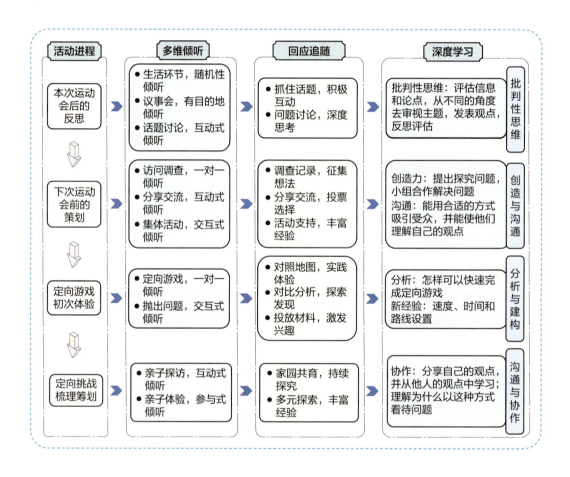

1. 虞永平.课程游戏化只为更贴近儿童心灵［N］.中国教育报，2015-6-28.

本次运动会后反思

倾听的实录

　　亲子运动会将运动热情推至高点，运动会结束后孩子们自由交流着运动话题。"运动会上我得到了三张奖状。""哥哥姐姐的武术操表演好神气。""我玩翻山越岭的时候，悠然站在跑道上，我怕撞到她只能减慢速度，都没有得到奖状。""运动会有好看的节目、好玩的比赛，我想天天开运动会。"……关于运动会，孩子们有着许多的感受和思考，为了更好地倾听他们的心声，进一步优化反思运动会的开展，教师和孩子开启了一场"运动议事会"，具体见下表。

会议话题	亲子运动议事会一对一倾听主要内容		分析及思考
	幼儿	教师	
运动会感受	◆ 橙子：我觉得运动会很好玩、好有趣、我喜欢运动会 ◆ 乐姐：我喜欢和爸爸妈妈一起比赛，我还得了奖状 ◆ 阿不：我表演得很棒，玩得很开心，我想每天都开运动会	专注倾听，尊重接纳幼儿的想法，用肢体或语言肯定、认同	运动会的开展要基于幼儿视角，要办幼儿喜欢的运动会
最喜欢的运动项目	◆ 馆馆：我喜欢"翻山越岭"，像滑梯一样 ◆ 睿睿：和妈妈一起比赛"螃蟹跳"好快，很好玩 ◆ 瓜子：我跑步很厉害还可以飞过跨栏，得了第一名		幼儿喜欢不同于以往的运动方式，更喜欢有挑战性、有成就感、有趣味性的亲子类合作的运动项目
运动会很棒的地方	◆ 乐姐：有很多比赛，还有奖状 ◆ 湘湘：很多人一起喊加油，好热闹 ◆ 粤粤：有很多我喜欢的比赛项目		幼儿喜欢热闹，喜欢运动的氛围，同时也迫切需要得到认可
运动会存在的问题	◆ 可乐：有人在跑道上跑来跑去很危险 ◆ 溪溪：我和爸爸"螃蟹跳"，他太快了，我们都摔跤了 ◆ 宇子："齐心协力"要排很久的队，等了很久 ◆ 解决办法： 　◇ 提醒他要遵守比赛规则；做个"禁止穿跑道"的标志 　◇ 和爸爸妈妈说要注意安全，要一起跳 　◇ 学会等待；换个快一点的比赛项目；分开两个地方比赛	认同想法，追问：你觉得应该怎么解决呢？	反思了运动会规则、安全和项目设置的问题

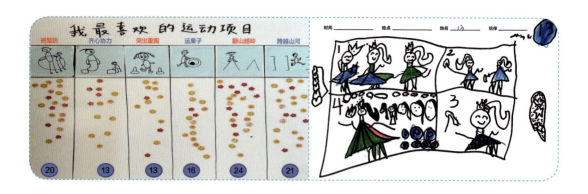

倾听的回应

● 抓住话题，积极互动

《评估指南》"教育过程"关键指标"活动组织"中明确提出："要发现和支持幼儿有意义的学习，采用小组或集体的形式讨论幼儿感兴趣的话题，鼓励幼儿表达自己的观点，提出问题、分析解决问题，拓展提升幼儿日常生活和游戏中的经验。"虽然运动会结束了，但关于运动会的讨论仍在继续，可见幼儿对运动会依然保持了浓浓的兴趣。教师抓住幼儿的兴趣点，以小组的形式开展"运动议事会"活动，专注倾听并与之互动，引导幼儿调动已有经验大胆表达想法，并尝试自主反思、小结运动会。

● 问题讨论，深度思考

教师创设了一种宽松、平等的交流氛围，提供了话题供幼儿交流：运动感受体验、运动项目体验、运动会优点及存在问题。教师还引导幼儿从自身体验出发分享运动会感受，再逐步拓宽视野关注运动项目的设置，及运动会中的优点和存在的问题。问题的提出源自幼儿的自主发现，教师通过追问："怎么解决呢？"又将问题抛回给幼儿，与之共同探讨解决的办法，在幼幼互动、师幼互动交流中梳理出解决问题的办法。教师通过问题讨论的方式，充分调动了幼儿的主动性，让运动会后的讨论不停留于表面，而是由幼儿自主复盘、深度思考、梳理凝练经验。

倾听助推的深度学习

● 多角度反思和总结运动会优点和问题

教师通过由浅入深的话题："运动会做得棒的地方有什么？存在哪些问题？"让幼儿跳出自我，看到事物的整体，展开深度交流，具体见下表。

幼儿对话及发现	分析
◆ 很多人一起喊加油，好热闹！ ◆ 湖南大学体育馆比幼儿园更棒，有跑来跑去的地方	关注到运动会环境及氛围
"齐心协力"要排很久的队，等了很久	项目比赛时间长短不一

幼儿对话及发现	分析
有很多比赛，还有奖状	比赛的价值体现
◆ 有人在跑道上跑来跑去很危险 ◆ 我和爸爸"螃蟹跳"，他太快了，我们都摔跤了	关于运动会中安全问题的反思

上表可见，幼儿能从不同的角度反思、总结、表达自己的发现，凸显了幼儿的反思能力。

● **联系已有经验解决运动会中出现的问题**

在教师的追问、启发下，幼儿从规则、安全、项目设置等方面梳理了运动会中存在的问题并提出解决的方法。关于规则问题，幼儿提出："提醒他要遵守比赛规则。""做个'禁止穿越跑道'的标志。"可见，幼儿能将日常游戏和生活中的解决办法，迁移至运动会中解决问题。"和爸爸妈妈说要注意安全，要一起跳。"突出了幼儿对运动会安全性、合作性及比赛体验的关注。他们更期待和成人合作完成比赛，而非获得第一名。"学会等待；换个快一点的比赛项目；很慢的比赛项目可以分两个地方一起比。"部分幼儿根据观察，发现了比赛项目的完成时间不一，因此提出了换项目和分流比赛的解决办法，解决办法迁移运用到了生活和游戏中的经验。可见，幼儿在解决问题时能够分析、推理、联系、应用，体现了高阶思维的发展。

下次运动会的策划

倾听的实录

运动会后的反思与交流激起了幼儿的兴趣，自主游戏中幼儿会自主摆放材料，设置赛道进行比赛。游戏后的一对一倾听中有多个幼儿说："朱老师，我想再开一次运动会。"还有幼儿用绘画表征的形式记录了"下次运动会的想法"。幼儿按自身意愿组成小组，并推选一两名成员，在集体面前分享交流，由全体幼儿进行投票，结果发现"定向寻宝"的票数最多，甚至超过了班级幼儿的总数，因为部分幼儿将两票都投给了"定向寻宝"。具体见下表。

问题	支持	关于下次运动会策划的倾听和互动	达成共识
幼儿：运动会想法	集体分享交流	◆ 鑫鑫：小班和中班开运动会都是在幼儿园里、操场上比赛，这次我想到幼儿园外面去玩"定向寻宝"。我和溪溪、陶陶还有爸爸妈妈一起玩过，就是看地图到岳麓山上找宝藏，找到了就滴一下，好好玩 ◆ 陶陶：是的，要边走边找，有的宝藏挂在树上，有的藏在草丛边还有栏杆边，我们上次玩了好久，找到好多宝藏	"定向寻宝"很有趣，我想要玩

问题	支持	关于下次运动会策划的倾听和互动	达成共识
幼儿：运动会想法	投票选择	◆ 鑫鑫：瑶瑶，你和我一起玩"定向寻宝"，真的好玩呢 ◆ 瑶瑶：可以啊，我还要喊上萱萱	
幼儿：定向寻宝怎么玩	集体讨论	◆ 湘湘：在地图上找到藏宝藏的地方就可以 ◆ 登登：是比赛呢，要比找到宝藏的速度，最后是要集合的 ◆ 花花：那也可以比谁找的宝藏多啊 ◆ 登登：不行啊，你把一个地方的宝藏都找完了，别人来就没有了呀，别人也要玩啦 ◆ 庆庆：定规则，到一个地方每人只能拿一个宝藏；不过我觉比赛有起点和终点的，所以每个宝藏点一人只能找一个宝藏，看谁先到终点	◆ 玩法：从起点出发，根据地图找到每一个藏宝点的宝藏，比谁最先到终点 ◆ 规则：每个藏宝点一人只能拿一个宝藏
幼儿：我不会看地图怎么办	集体活动：阅读地图	◆ 教师：你在地图上读到了什么？ ◆ 粤粤：我看到了地图上有小动物，是什么意思啊？	认识地图，并在地图上找到宝藏点所在的位置
教师：怎样找藏宝点	设计路线	◆ 豆子：像走迷宫一样，从起点出发，找到藏宝点，再到终点	根据地图寻找去往目的地的方法：从起点到藏宝点，最后到终点

倾听的回应

● 调查记录，征集想法

《评估指南》的"教育过程"关键指标"师幼互动"中明确提出："重视幼儿通过绘画、讲述等方式对自己经历过的游戏、阅读图画书、观察等活动进行表达表征，教师能一对一倾听并真实记录幼儿的想法和体验。"教师引导幼儿将自己对运动会的想法以图画的形式记录表征，从而更好地倾听、了解他们关于运动会的想法，并为他们的学习和发展提供支持。

● 分享交流，投票选择

关于运动会项目，幼儿有很多想法，都想要开展自己喜欢的比赛项目，争论许久也没有得出结论。于是教师把问题抛给了幼儿："你们觉得用什么方式，可以选出小朋友们最想要开展的运动会项目？"有幼儿提出："最喜欢的运动会项目可以通过投票投出来，票数最多就是大家最想要开展的。"其他幼儿想了想也表示认同，于是采用了投票的方式。投票的方式让每个幼儿都有表达的机会，让我们了解到了每个幼儿的想法，也让幼儿感受到了投票过程的公平性，最终比较迅速地确定了运动会的项目。

● 活动支持，丰富经验

"定向寻宝"是幼儿感兴趣的活动，但是大部分幼儿对这项活动还是比较陌生的，应怎样开展呢？因为幼儿的经验比较单一、零散，不利于幼儿整体感知，于是结合幼儿主动提出的疑问："'定向寻宝'怎么玩？"组织幼儿共同讨论、策划，整合零散经验，共同梳理设计，形成具有班本化特色且适合幼儿阶段开展的定向寻宝活动。"我不会看地图怎么办？"生活中幼儿接触到纸质或平面地图比较少，因此缺乏阅读地图的经验。于是教师结合幼儿熟悉的幼儿园环境设计了地图，并引导幼儿根据地图寻找目的地，帮助幼儿建构阅读地图、设计路线的新经验。

倾听助推的深度学习

● 沟通能力发展

"定向寻宝"成为运动会票数最多的项目，有部分是由于提出的幼儿有较强的沟通能力。"小班和中班开运动会都是在幼儿园里、操场上比赛，这次我想到幼儿园外面去玩'定向寻宝'的比赛。"鑫鑫告诉同伴，可以走出熟悉的环境到新的场所比赛，而且还有宝藏可以寻找。"我和溪溪、陶陶还有爸爸妈妈一起玩过，就是看地图到岳麓山上找宝藏，找到了就滴一下，好好玩。"让别人知道，"定向寻宝"的游戏他参加过，是可以实现的。接着怎样吸引他人投票呢？鑫鑫展现了较强的沟通交流能力，语言表达有条理、有说服力。"瑶瑶，你和我一起玩'定向寻宝'吧，真的好玩呢！"鑫鑫用到了拉票的技巧。这些行为展示出"学习者可以分析使用不同沟通方式和工具的优势。他们开始考虑各种受众是如何接受信息的"。[1]

● 接纳他人建议，共同制订"定向寻宝"玩法规则

"'定向寻宝'怎么玩？"教师抓住幼儿的兴趣点，组织幼儿集体讨论交流，鼓励幼儿大胆表达自己的想法。讨论过程中体现了理解与批判、联系与建构、迁移与应用等方面的深度学习，具体见下表。

形式	倾听＋互动	深度学习
集体讨论：定向寻宝怎么玩？	湘湘：在地图上找到藏宝藏的地方就可以	调动已有经验，表达自己的初步理解
	登登：是比赛呢，要比找到的宝藏的速度，最后是要集合的	质疑湘湘所说，并联系运动会比赛经验，提出比赛以速度取胜，而且要设置终点
	花花：那也可以比谁找的宝藏多啊！	批判思维：除了比速度还可以比数量
	登登：不行啊，你把一个地方的宝藏都找完了，别人来就没有了呀，别人也要玩啦！	坚持自己的想法，并评价：比数量会出现没有宝藏的问题

---

1. 乔安妮·奎因，迈克尔·富兰，玛格·加德纳，乔安妮·麦凯琴，马克斯·德鲁迈. 深度学习：重新定义未来教育的学习模式［M］. 北京：机械工业出版社，2020：5.

形式	倾听＋互动	深度学习
集体讨论：定向寻宝怎么玩？	庆庆：定规则，到一个地方每人只能拿一个宝藏；不过我觉比赛有起点和终点，所以每个宝藏点一人只能找一个宝藏，看谁先到终点	加入自己的理解，补充规则要求；倾听同伴的想法，综合集体想法，比较完整地表达"定向寻宝"的玩法

● 建构新经验：学会阅读地图、设计路线

"我不会看地图怎么办？"这是幼儿自主提出的真问题，表达了他们的需求和积极主动的学习愿望。通过观察、交流认识地图，结合地图玩"我说你找"的游戏，建构读懂地图的经验。接着，教师提出挑战性的问题："怎样找藏宝点？"鼓励幼儿深度思考，促进幼儿思维能力的发展。幼儿调动了已有经验"像走迷宫一样，从起点出发，找到藏宝点，再到终点"。最后，幼儿提出以设计路线的方式来解决问题。路线设置过程中，幼儿发现从起点出发寻找藏宝点到达终点有不同的路线。在探索解决问题的过程中幼儿通过观察、分析、评价进行深度的思考。

定向游戏，初次体验

倾听的实录

幼儿阅读完地图，自主设置好路线后，提出："我们可以在幼儿园里玩'定向寻宝'的游戏吗？"教师倾听到幼儿的心声，接纳了他们的想法，根据幼儿设计的定向路线，让相同路线的幼儿为一组在幼儿园里玩起了"定向寻宝"的游戏。

呦呦几人拿着地图走到一个班级门口："这个地方在地图的哪里啊？""我找不到我们到哪里了。"于是他们回到教室。庆庆几人拿着地图和计时器跑到藏宝点。可乐问："是这里不？"豆子抬头看了看门口的牌子说："你看地图上的字和牌子上的字是一样的。"于是，他们成功找到了宝藏。庆庆看了看地图说："下一个点在大门口那边，我们走。"他们快速奔至下一个藏宝点。游戏后幼儿与同伴交流，小颜说："我们是第一名。"阿不说："我们用了6分钟，我们才是第一名。"小颜说："我们是7分钟，7比6大，我们快。"

倾听的回应

● 对应地图，实践体验

幼儿初次体验游戏，尽管地图上设置了路线，且他们对地图已有一定的认识，但在根据平面地图寻找实际地点的过程中，仍难以将地图和实际情对应起来，因此迷路了。教师组织幼儿共同讨论、分析，由个别幼儿带领集体，结合地图在幼儿园里找到相应位置，并通过观察周围环境对照地图进行验证。通过集体实践体验的方式，帮助幼儿在地图与地理位置之间建立联系，为后续的小组进行独立游戏丰富经验。

- ● **投放材料，激发兴趣**

多次游戏后，幼儿对幼儿园更加熟悉了，也积累了看地图、找藏宝点的经验。为了激发幼儿持续探究的兴趣，教师提供了计时器和藏宝点数量不一的地图供幼儿自主选择。计时器激发了幼儿之间的竞争意识；地图难度的递增，调动了幼儿的挑战欲望。

- ● **抓住契机，引发辩论**

生活当中幼儿喜欢与同伴进行比赛，因此在"定向寻宝"的游戏中，幼儿也很重视比赛结果，出现了为结果争吵的情况。怎样判断结果，幼儿有自己的想法，于是教师将两次结果在集体前呈现，引导幼儿观察、对比、分析并做出判断，然后进行辩论，轮流表达自己的想法。不一样的解决方式，帮助幼儿了解到一味的争吵不能解决问题，要用理由来说服同伴。这个过程也促进了幼儿批判性思维、语言表达、数概念等能力的发展。

倾听助推的深度学习

- ● **回顾游戏、清晰表达，梳理出迅速找到地图上位置的经验**

回顾梳理经验，对于幼儿的发展起着非常重要的作用。在分享交流中，幼儿学会了先将已有经验组织起来，再尝试用较清晰、完整的语言进行表达。这一过程促进了幼儿思维的进阶发展，提升了语言表达能力、反思能力，培养了合作分享的意识。同时，也帮助幼儿积累了更多的新经验，如迅速找到藏宝点的方法有看班牌、问路、找参照物。

- ● **小组合作，共同寻找宝藏点**

小组合作开展的活动不仅提升了同伴交往、合作能力的发展，也激发了幼儿主动探索的兴趣，让个体认知与群体认知相互作用促进思维能力的碰撞提升。如：可乐在不确定藏宝点时，引导同伴用对比观察的方法来寻找。"你看地图上的字和牌子上的字是一样的。""下一个点在大门口那边，我们走。"这说明幼儿有了观察地图寻找参照物的经验。

- ● **对比分析，探索发现速度与时间之间的关系**

幼儿喜欢比赛类的游戏，游戏后不仅关注自己的比赛结果，还关注同伴的结果并与之进行对比，但对比后往往会出现争吵。教师听到他们的争论，于是抓住契机组织幼儿集体讨论。幼儿结合自己的已有经验、数概念表达自己的观点。这促进了幼儿的深度学习，他们发现了速度与时间之间的关系：速度越快用时越短；同样的藏宝点，路线越短要用的时间越短，速度越快，所以设计路线要考虑哪条路更短。

定向挑战，梳理筹划

倾听的实录

在幼儿园开展了一段时间的"定向寻宝"活动后，小朋友们又提出了"到幼儿园外面去'定向寻宝'"的需要，于是教师组织幼儿共同讨论"'定向寻宝'要准备什么？"，让幼儿带着问题，结合已有经验，综合思考讨论，接着进行分工筹划，由亲子共同参与，选择定向寻宝点，绘制地图，离园后幼儿带着地图开展亲子"定向寻宝"活动。

倾听的回应

- ### 适当退位，助力发展

定向游戏中，幼儿越来越熟悉游戏的玩法，阅读地图的能力、社会交往、协调发展的能力也得到了极大的发展，当活动没有挑战时，他们提出了新的要求。为了满足幼儿的探究兴趣，教师适当退位，提出关键支架，让幼儿自主策划户外定向活动。活动中教师的退位不是放任和不作为，提出有指向性的问题启发幼儿讨论，让幼儿做活动策划的主人，激发幼儿在整个活动中的积极性、主动性，促进问题解决能力的提升。

- ### 家园共育，持续探究

《评估指南》的"教育过程"关键指标"家园共育"中明确提出："幼儿园要与家庭、社区密切合作，积极构建协同育人机制，充分利用自然、社会和文化资源，共同创设良好的育人环境。"活动中教师引导家长共同参与，与幼儿一同走进社区、走访校园，寻找适合定向藏宝的地方，制作定向地图，深度参与幼儿的活动，助推运动会活动的深度发展。

倾听助推的深度学习

问题及思考	自主策划定向活动的活动形式及内容	深度学习
准备工作	以小组形式讨论准备工作。如：藏宝点、位置、数量，材料的准备，起点终点的确立	◆ 自主决策：与谁讨论、藏宝点数量的确定、宝藏内容等 ◆ 协商、接纳：分享自己的观点，并从他人的观点中学习，理解为什么以这种方式看待问题。 ◆ 分析思考：藏宝数量是否适宜 ◆ 创造力：提出探究问题，并设计查询解决
确定藏宝点	幼儿自主与家长走进社区，选择适合地点拍照，再集体判断和确定	◆ 评价、判断：藏宝点是否安全、距离是否适宜、藏宝点能不能被找到 ◆ 沟通：清晰表达，说服他人选择

问题及 思考	自主策划定向活动的活动形式及内容	深度学习
绘制地图	亲子绘制地图	◆ 联系：用图片、图标清晰呈现 ◆ 分析：同伴是否能看懂
分工协作	材料准备的分工	协商合作：听取并理解他人的观点，即使他们的观点与自己的观点有所不同，也能尊重

　　"我的运动我做主"是源于幼儿兴趣、意愿、探索等生成的主题活动。活动以幼儿为主体，教师倾听幼儿想法，支持、助推幼儿深度展开，让后续的年级组运动会的实施更具挑战性。运动会前教师会与幼儿一同回顾运动会课程活动，倾听幼儿关于运动会的想法，与幼儿再次讨论、策划，基于儿童视角开展他们喜欢的运动会。

五、"果"然心动

陶行知先生曾说："生活即教育，教育即生活。"本次活动缘于一次美妙的榨汁，由教师手上的果汁杯而开启的一场欢乐水果旅程。"认识果汁""享果之味""玩果之乐""冬日之果""品果之实""投果之票""节气之果"等系列活动持续了一个多月。幼儿通过直接感知、实际操作、亲身体验等方式获取了经验与认知，提高了语言表达、思维思考、动手实践等能力。教师通过不断倾听，真实记录、追随幼儿想法，在解决问题、积极建构、反思迁移、评价应用的过程中促进了幼儿的深度学习。食育活动在满足幼儿味蕾需求的同时，更让他们获得了成就感、愉悦感等积极的情感体验。作为幼儿的支持者，要帮助他们架构认知体系，建立热爱生活、珍惜食物的生活意识，为他们打开一扇通向快乐和幸福的大门。

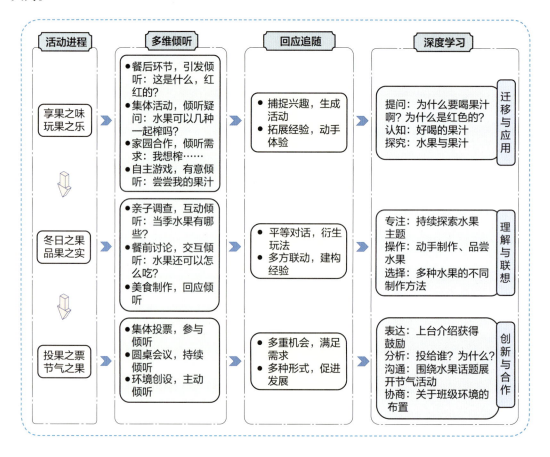

享果之味　玩果之乐

倾听的实录

晨间，我偶尔会用随身杯榨果汁喝，喝得最多的就是红心火龙果、香蕉和酸奶的混合果汁，时常会吸引一批小粉丝的目光，他们问：

"悠悠老师，你喝的这个红红的东西是什么呀！你为什么要喝这个啊？"

"悠悠老师，这个是榨汁机吧？不要插电啊！"

洗杯子时，他们也会跑来围观说：

"哇！快看，是红色的！"

"池子都染红了耶！"

"为什么是红色的啊？我也好想喝哦！"

……

倾听的回应

● **捕捉兴趣，生成活动**

晨间，教师发现幼儿对鲜榨果汁很感兴趣，也听到他们的很多提问，就连清洗榨汁杯幼儿也要一直跟着。教师通过倾听，接收到了"信号"，了解幼儿的需求后展开了幼儿的活动。

活动中，孩子们非常兴奋地讲述自己爱喝的果汁，知道水果有很丰富的维生素，我们要多吃水果，回家就要试试榨果汁等。马拉古奇说过："孩子是由一百种组成的，孩子有一百种语言，一百双手，一百个念头，一百种思考……"教师也可通过倾听幼儿的一百种语言，从而走进幼儿，理解幼儿。

当教师通过倾听，捕捉到幼儿的一百种语言，关注到幼儿的问题与疑虑时，基于儿童视角，马上组织了集体教学活动，将问题与零散的认知进行梳理、整合，帮助幼儿了解水果、果汁以及混合果汁的味道、营养、价值等，促进幼儿有意义地主动探究与学习。具体见下表。

好喝的果汁				
认识火龙果	混合果汁——香蕉火龙果酸奶汁	喝果汁的好处	常喝的果汁	我想试试混合果汁
◆ 仙人掌科，又称红龙果、玉龙果 ◆ 椭圆形，外观为红色或黄色 ◆ 果肉有白色、红色、黄色的，都有黑籽 ◆ 含有蛋白质、花青素、维生素、膳食纤维 ◆ 夏秋成熟，味甜多汁	◆ 两种水果＋酸奶 ◆ 口感顺滑、酸酸甜甜 ◆ 排毒、减肥，促进肠胃蠕动	◆ 补充身体维生素、水分 ◆ 喝当季水果汁最好，营养更全面 ◆ 增强体内细胞活力 ◆ 促进消化，润肠通便，排毒减肥	◆ 橙汁 ◆ 西瓜汁 ◆ 草莓汁 ◆ 苹果汁 ◆ 芒果汁 ◆ 葡萄汁	◆ 苹果草莓汁 ◆ 梨子香蕉汁 ◆ 西瓜牛奶汁 ◆ 火龙果香蕉酸奶汁 ◆ 芒果柠檬汁 ◆ 草莓牛奶汁 ◆ 猕猴桃汁

● 拓展经验，动手体验

主题活动开展后，感兴趣的孩子回家就迫不及待与家人分享，一起动手榨了好喝的果汁，有的榨了银耳雪梨汁，有的榨了香蕉火龙果汁，有的榨了橙汁……

回到班级，他们兴高采烈地介绍着自己榨的果汁，和教师同伴分享自己榨果汁的过程、果汁的味道，等等。开开提出可不可以带水果来园让大家一起品尝，一起到天井榨果

汁喝。提议引发了热议，大家纷纷表示要带各种各样的水果来。通过与幼儿的交流互动及在旁倾听，教师捕捉到了信息，在幼儿提出想法后，尊重并予以回应和支持。可见，适宜的介入游戏是促进幼儿学习之旅的基础起点。

天井游戏时光里，大家带上水果和工具，在天井开启了一场美味的榨汁游戏。

接下来的好几次游戏里，他们一起做各种各样口味的果汁果茶分享美味，还请教师品尝。

游戏后他们做了记录与分享，兴奋地拿着记录本跑到教师面前分享他们的游戏。

游戏后的表征	一对一倾听
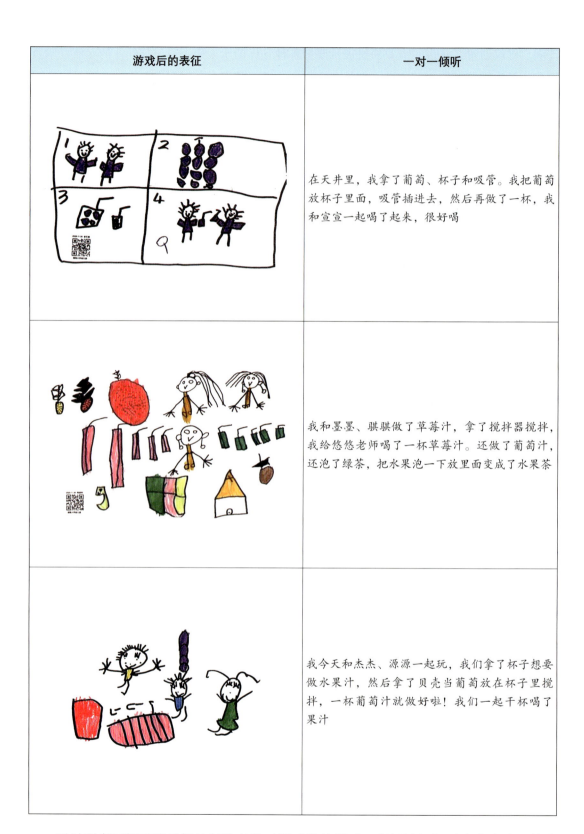	在天井里，我拿了葡萄、杯子和吸管。我把葡萄放杯子里面，吸管插进去，然后再做了一杯，我和宣宣一起喝了起来，很好喝
	我和墨墨、骐骐做了草莓汁，拿了搅拌器搅拌，我给悠悠老师喝了一杯草莓汁。还做了葡萄汁，还泡了绿茶，把水果泡一下放里面变成了水果茶
	我今天和杰杰、源源一起玩，我们拿了杯子想要做水果汁，然后拿了贝壳当葡萄放在杯子里搅拌，一杯葡萄汁就做好啦！我们一起干杯喝了果汁

　　通过观察了解了孩子们的兴趣点及对活动的热情后，班级里组织了自由交谈，并基于现在的季节，教师制作了亲子互动的调查表。

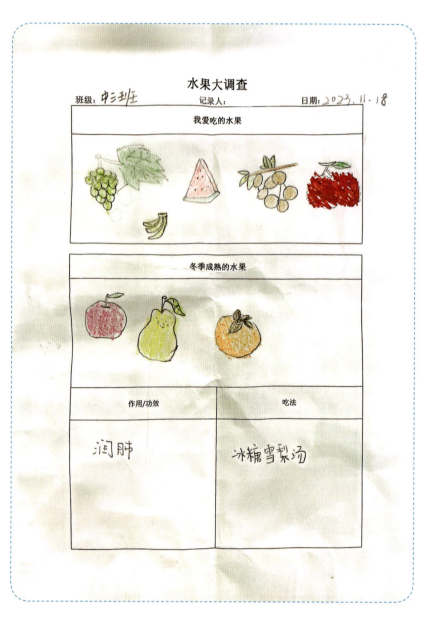

　　有效倾听是了解和发现幼儿兴趣点的重要途径，在这个过程中，教师关注到了幼儿的兴趣与需求，在与环境的交互作用中教师全息式倾听幼儿的多种表达，发现他们的想法与思考，从而自然生成活动。

倾听助推的深度学习

● 聚焦话题，架构内容，展开实施

　　教育家陈鹤琴说过："大自然是我们的活教材。"《发展指南》中也提到教育内容要贴近幼儿的生活，关注幼儿的生活，又要有助于拓展幼儿的经验。从生发到开展，要以幼儿兴趣为起点，围绕问题与需求推进班级活动。幼儿通过体验食育活动——榨果汁，品尝到了果汁味道，而后在游戏情境中制作果汁，游戏后记录表征。在这个过程中，教师进行一对一倾听，再根据疑问导向填写调查表等一系列过程中，引导幼儿聚焦问题、认知提升、实践探究、经验建构，进行多层次的互动探究，直至找到答案，从而实现深度学习。

而教师愿意捕捉来自幼儿的信息，和幼儿一同寻找答案，愿意和幼儿一起投入活动中，与幼儿同生共长。

聚焦问题	认知提升	实践探究	经验建构
喝的什么，为什么是红色的？	果汁。果实中有植物色素，主要分三类，即叶绿素、类胡萝卜素和花青素	◆ 梨子汁（白色） ◆ 橙子汁（橙色） ◆ 草莓汁（红色） ……	◆ 了解水果中的色素与酸碱值、光照情况有关。 ◆ 动手操作能力 ◆ 热爱生活
为什么不用插电就能榨汁？	◆ 杯体内安装有电机，是锂电池充电保护的 ◆ 通过充电使用，杯体内有刀片助攻	◆ 有插电的、便携式的、手动的 ◆ 有原汁机、榨机汁、破壁机	对家庭电器萌发兴趣，了解电机的作用
为什么要喝混合果汁？	◆ 果汁更易消化，营养素的吸收速度更快 ◆ 能增强免疫力，皮肤变好 ◆ 防止身体老化，帮助细胞再生	◆ 单一水果榨成汁像喝饮料 ◆ 找到合适的水果混合搭配口感更好	果汁的营养价值丰富，有益健康，易吸收
苹果汁里为什么有渣渣，而火龙果没有？	与水果纤维含量有关系。	◆ 火龙果、西瓜等果汁较多 ◆ 苹果、凤梨等果渣较多	认识纤维，知道蔬菜水果中都富含纤维

冬日之果　品果之实

倾听实录

通过调查表的回收讨论，大家从当下的季节了解时令水果到讨论冬日水果的做法、吃法，及其营养和功效。话题越聊越广，做法越聊越多，兴趣越来越大。

妹妹说："我要做一个水果比萨，在上面放点西瓜、火龙果、香蕉，好香啊！"

元宝说："把蓝莓熬成蓝莓果酱，放在饼干里！"

灿灿说："圆圆的山楂可以做成冰糖葫芦。"

乐然说："汤圆里包上水果，就成了水果馅的汤圆了，彩色的。"

......

孩子们表示："好想回家做好吃的哦。"于是，我们班级的收集小程序（FOTOO）再次发起活动：有时间、乐动手的宝贝们可在家亲子互动，用冬季时令水果做出美味的水果大餐。

每日早餐后我们会看一看小程序里又有谁上传了视频，做了什么好吃的。近期的分享活动成了大家每天最期待的环节。"原来水果可以做出这么多好吃的！"还有小朋友观看后说：

一清说："依依的圣诞老人冰糖葫芦太好看了吧，我口水都要流出来了。"

源源说："澳睿的山楂酸不酸啊！"

嘉嘉说："小乐好厉害啊，准备了这么多的食材。"

梦曦说："我有点咳嗽了，回去也要妈妈给我煮冰糖梨子水喝。"

......

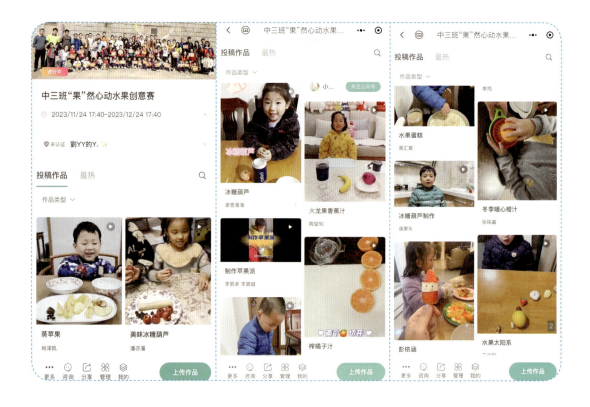

倾听的回应

- 平等对话，衍生玩法

随着水果大调查活动的深入，活动内容又与当下季节契合，教师将倾听看作一种实践方式，在交流情境中体现教育时机：依据幼儿发展阶段目标，结合班级食育与节气的课题，设计与组织了关于冬季时令水果的认知；让幼儿初步感知二十四节气、七十二次物候，不仅仅指引着一年中时令、气候、物候变化的规律，更是千百年来华夏民族生活智慧的结晶。当下的幼儿是幸福的，想吃什么一年四季都能吃到，但仍然要学会怎么感知四季，要懂得感恩。

教师充分考虑幼儿的兴趣爱好，让他们随着话题的深入结合自身生活经验畅所欲言，才得以让活动持续开展。家长们也能听见幼儿心声并予以配合，利用信息技术平台，更好地进行家园互动。

早餐后观看同伴的美食制作的照片和视频，那段时间里他们每天都充满着期待，教师也侧耳聆听，发现孩子们的热门话题，了解他们的喜好与想法，然后依据幼儿活动状况，顺水推舟，又衍生出了他们超爱的投票环节。拥有投票权的幼儿内心满是欢喜，每天都充满期待！

- **多方联动，建构经验**

教师的听：投入了注意力，有相应的思考理解，对幼儿的话语、需求有适当的回应与行动，和幼儿一同认识了冬日水果，探讨了水果的做法和吃法，激发幼儿的好奇心与求知欲。力求达到理想的倾听效果。

家长的听：能听到幼儿的需要，在思想上与他们共情，在语言上与他们互动，在行为上予以支持，并一同动手制作美食，让他们体验到劳动的快乐，增进了亲子关系。倾听是一种从精神和感情上关怀幼儿的重要方式。

同伴间的听：不仅是幼儿表达、诉说的平台，也是他们获取信息的学习方式，更是一种重要的学习习惯。听听同伴的经历，聊聊自己的做法，幼儿在无形中发展了社会行为与人际交往的能力。

班级的活动进程因为有了家长的参与互动更加激发了幼儿体验学习的兴趣，也拓展了幼儿的认知视野，丰富了幼儿的学习经验。有了多方的联动，幼儿在活动中表现得更大方、自信，思维更加活跃、专注，同时也增进了彼此间感情。

倾听助推的深度学习

- **实践操作，梳理经验，互动学习**

"关于冬天的水果"引发了一系列话题，从谈话到行动，从班级到家庭，从时令到功效，一点一滴的发现串联了一个一个活动，分享时间成为幼儿每天的期待，他们好奇又将有什么美味的水果做法。在实践操作中，有了家长的鼎力配合、教师的信息技术支撑，活动自然顺畅开展，以点带面拓展了幼儿的认知，梳理了幼儿的经验。在想说、敢说的氛围里幼儿相互交谈，互动学习。具体见下表。

保持趣点	认知提升	实践探究	经验建构
冬天有哪些水果成熟？	苹果、橙子、甘蔗、冬枣、橘子、柚子、猕猴桃、梨子、山楂、草莓、释迦等	亲子调查表"冬日水果大调查"	◆ 认识时令水果，了解水果作用 ◆ 促进社会性发展

保持趣点	认知提升	实践探究	经验建构
一年四季时令水果有哪些？	◆ 3—5月：荔枝、柠檬、山竹、李子、桑葚、莲雾等 ◆ 6—8月：菠萝、火龙果、西瓜、黄桃、猕猴桃、龙眼等 ◆ 9—11月：蓝莓、脐橙、红提、金橘、无花果、枣子等 ◆ 12—2月：砂糖橘、柑橘、圣女果、苹果、甘蔗、柚子等	餐前师幼谈话交流、亲子时间互动交流、班级水果绘本阅读	◆ 每个季节有不同水果的成熟，吃应季的水果最好 ◆ 水果中含有多种微量元素、维生素、纤维素，可以加快肠胃蠕动，促进消化 ◆ 认知水平提高
水果除了榨汁还有别的做法吗？	水果茶、水果蛋糕、水果布丁、水果沙拉、水果奶冻、水果干、水果糖、水果罐头、水果甜品、冰糖葫芦、水果派、水果饮料……	水果做法大讨论：交谈出许多种想要尝试的吃法、做法	◆ 知道水果有很多种吃法 ◆ 语言表达能力 ◆ 思维思考能力
我们可以做什么？	冰糖葫芦、水果派、水果冰棍、水果比萨、水果沙拉、水果蛋糕、水果茶、水果蛋糕、水果酱……	说出自己想做的、想吃的，提出水果冰棍不合适	◆ 推理能力，基于生活经验说出很多种想尝试的做法。 ◆ 批判性思维，说出季节性原因不合适做水果冰棍
我们做了什么？	冰糖葫芦、水果沙拉、水果汁、水果派、水果蛋糕、水果茶、水果粥、蒸水果……	从买水果到洗水果，再到制作美味水果，步步参与，感受不同水果带来的味蕾体验	拓展生活经验，提升动手能力，满足味蕾需求

投果之票　节气之果

倾听实录

经过一周的收集，一共有22个小朋友上传了视频或照片，并在家准备了上台介绍的小段语言为自己的作品拉票，中三班水果创意大比拼活动热烈展开。

小乐妈妈："悠悠老师，小乐在家主动练习，他要给自己拉票。"

宸宸爸爸："请问我们可以投票吗？"

一一爸爸："一一已经想好要投给谁啦！"

　　线下班级教师和幼儿都拥有 3 票，线上的家长们同样也是，并通过问卷星软件，邀请大朋友们参与投票。投票时间为中午 12 点到下午 2 点半，活动氛围热烈，最高票数为 137 票。结合宝贝现场投票和后援团网上投票情况，5 名宝贝人气爆表，荣获班级"最受欢迎奖"，其他宝贝荣获"实践小能手"称号。

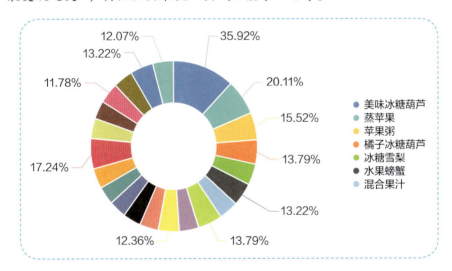

美味冰糖葫芦
蒸苹果
苹果粥
橘子冰糖葫芦
冰糖雪梨
水果螃蟹
混合果汁

12.07%　35.92%
13.22%　20.11%
11.78%　15.52%
17.24%　13.79%
12.36%　13.22%
13.79%

冬至要到了，班上开展了关于"'果'然心动"的第二次儿童议事会，议题为"结合水果主题的节气教室装扮"。孩子们自由交谈，表达想法；周末的时光里，他们和爸爸妈妈在家用水果做出了许多有创意的作品。

元旦游园会时，鉴于中三班的家长和幼儿在"'果'然心动"的项目课程里，很多都有做冰糖葫芦的经验，中三班主动申请负责美食馆，邀请全年级的大朋友、小朋友们来品尝自己动手制作的冰糖葫芦、棉花糖、冬日热饮。

倾听的回应

- ● 多重机会，满足需求

投票的目的并不是为了决定输赢，体现的是教师尊重每一名幼儿的想法，也尊重每一名家长的关注。教师用多种方式开展活动，评选并没有排名，而是以百分之五的比例评选了5名最受欢迎奖，其他幼儿均获得"实践小能手"称号，让参与的幼儿身心都得到了满足。

- ● 多种形式，促进发展

从水果认知到花样吃法，再到整合节气，通过幼儿议事会，让幼儿能轻松交流，参与班级的环境布置，讨论出了许多玩转水果的创意玩法，让他们迫不及待地想要尝试。为了实现计划，家长们也很配合，马上行动。班级群里非常热闹，各种创意方法让节气与水果融合，这个冬天变得非常温暖！

元旦游园会上，中三班让全年级的家长、孩子们都品尝到了自己动手制作的美食，真的很快乐，嘴巴甜甜，心里也甜甜的。这个过程中，班级幼儿培养了一定的民主意识、集体观念，他们有机会做出选择，并为自己的意见负责。这种自主性的培养也能让幼儿逐步形成独立思考与自我决策的能力。

倾听助推的深度学习

- ● 多元维度，深化行动，厘清脉络

教师通过倾听、理解与回应，推动活动层层递进，幼儿的兴趣也愈加浓厚，他们了解了二十四节气时令水果及其功效及营养。在幼儿阶段重视传统文化的渗透，是对传统文化的传承与发扬。当幼儿经验较为零散时，教师要及时予以支持，通过集中交流、分享等方式帮助幼儿梳理总结获得经验。

幼儿在制作和分享他们喜爱的水果粥、冰糖葫芦、冰糖雪梨等美食中自然而然地了解了传统文化，增强了民族自豪感与自信心，更懂得寒冷时节如何通过食育更好地保护肚子、保护胃。然后，教师组织儿童议事会，引导幼儿挖掘出许多有意思的水果作品创意，并通过家园互动——实现。幼儿兴趣高涨，水果作品也越来越多，他们相互欣赏，互相评价，经验得到再次提升。在这个过程中，幼儿十分主动、专注，自觉养成了坚持与合作的学习品质，具体见下图。

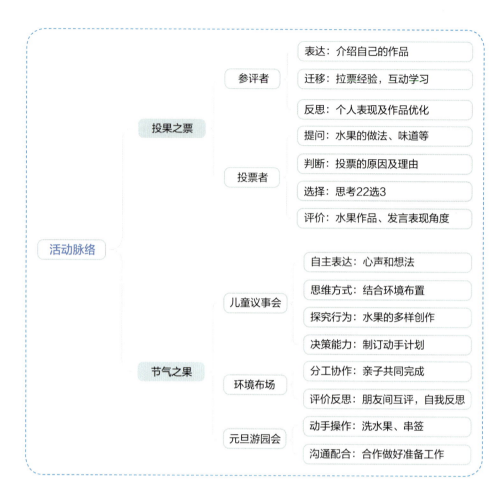

食物，是大自然的馈赠，每一种瓜果时蔬都在节气与时间里循环往复，生根发芽，收获结果。幼儿也在一年四季、一日三餐中感知体验，感受幸福。"果"然心动，"果"然美好。

扫码观看典型案例"'果'然心动"活动视频

六、花样投篮

幼儿在游戏中常常会遇到各种各样的问题，在解决问题的过程中进行主动学习和探究，不断获得新经验。一句"球卡住了，有什么办法呀"引发同伴的关注和思考，大家聚焦问题，运用多种材料大胆尝试；此外，"在篮球筐下投瑜伽球"的奇思妙想，更是激发了大家的探索兴趣……而这些问题和独特的想法正是推动幼儿游戏和发展的契机。教师要巧妙抓住教育契机，为幼儿创设自主、开放的游戏情境，引导幼儿大胆提出问题、表达自己的想法；要注重高质量的师幼互动，引领幼儿在讨论、交流中深入思考；要构建反思性的游戏计划和记录，帮助幼儿梳理、总结和提升经验，激发增加护栏、木板、地垫后的持续探究。同时，幼儿与教师在倾听、理解和共情中共学、共研、共思、共成长。

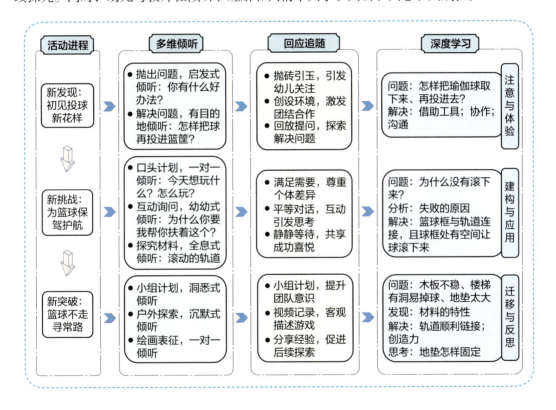

新发现：初见投球新花样

倾听的实录

● **情景一：怎样把瑜伽球弄下来**

一天户外自主游戏，几个男孩子拿着篮球在投篮，秣秣拿来一个瑜伽球背对篮球架往后一抛，球卡在篮球筐上。灿灿喊道："黎老师，球卡住了，有什么办法呀？""是呀，有什么好办法呢？"我反问道。他把手上的篮球投向瑜伽球，可是瑜伽球一动不动。秣秣把篮球抛向瑜伽球的底部，只见瑜伽球微微动了一下，又静静地"坐"着。安迪站在篮球架下，举起右手，纵身一跃，手指连网子都没有碰到。

安迪说："太矮了！"说完，他推来一个大大的拱桥，放在篮球架的前面。这吸引了很多的小伙伴，都在想办法弄下这个球。豆子马上爬上拱桥，站在上面把篮球投向瑜伽球，一个小女孩（其他班）爬上去手抓着网子摇晃，球始终没有掉下来。灿灿见状，顺着拱桥另一头爬上去，左手抓着网子，对着大家喊道："大家快让开！大家快让开！"待大家都往后退之后，他右手顶着瑜伽球用力往上一抬，瑜伽球终于掉了下来。

● **情景二：怎样把瑜伽球投进篮筐**

灿灿拿到瑜伽球后看了看篮球筐，屈膝往上一跳，同时双手用力向上抛去，只见瑜伽球在离篮球架大约一米处掉了下来。接着，几个孩子轮流多次尝试，瑜伽球都只触碰到了篮球筐的边缘。

不一会儿，灿灿站在秣秣找来的一个彩色拱桥的第一根架子上，对着后面的同伴喊道："谁扶一下我？"秣秣立马双手扶住灿灿的左腿："来吧！"抛出去的球还没有碰到球筐便掉了下来。安迪也用同样的方法试了试，然后说道："不行！不行！""你下来一下，我来把这个移一下！"安迪下来后，秣秣一边说一边将拱桥往篮球架反方向移动："这个太近了，要远一点才行！"接着，灿灿和安迪都站到了拱桥的最高点，用四只手托住球的底部将瑜伽球顺利放入篮球筐中，旁边顿时发出尖叫声："啊……耶！"

倾听的回应

● 抛砖引玉，引发幼儿关注

卢梭强调："好奇心只要有很好的引导，就能成为孩子寻求知识的动力。"在幼儿自主玩球的过程中，灿灿说瑜伽球卡在篮球筐上时，教师及时回应幼儿："有什么好办法呢？"之后陆陆续续有几名幼儿尝试用各种办法去把球取下来，这说明幼儿对"球怎样弄下来"产生了兴趣。教师敏锐地捕捉到了幼儿的关注点，鼓励幼儿自己寻找答案，以抛砖引玉的方式唤醒幼儿的关注，引导他们开展进一步的探究。

● 创设环境，激发团结合作

教师创设良好的合作学习的环境，能够激发幼儿合作学习的积极性，促进其深度探究。环境创设包含物质与心理的环境创设。游戏中，幼儿能够巧妙地将拱桥搬运过来作为登高的工具，这其中自主、自由选取材料的环境起到推动的作用；幼儿游戏时，教师始终一边观察一边拍视频记录，这暗示幼儿的游戏行为得到了认可；教师创设一个想说、敢说、愿意说的语言环境，鼓励幼儿大胆表达自己的想法。"谁扶一下我？""不行！""我来移一下。"秾秾将心灵深处的思考与智慧大胆表达出来，在与大家的合作中将球取了下来。这也促进了幼儿社会交往能力的发展。

● 回放提问，探索解决问题

教师要以幼儿当下的经验和兴趣点为生长点，创设有利于幼儿经验生长的"条件链"，让其在真实的生活和学习中，通过"互动作用"联想、建构属于自己的新经验。幼儿提出问题："卡住了，有什么办法？"教师运用"回放幼儿提问"的倾听策略，激发幼儿的兴趣，让幼儿在环境与经验不断互动的过程中（抛、投、顶、借助工具取球），实现经验的改造和重组，为后续的探究学习奠定基础。

倾听助推的深度学习

● 同伴默契协作，体验团队的凝聚力

在一次又一次解决问题的过程中，游戏也在不断升级，创新的玩法激发了幼儿挑战的兴趣。在面临困难时，简单的一句："谁来扶我一下？"立马就有同伴扶住秾秾的腿。移动拱桥后，有两名幼儿再次站到拱桥上，其他的幼儿非常默契地凑上去扶住他们的大腿和脚。幼儿之间自然而然就能互帮互助，我们也从他们的言语和动作中感受到了中班幼儿高水平的协商合作能力，他们也感受到了团队合作的快乐。

● 体验互动共生，提升自我保护意识

放手与安全一直都是开展自主游戏时教师非常关注的，但幼儿在游戏中有着天生的自我保护意识和能力，他们能够根据自己的能力在最近发展区迎接挑战或开展游戏。当灿灿和安迪站在拱桥上时，脚的着力点比较小，不利于平稳站立，站在地上的几名幼儿双手紧紧扶住他们的腿和脚，以此来保证他们的安全。

● 主动解决问题，助推学习品质培养

取球的游戏是一次因偶然生成的游戏。从想办法把球弄下来，到后来想办法投瑜伽球；从在地面投篮，到借助工具投篮；从一个人战战兢兢投篮，到大家一起协作来投篮……幼儿不断主动思考，持续获取新的经验。游戏从始至终，大家都非常专注投入，没有游离和退缩，这个过程培养了幼儿主动探究和坚持不懈的学习品质。具体见下表。

出现的问题	办法	解决的问题	结果
站在平地时，瑜伽球离球筐太远	借助工具（拱桥），站在拱桥上（秣秣）	拉近与球筐的距离	失败
弓子步站立在拱桥第2、3根架子上投球有点站不稳	同伴扶着腿，帮助站稳（灿灿）	◆ 球离球筐越来越近 ◆ 站得稳一点	失败
拱桥离球筐太近，抛出去的球容易打到球筐的下面边缘处	把拱桥朝着篮球架反方向挪动（秣秣）	抛出去的球不会被篮球筐挡住	失败
◆ 抱着球爬到拱桥最上面，却无法站直，担心摔跤 ◆ 离篮球筐有点远	◆ 把拱桥推到篮球架的左下方（秣秣） ◆ 分工合作：2人站在拱桥正中间（最高），先站好再拿球；1人站在拱桥第3、4根棍子上，从后面递球并抱住投篮者的腿部；还有1人站在地面上扶住另一个人的腿部；球快掉时旁边的1人跑过来托住球递给投篮的人（集体）	◆ 距离近一点 ◆ 站得更稳	成功

新挑战：为篮球保驾护航

倾听的实录

● 情景一：加护栏

第二次户外游戏开始前，几个孩子口头计划了今天的游戏内容是投篮。他们搬来了很多材料，有3个小滚筒、1块木板、1块地垫，并摆放成一个滑梯的样子。大家开始投篮，一次、两次、三次……投进篮筐的球直接从球筐下面掉下去了，没有滚到木板上来。卓卓把旁边的小篮球架拖到大的篮球架下面，投进去的球掉进下面小篮筐中。秣秣投了几次后运来了一块大地垫，放在木板的另一边，发现地垫放不稳，他朝绎茗喊道："绎茗，帮我扶着这个！"绎茗走过来，问："为什么你要我帮你扶着这个？"秣秣："我去拿个东西去！"绎茗右手刚扶好，左手的球滚跑了，他松开手捡回了球，发现地垫倒了，他放下球把地垫扶了起来并靠稳了。

紧接着，秣秣推来了一个小方桌，靠在右边地垫的旁边。大家都站在小方桌上投篮，球没有一次从木板上滚下来。

● 情景二：加引板

　　户外自主游戏时间过去了一半，孩子们依然一个接着一个投着。

　　教师说："你们今天想玩什么游戏呢？"

　　卓卓说："我们想让球从上面滚下来。"

　　教师说："为什么没有滚下来呢？"

　　玺恩说："不能让球直接下来又正好进去的！"

　　绎茗说："我知道，我们换一个东西让球可以滚到木板上去。"

　　于是，秣秣搬走小篮球架，又运来了一个地垫放在架子下面，同时，拿来了一块薄的复合板斜靠在地垫上，却发现投进去的球还是不能沿着板子滚下来。绎茗搬来了一块长方形板子，架在篮球架上面。几个孩子都迫不及待地站在旁边投篮，秣秣走上去把球往上一投，球沿着木板一直滚到了地面上，秣秣喊道："耶！成功啦！"孩子们高兴极了。

倾听的回应

● 满足需要，尊重个体差异

《发展指南》中强调："要关注幼儿学习与发展的整体性，尊重幼儿发展的个体差异，理解幼儿的学习方式和特点，重视幼儿的学习品质。"教师要珍视幼儿在游戏中的独特价值，除了创设丰富的环境外，还应该最大限度支持和满足幼儿通过直接感知、亲身体验和实际操作获取游戏经验的需要。在游戏中可以看到秣秣、绎茗、安迪、灿灿等幼儿的经验存在差异，教师采取"全息式倾听"方式了解每个幼儿的经验及能力，在遇到困难时没有干预，以充分信任的态度支持幼儿在与其他同伴互动和共同游戏中建构新经验。

● 平等对话，互动引发思考

"对话"包含了显性和隐性两层含义，通常的"对话"是指"幼儿与同伴""幼儿与自我""幼儿与环境及材料"和"师幼之间"的对话。《评估指南》中指出："要通过开放性提问、推测、讨论等方式，支持和拓展每一个幼儿的学习。"在游戏中，"师幼间的对话"起到关键的作用。对话能够体现教师对幼儿的尊重，体现师幼关系的平等，激发每个人畅所欲言。

当幼儿的游戏出现持续性问题，且始终得不到解决时，教师以同伴的口吻提出质疑，引发幼儿的思考、探究，激发幼儿持续探究的欲望。第二次游戏中，幼儿的球始终没办法掉到木板上并沿着滑梯滚下来时，教师问："你们今天想玩什么游戏呢？""为什么没有滚下来呢？"这两个问题引导幼儿明晰了问题，帮助幼儿建立了问题和方法之间的联系，之后幼儿用了复合板和长木板来解决该问题。

● 静静等待，共享成功喜悦

全息化倾听就是耳目心共用，不但要用耳朵去听，还要用眼睛去看，用心去感受。教师首先要放手幼儿，充分信任幼儿。游戏中幼儿提出用楼梯来代替复合板，在教师看来，这次肯定会失败，但教师并没有直接告知幼儿或者干预幼儿游戏，而是在旁边默默地观察。这能让幼儿感受到自己的观点被人重视，能在理解、共情中建立信赖、友好的师幼关系。不出所料，幼儿在尝试和探索中发现预期的推测有问题，想办法更换了一种材料。这个过程激发了幼儿的自主思考能力，也能促使探究更加深入。

倾听助推的深度学习

● 因地制宜，创造无限，别具一格

上一次参与投篮游戏的幼儿这一次又继续参加了新一轮的游戏，在口头计划的时候还有新的幼儿加入其中，他们充分利用了篮球架及其他常用的低结构游戏材料，创设了别具一格的投篮轨道，开展了新的探索游戏，这充分体现了幼儿有较强的想象力和创造力。

● 有效沟通，达成共识，促进合作

在游戏中的表现体现了幼儿有较好的沟通能力，能够清楚表达自己的需求，在得到同伴信号时也能积极回应，能形成共同的游戏目标，激发了合作的内驱力。如：秣秣请绎茗扶地垫；绎茗在沟通中了解秣秣的目的，并愿意帮助秣秣共同稳固地垫、搭建台阶，便于大家近距离投篮。

● 坚持不懈，敢于面对困难迎接挑战

第二次游戏相比第一次游戏来说，幼儿面临的挑战更大了。他们一次又一次遭遇到失败，但是他们并没有放弃，也没有消极的情绪，一直在积极思考解决问题的办法，哪怕最后只成功了一次，幼儿也非常满足。

新突破：篮球不走寻常路

倾听的实录

● 情景一：木板不稳，容易滑落

第三次户外自主游戏时，几个男孩子搬来了很多材料，搭了一个更高更长的轨道，并用地垫搭了一个台阶。秣秣站在地垫上轻轻一投，篮球进筐沿着轨道滚进滚筒到达了终点，大家"哇"地大叫起来。这时，卓卓站在滚筒前面把球用力投了过去，球砸在木板上，木板滑了下来。

卓卓说："这个板子太滑了，不安全！"

安迪说："那你们把它弄下来，我去找个东西。"

● 情景二：楼梯有洞，球易掉下

一会儿，安迪拖来了一个短楼梯，和秣秣一起合作把楼梯卡在木架和球筐里面，他喊道："投个球试试！"小豆子站在地垫上投了个球，只见球直接从楼梯的缝隙里掉了下去。几个小朋友也都来试着投一投，发现球都掉进楼梯缝隙里了。

● 情景三：地垫很软，可以捏造型

　　安迪独自跑去了材料区，拿来了一个小地垫，又和秣秣一起把楼梯换成地垫装在篮球筐里面，把楼梯放在终点设为终点关卡。地垫由开始的垂直摆放调整为倾斜，很多球都沿着大家预设的轨道滚到了终点，并击倒了最后的关卡（楼梯）。佳佳把球投进篮筐，球顺利地滚向终点，击倒关卡。大家欢呼道："进啦！又进啦！"接着，秣秣也投了一个，可是球刚滚下来，地垫也跟着滑了下来。卓卓和安迪爬上高架重新装好了地垫，并用拳头使劲儿锤着，旁边的小伙伴们说道："可以啦！可以啦！"卓卓的球顺利"闯关"成功，大家一边跳一边叫着："哇！超牛球！"

倾听的回应

● **小组计划，提升团队意识**

游戏前，教师可以组织幼儿制订游戏计划，帮助幼儿提前与同伴协商、明确当次游戏的主题内容、梳理游戏思路，让幼儿尝试有目的地做一件事情。因此，游戏计划是支持幼儿自主游戏的重要策略。秉承着自由、自主的理念，在游戏开始前，幼儿自发组队围圈进行讨论和计划。这引起了其他幼儿的注意，吸引到更多的幼儿加入游戏。且基于本次游戏前的计划，幼儿组队后一直坚持探索"花样投篮"的游戏，创新丰富了游戏内容，且游戏专注时间较长，探索更加深入，团队合作意识也得到了发展。

● **视频记录，客观描述游戏**

视频记录是教师常用的一种记录方式，通常在游戏后的幼儿分享环节和课前教师备课环节会用来反复回顾游戏过程，因为视频记录是最真实、最形象、最客观的一种方式，能够清晰再现幼儿的表情、动作和语言，便于教师为后续提供支持。

● **分享经验，促进后续探究**

游戏后的分享是幼儿游戏后共享快乐、交流经验、解决困惑及设想计划的环节，是帮助幼儿汇集信息、思考分析、整理反馈，从而不断提升并积累新经验的过程。此次分享时，教师从记录表征的方式、分享的内容、问题与解决、自己的疑惑多方面引导同伴相互学习。如"选择什么材料放在篮球筐里"成为主线问题，幼儿在聆听同伴分享时，感知到了坚持不懈努力探索的学习品质，了解了同伴在解决问题时的分析与思考，并能帮助他们梳理经验、拓展游戏内容，为后续探究提供精神支撑。

倾听助推的深度学习

● 自主小组计划，激发持续探究欲望

陈鹤琴先生主张，"凡是儿童自己能够做的，应当让他自己做；凡是儿童自己能够想的，应当让他自己想"，强调要发展幼儿的主动性学习能力。制订游戏计划是幼儿行动的先导，是幼儿主动学习和思考的行为表现。自主游戏前，七八个幼儿一起用绘画表征的方式制订游戏计划。"我计划把球放进筐里，然后让它顺着木板滑下来。"从游戏计划的内容来看，幼儿想延续上一次把木板搭在篮筐上的滚球游戏，但没有对具体游戏方式做深入的讨论，这也符合中班幼儿的年龄特点。

● 众力齐聚探究，合作赋能攻克困难

活动前后，教师通过谈话和观看游戏视频，引导幼儿以不同的方式计划、记录、分享、交流，在帮助幼儿获得新经验的同时，也激发了他们持续参与探索的欲望。三次游戏参与的人数一次比一次多，在众人智慧的加持下大家一起解决了很多问题，获得了成功。

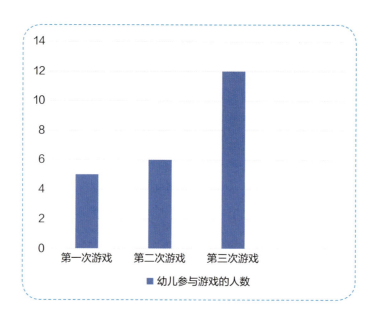

● 多次尝试探索，感知游戏材料特性

随着经验的不断积累，游戏情节的不断丰富，幼儿更加大胆和自主地运用各种游戏材料进行组合性游戏，在游戏中呈现各种创意和发现，同时也遇到了各种问题和挑战。幼儿在选用什么样的材料放在篮球筐上时遇到了困难，为了解决问题，幼儿选用了多种材料进行探索，如木板、楼梯、地垫。他们在探索的同时对这三种材料的特性有了进一步了解：木板太长、卡不稳，且有点重；楼梯卡得稳，但有洞；地垫很软可以随意改变轨道，但轻了易滑落。在多次尝试后大家一致决定用薄薄的、小小的地垫，把它放在篮球滚动的起点。

● 体验趣味投篮，提高身体素质

打篮球，可以增强自身的身体素质，比如平衡能力和协调能力等。幼儿在一次次的投篮练习中，投篮进筐的概率增加了，有的幼儿还能够单手投篮，更重要的是幼儿对本次游戏的兴趣浓厚，乐此不疲。

● 打破固化思维，反思并再次质疑

从幼儿的游戏记录和分享中，我们可以看到绘画表征的方式比较多元。主要有作品呈现式与问题和办法式的表征方式，以下是个别幼儿游戏记录的内容。

表征方式	幼儿表征内容	教师记录内容
作品呈现式		一共玩了5次，第1—4次没成功，第5次成功了 ◆ 第一次：用板子与滑梯 ◆ 第二次：板子歪了，球滚到外面去了 ◆ 第三次：球架上放了垫子，放垫子花了好长时间，但是球一滚上去，垫子就歪了 ◆ 第四次：垫子摆歪了 ◆ 第五次：垫、板子、滚筒都摆正了，所以球从篮球筐上掉下来，沿着垫子、板子、滚筒的路线滚下来，击倒了小楼梯（成功）
问题和办法式		◆ 问题一：球滚出来后会滚到水里去 办法一：安迪想出来用梯子挡住 ◆ 问题二：为什么球滚的时候会掉下来呢？ 办法二：把垫子调整好就可以了 ◆ 问题三：垫子总是歪，暂时还没有想到解决的办法 办法三：后续探究解决

对于幼儿而言，表征本身就是一种记录，帮助自己回顾游戏经历、反思和学习。游戏后幼儿以表征的方式回顾小组游戏，并进行分享和反思，分析自己发现产生困难的原因，探寻解决问题的办法。如：有一名幼儿的分享就表明他理解球没有顺利滚下来是因为多个材料没有连接在一条线上，只要有材料歪了就会影响球滚动的轨迹，这决定了游戏的成功与失败。幼儿在反思中提升了自我反思能力，助推了高阶思维的发展。

倾听是为了更好地走近幼儿，同时也是为了更好地了解幼儿，给予适恰的支持，以最小的介入，走进幼儿的世界，走进倾听的世界，看见幼儿更加真实的一面。这个案例呈现了幼儿在解决问题过程中不断持续探究、深入学习的过程。自主、自由、不确定是游戏的最大魅力之所在。"花样投篮"游戏还会出现新的问题，他们还在持续探究中，教师也会跟随幼儿持续观察，紧跟幼儿兴趣的发展方向！

扫码观看典型案例"花样投篮"活动视频

七、灌香肠

《儿童权利公约》第十二和第十三条明确指出："幼儿有表达自己的观点的权利，应该被倾听，并应该得到重视，幼儿作为独立生命体享有与成人一样的自由与应有的尊重。"人们的生活与节气紧密相连，应能看见那隐于平凡中的诗意与生活智慧。不论是春日嫩绿的小草、夏日火热的太阳、秋日丰硕的果实，还是冬日飘零的雪花，都是幼儿们津津乐道的话题。

从了解冬至到寻找冬至美食，再到尝试制作香肠，幼儿在过程中体会了劳动的愉悦与幸福。应通过交流与讨论、感受与思考、观察与体验等形式，让幼儿在多层次、多角度的活动中深入了解感受中华传统文化二十四节气的丰富内涵。教师应立足幼儿的兴趣点，通过认真倾听，从对话中捕捉可获取的教育价值、可行的教育契机，在活动中加以引导，并及时退位将发现与探究的权利交给幼儿，让他们在积极主动的学习与探究中促进思维的深层发展，提高实践能力。从保护到支持，从尊重到赋权，从理解到赋能，在这个过程中，幼儿活动的生长点、思维的闪光点、经验的连接点得到不断地拓展与积淀。

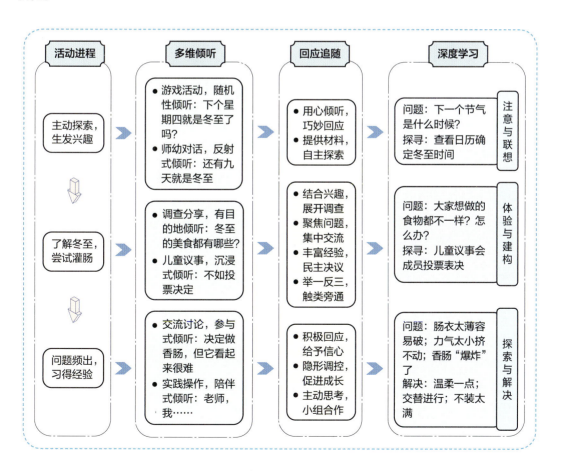

主动探索，生发兴趣

倾听的实录

室内自主游戏时，孩子们搬出石墨开始往里面放豆子。景烨看到了问："小月亮，你又准备做豆腐吗？"小月亮说："对呀对呀，我觉得我们上个星期大雪节气时做的豆腐有点小，我想做一块大的。"说完，她便继续磨起了豆子。

小月亮的话唤起了景烨对二十四节气的兴趣，他开始翻日历，一边找、一边还数着，很快他找到了即将到来的下一个节气——冬至。他兴奋地走到教师身边问："老师，下个星期四就是冬至了吗？"顺着他手指的位置，教师看了看日历，说："你确定是星期四吗？请你再仔细看一看。"景烨拿起日历认真地数了起来，问："老师，冬至是下个星期五对吗？"教师笑了笑。得到肯定的答案后，他迫不及待地和小伙伴们分享这个好消息："大雪已经过去六天了，还有九天就是冬至啦！下一个节气马上就要到了！"

倾听的回应

● 用心倾听，巧妙回应

游戏时，教师为幼儿创设了一个宽松、有爱的倾听氛围。幼儿完全自由、自主地沟通着，教师也始终在真诚地、自然地聆听幼儿的表达，没有打断、加工、过滤或随意评价。当幼儿回答与实际不符时，教师也没有急于去修正答案，而是给予了幼儿充足的时间去发现、去表达。教师投入时间与精力去倾听幼儿的表达，与其建立了有效的情感连接。

倾听助推的深度学习

● 甄别兴趣，积极建构经验

《发展指南》中提道："支持幼儿在接触自然、生活事物和现象中积累有益的直接经验和感性认识。"教师将原本对幼儿来说比较抽象的节气概念融入日常，以"二十四节气的美食"作为幼儿深入了解节气的出发点，用最接近幼儿生活的方式引导其通过直接感知、亲身体验，在活动中不断拓展生活经验，进而了解各节气特征、感知节气习俗、丰富节气经验、感受节气文化的魅力，生发对中国传统文化的认同感和归属感。在这个潜移默化的过程中激发了幼儿对二十四节气持续探索的兴趣。

● 提供材料，支持自主探索

幼儿的学习不能局限于单一的领域，它得是多个领域的全面发展。从记录中发现，当幼儿想要了解即将到来的节气时，他会主动快速地翻找日历，这说明幼儿对节气活动很熟悉，也知道日历上记录着每一个节气的时间。幼儿伸出手指在日历上数着即将到来的节气，其点数、数物对应的能力得到了巩固。幼儿们能够自主利用现有材料解决实际困惑，进而促进思维的发展。同时，幼儿在参与过程中，习得了合作、交往、互助的经验，从想要了解到主动实践，再到验证猜想，体验到了与同伴分享、交流的快乐，提升了语言表述与表达能力，以及协同游戏的能力，实现了多个学习领域的整合式发展。

了解冬至，尝试灌肠

倾听的实录

有了前期丰富的节气活动的经验，在冬至即将来临时，孩子们自发开启了一场"冬至大调查"，通过阅读书本、询问爸爸妈妈等多种方式寻找问题的答案，并进行了认真记录。一场关于"我最了解冬至"的激烈讨论就这样开始了……

瑶瑶说："马上就到冬至了，我们又可以做好吃的了。"

辉辉说："冬至快到了，外面好像也越来越冷了，我们要穿更厚更厚的羽绒服。"

小西梅说："一到冬至，奶奶就会在家里给我们包饺子吃。"

扬扬说："我以前听过冬至吃饺子不冻耳朵的故事。"

小朱说："我昨天去拿快递就看到外面有人挂了香肠、腊肉，妈妈说是因为冬至要来了，所以大家都开始准备过年的食物啦！"

教师说："大家说的是各地人们在冬至会吃的食物，那你们想要在冬至亲手做什么好吃的呢？"

　　每个节气都有属于它的时令的美食，冬至也不例外，孩子们和好朋友分享着自己了解的冬至美食。大家的兴趣点各不相同，于是新的问题也在谈话活动中生发。为了让孩子们对于"冬至美食"的探索和了解能够更聚焦，精彩的"儿童议事会"拉开了帷幕。会议中，孩子们像个小大人一样积极发表着自己的见解。

　　小九说："冬至可以包饺子、搓汤圆、打年糕，还可以熏腊肉、灌香肠……"

　　睿晢说："但是立冬的时候我们包过饺子了。"

　　小朱说："那小班的时候我们就已经搓过汤圆了呢。"

　　扬扬说："我想做香肠，每次出去玩，我都会买香肠吃！"

　　小九说："打年糕也很有趣，我想要打年糕，不过我也很喜欢香肠。"

　　小西梅说："我们总不可能每一个都做吧，大家想做的又都不一样，怎么办？"

　　扬扬说："不如投票决定吧。"

　　在激烈的讨论和投票中，"灌香肠"以绝对的优势脱颖而出。

倾听的回应

● **结合兴趣，展开调查**

　　《发展指南》中指出："教师要支持、引导幼儿学习用适宜的方法探究和解决问题。"幼儿对冬至的探索热情高涨，教师也充分尊重并支持幼儿的想法，并通过细致观察、适时引导，捕捉和激发幼儿兴趣，追随幼儿的脚步。活动中，教师顺应幼儿想法，支持幼儿根据兴趣积极尝试、探索，将散点式的观察调整为有主题的聚焦式观察，明确了活动方向，挖掘了教育价值。

营造积极的对话氛围

提供共同学习的情境

全方对话

鼓励多方的交流对话

- 聚焦问题，集中交流

教师根据幼儿最近在班级展开的热点话题，向幼儿提出问题："你们想要在冬至亲手做什么好吃的呢？"让幼儿们先单独思考，再集中交流，从而感受到自己的想法有人听、自己是被别人尊重的，由此他们也提升了主人翁意识。在幼儿探索、研讨、确立主题的过程中，教师以开展圆桌会议的方式鼓励幼儿大胆发言，并发动幼儿自由组队，以小组的形式进行调查研究。

倾听助推的深度学习

- 敏锐观察，迁移已有经验

在开展自己真正感兴趣的活动时，幼儿会自发地迁移上一个活动的成功经验。比如从大雪到冬至，前期的准备工作是类似的，并且幼儿已有丰富经验，所以活动由幼儿自主进行。这一环节中幼儿的信息收集检索、主动学习的能力得到了提升。这既是幼儿主动建构知识经验，发展高阶思维的过程，也是幼儿应用自己已有知识经验解决真实生活中实际问题的过程。

- 关注需求，提供表达机会

当教师就幼儿感兴趣的话题以圆桌会议开展讨论时，幼儿发表各自见解的兴趣很高，教师在过程中的适时参与和倾听也极大地激发了幼儿的表达热情。在会议过程中，有的幼儿的领导能力得以凸显。在每次调查结果分享、自主讨论中，幼儿的表达、倾听、观察、分析、理解能力也在逐步提升。同时，此形式能在一定程度上帮助幼儿理解协作的规则，理清活动的探究思路，为幼儿主动思考和提升思考的深度创造机会，拓展他们的学习空间，促进经验整合。

问题频出，习得经验

倾听的实录

小西梅说："老师，我们决定了，我们要灌香肠！"

妍伊说："我们都很喜欢吃香肠，但是它看起来就很难做。"

小月亮说："我觉得可以成功，我们连豆腐都能做出来。"

妍伊说："可是我觉得不会成功。老师你会做香肠吗？"

教师说："老师也不会呢，但是没关系，我们可以试试，万一成功了呢！这样吧，这个周末请大家先去收集制作香肠的方法，了解一下香肠到底是怎么做的。"

通过询问爷爷奶奶、网络搜索、请教厨房师傅……一群小可爱有模有样地开展了调查，了解了香肠的制作方法，并且在家长们的热情协助下准备好了所需材料。繁琐的准备工作终于告一段落，接下来就是重头戏——灌香肠！孩子们看着新奇的肠衣和工具，满怀期待，食材一上桌就拿起肠衣开始往上套……没一会儿，问题就来了！

● 问题一：肠衣太薄容易破怎么办？

子煜说："啊啊啊……我的香肠破了个洞，肉全部都漏出来了！"

济宝说："子煜你不要着急呀，轻一点，肠衣就不会破了。"

贝贝说："这个肠衣好长呀，我们还要灌多久呀？"

雨辰说："别着急，我们要有耐心，慢慢灌，小心一点，不然肠衣会破的。"

● 问题二：力气太小挤不动怎么办？

妍伊说："老师，我力气太小了，按不出来。"

景烨说："我来我来，我的力气大，我来帮你吧。"

● 问题三：香肠"爆炸"了怎么办？

终于，费尽九牛二虎之力，大家的超长香肠初具雏形。正准备收尾时……

小月亮说："老师，我们的香肠爆炸了！"

原来是肉塞得太多了，肠衣承受不住，所以就炸了。看来，灌香肠也不是肉越多越好呀……

就这样，在孩子们发现问题、解决问题的过程中，一根根美味的香肠诞生啦！

倾听的回应

● 积极回应，给予信心

教师作为活动的支持者，既要满足幼儿的好奇心，也要使幼儿在原有经验基础上有所提升。幼儿在圆桌会议上兴奋十足地确定了冬至的活动内容为"灌香肠"后，又因为对于灌香肠步骤的不了解而出现了畏难心理。当幼儿说出"我觉得不会成功"时，教师没有直接表示"可以成功"或是"会失败"，而是以积极的话语先给予幼儿信心，再引导幼儿通过调查了解其步骤，习得相关经验，进一步激发幼儿多向探究的兴趣。

● 隐形调控，促进成长

由于幼儿的知识学习很大程度上取决于自身的知觉，因此，完全由幼儿主导的活动开展容易停滞于表面，这个时候就需要教师通过提问引导或假装无意识地"提醒"幼儿，从而让活动的探索能进一步深化。所以幼儿表达了需要，并且这种需要是幼儿短时间内不能通过进一步的努力而自行解决的。如："老师，我们的香肠怎么爆炸了！"教师就要作为参与者适时地出现，对幼儿进行引导与帮助。

倾听助推的深度学习

● 解决问题，搭建学习支架

"灌香肠"的过程中出现了很多困难，但师幼通过讨论、实践、再讨论、再实践，共同探讨问题，尝试解决问题，聚焦活动关键经验，为幼儿搭建了经验动态生长的学习支架，较好地把握了活动中幼儿经验的连续性，具体见下表。

问题	解决办法	深度学习表现
肠衣太薄容易破	套肠衣的时候小心一点，慢一点，且每次肉塞得少一点，分多次往里塞	◆ 面对问题和困难时主动思考，提出解决方法 ◆ 对于同伴提出的建议能友好地接受并尝试
力气太小挤不动	轮流挤，分工协作	◆ 不受困难干扰，保持稳定的情绪，坚持不放弃
做好的香肠"爆炸了"	当肠衣内的肉装得较多时（快塞满的时候），要控制好速度并均匀用力，最后小心打结	◆ 能与同伴合作，共同完成工作 ◆ 发现问题后善于总结经验，并将经验迁移运用

● 小组合作，获取新的经验

《发展指南》社会领域核心经验提出："为幼儿创设交往的具体情境，提供同伴交往的机会。"在这一活动中，幼儿完全自主参与，主动思考形成了合作意识，通过与同伴商量、探讨，确定了分工以及具体工作内容。在腌肉、塞肉、套肠衣、灌香肠等过程，幼儿提高了动手能力，在制作过程中发现问题，开展了反思和讨论，结合各种已有经验，商量出了解决问题的办法，体验到合作带来的成就感，激发幼儿参与人际交往的兴趣。

结合幼儿兴趣的节气活动的开展，更多地聚焦在食物的制作上，但节气的内涵以及所蕴含的教育意义不仅仅体现在食物上。幼儿对二十四节气的认识不能只是简单地了解表面知识，而是要让他们通过动手操作、深入探究、观察发现，知道"是什么"，了解"为什么"和"怎么做"；能够在活动中，通过观察天气的变化、温度的变化、植物的生长、花开花落等了解二十四节气在日常生活中的应用。

整个活动过程中，幼儿参与积极性一直都很高，无论是在热火朝天的筹备阶段，还是在灌完香肠后的享受阶段，都呈现出了最真实的一面。活动中幼儿所流露出的兴奋、欣喜、满足，都让教师深切感受到了幼儿正在享受有效倾听所带来的一切，也让教师明白了倾听的重要性。

第三节　一对一倾听助推 5—6 岁幼儿 深度学习的典型案例

一、一起去远足

在"好大一个家"的主题活动中，教师倾听幼儿关于在岳麓山开展远足活动的设想后，立足实际循序渐进地开展了远足系列活动。幼儿不断自我赋能，进行经验建构，能综合考虑远足活动的多方因素，如时间、路线、物品、活动内容等，并通过个人、小组和集体的形式交流和讨论制定科学、适宜、合理的远足计划，在远足中发现大自然、感受大自然的美好。

在此过程中，教师倾听幼儿，了解其兴趣及需求，为幼儿提供适宜的建议以及物品支持。同伴间相互倾听，及时沟通和协商，提升幼儿的任务意识、合作能力、活动的计划性。家长的倾听营造良好的亲子沟通氛围，成为有效支持幼儿的后盾。三种角色的倾听促使幼儿不断进行迁移、比较、联想、质疑、协商，能发展幼儿发现问题和解决问题的能力，促进其深度学习。

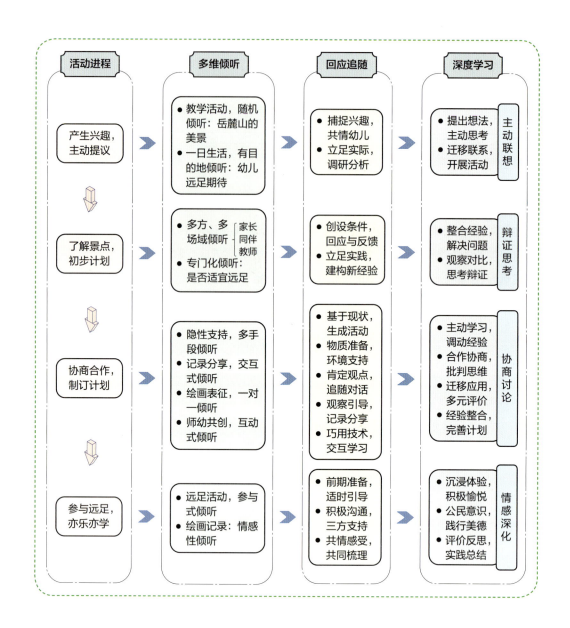

产生兴趣，主动提议

倾听的实录

　　大班上学期，在"我的家乡"活动中，幼儿展示着自己家乡的照片，介绍着家乡的风景、美食、文化、故事……其中幼儿对岳麓山风景的介绍、游玩经历的讲述尤为生动。

　　嘉嘉："岳麓山下有岳麓书院，我经常去岳麓书院玩，这是赫曦台，上面的屋顶有很漂亮的花纹，是古代的建筑。"

　　贺贺："我还学过一首诗，'停车坐爱枫林晚，霜叶红于二月花'，岳麓山有很多枫叶，是手掌形状的，秋天就会变红。"

雨雨："我每个星期都会和同伴去爬山，我们还在岳麓山上捡了很多的松果带到幼儿园。"

……

教师："你们对岳麓山的了解可真不少，哥哥姐姐们也很喜欢爬山，以前每个学期都会去岳麓山远足呢！"

啊呜："远足是什么？"

教师："远足就是自己准备好物品，走到一个目的地，然后看风景、玩游戏、吃东西等。"

琪琪："老师，我们能不能去远足呢，我也好想去远足啊。"

闵闵："要是我去远足，我就带一些好吃的，还要带一些玩具。"

羽羽："远足难道要爬到山顶上去吗，走太远了我会走不动。"

田田："远足的时候要手牵手，就像我们去岳麓书院的时候，排好队，这样才不会走丢。"

小毓："我们可以在那里野餐，我家有一个野餐垫，不过有点小。"

……

幼儿对远足活动既好奇又兴奋，一下子沉浸到了关于远足计划的讨论中。见到幼儿对远足如此期待，年级组教师共同商讨，依据幼儿年龄特点，通过实地考察、经验交流等方式思考开展集体远足活动的可行性。

倾听的回应

● 捕捉兴趣，共情幼儿

《评估指南》提到教师要"善于发现各种偶发的教育契机，能抓住活动中幼儿感兴趣或有意义的问题和情境"。远足的话题引起了幼儿的激烈讨论，他们有设想、有疑惑、有担心、有喜悦，并在一日生活中主动与教师分享，教师带着笑容倾听，感受幼儿的期待，共享这一份喜悦。

● 立足实际，调研分析

湖南大学幼儿园坐落在岳麓山下，有着得天独厚的自然资源，岳麓山远足活动是我园园本课程的重要内容之一。走进岳麓山，让幼儿在与社区、大自然的亲密接触中开阔视野、锻炼体能、促进发展，有着十分重要的意义。同时教师也对大班幼儿家长进行了问卷调查。"外出远足前，幼儿是否会有意识地进行远足计划？"50% 的家长选择了"是"。计划的内容按排序依次为：所需物品、远足地点、远足安全和可进行的活动。"远足活动可以提高幼儿哪些方面的能力？"家长们认为，远足活动有助于培养幼儿的"耐力和坚持性（97.96%）、安全意识（88.78%）、探究能力（83.67%）、计划性（83.67%）、解决问题的能力（77.55%）"。

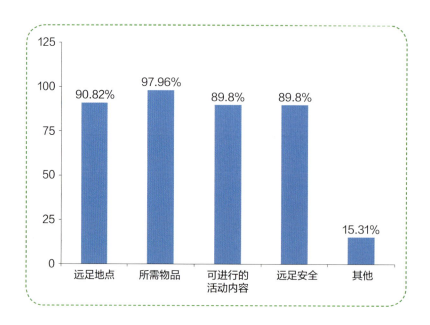

除了对家长进行调研，教师还为幼儿提供了调查表，支持幼儿调动自身经验，引导幼儿查阅资料和实地探索，积累关于远足景点的知识和做计划的前期经验。调查表源于幼儿，又服务于幼儿，既符合幼儿的发展需要，又有助于拓展幼儿的生活经验。

倾听助推的深度学习

- #### 提出想法，主动思考

《发展指南》的实施建议指出："幼儿在活动过程中表现出的积极态度和良好行为倾向是终身学习与发展所需的宝贵品质。"大班的幼儿具有较强的主人翁意识，语言表达能力和思维能力较中班时发展更好。在"我的家乡"活动中幼儿充分表达了自己的所知所感，在提到远足活动时敢于表达自己的意见，主动提出远足的需求，并围绕主题展开丰富的讨论。幼儿的深度学习就是一种高投入的主动性学习，提出远足想法就是幼儿积极、主动学习的第一步。幼儿由内在兴趣驱动主动查阅资料，形成自己的认识。这种强烈的认知内驱力使幼儿成为快乐主动的学习者，自主的自我调节者，热情、积极、精力充沛的学习者。[1]

- #### 迁移联系，开展活动

在围绕远足讨论时，幼儿能结合自己已有的经验分析远足的可行性。幼儿有一定的外出经验，也对岳麓山的景点有了解，能迁移自身已有经验阐述关于远足的设想，能考虑到路程、身体状况、基本活动、需要物品等，能以实际的问题解决为导向，在情境中发生更深入的讨论和思考。

---

1. 叶平枝.幼儿深度学习课程设计与实施［M］.北京：教育科学出版社，2022：13-14.

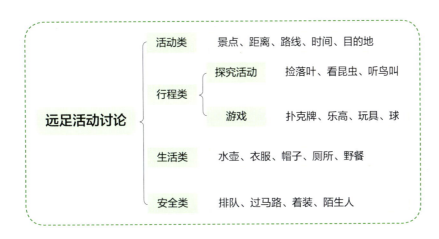

了解景点，初步计划

倾听的实录

岳麓山知多少调查表	幼儿表达
	琪琪：我知道岳麓山有爱晚亭、岳麓书院、东方红广场，还有毛爷爷的雕像。这是我小时候在东方红广场拍的照片，这是我长大了在爱晚亭拍的照片，还有我和一个姐姐在岳麓山玩的照片
	团团：我画的是一个地图，从岳麓山的大门进去，可以到穿石坡湖，到麓山寺，再走很远很远的小路以后就可以到山顶。我和爸爸妈妈经常去岳麓山爬山，所以我认识岳麓山的路

岳麓山知多少调查表	幼儿表达
	苗苗：我和妈妈一起了解了白鹤泉的故事。妈妈在手机上查，查到了以后讲给我听，然后我把它画下来，妈妈还给我写了字。古代的时候有一对仙鹤飞到这里，后来变成了雕像，所以这里叫白鹤泉。它的右边是麓山寺，麓山寺是一个很古老的寺庙，里面还有很多小建筑，还有两棵罗汉松，有一棵已经有1746岁了
	珈珈：我知道岳麓山有爱晚亭、白鹤泉、肖劲光铜像，这些景点我都去过。很久很久以前，有一个贪官想要得到岳麓山里面的金鸭婆，可是它却被一个老人和一个年轻人找到了，后来金鸭婆变出了一块大石头，把坏人都压扁了，这块石头就是飞来石。以前赫石坡的大树下面有一头怪牛
	啊呜：我知道岳麓山有爱晚亭和禹王碑。传说以前大禹治水路过了长沙，然后和湘江里的一只独角龙打了六天六夜，最后他用一块石碑压住了独角龙

岳麓山知多少调查表	幼儿表达
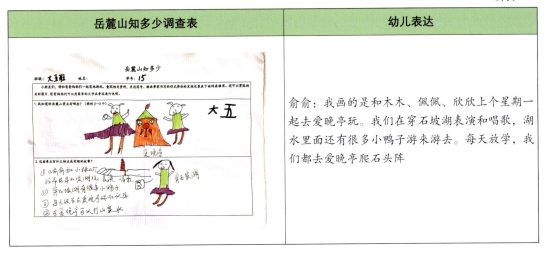	俞俞：我画的是和木木、佩佩、欣欣上个星期一起去爱晚亭玩。我们在穿石坡湖表演和唱歌，湖水里面还有很多小鸭子游来游去。每天放学，我们都去爱晚亭爬石头阵

一张调查表引发了多方、多场域的倾听与被倾听，不同的倾听方式也收获了不同的经验，家长与幼儿一起查阅资料和实地考察，了解岳麓山的风景、建筑、民间传说等，打开了家园同步的持续主动学习通道。教师倾听幼儿关于岳麓山的分享和选择理由，并提出反馈的问题。如：哪条路线最适宜？途中有哪些建筑？一路上哪里有厕所，哪里适合短暂的休息？……幼儿在倾听后有目的地开展讨论，共同形成了远足计划，并能自主分析目的地选择的适宜性和计划的可行性。在倾听与对话中，幼儿逐渐形成更完备的认知。

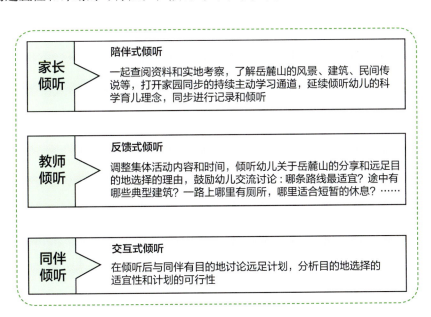

倾听的回应

- ● 创设条件，回应与反馈

教师创设平等开放的空间，让所有幼儿都有充分的时间和机会分享。幼儿分享的关注点各不相同，有的幼儿讲述自己的游玩经历，有的幼儿分享查找到的民间传说，教师与同伴都在认真地倾听。教师在倾听时会用语言回应和身体回应，语言回应如真棒等，身体语言如赞许的目光、温和的语气、和蔼的眼神。在倾听后，教师会根据幼儿的个体发展水平予以反馈，通过捕捉到的信息，生发有效提问，鼓励幼儿的一切发现，推动幼儿向更高阶的思维模式发展。

● 立足实际，建构新经验

教师应在更全面、更丰富、更有层次地了解幼儿已具备的对环境的了解与外出经验的基础上，为幼儿建构新经验提供有效的支架。结合《发展指南》健康领域动作发展5—6岁幼儿的目标"能连续行走1.5千米以上（途中可适当停歇）"，教师提前进行了实地考察，绘制了适合幼儿能阅读的景点游览图，提供了远足地点的照片和各远足点的基本信息，如路线、所需时间、周围环境等。同时，考虑到幼儿缺乏集体外出的经验，教师收集了往届幼儿远足的活动方案和照片，拓宽幼儿思路，为幼儿深度思考发挥穿针引线的作用，并通过比较发现思路缺口，填充空白或薄弱经验。最后，经幼儿充分交流讨论，投票选择了白鹤泉作为远足目的地。

倾听助推的深度学习

● 整合经验，解决问题

远足活动要准备些什么？真实的问题情境促使幼儿快速调动自身的生活经验和知识储备，尤其当由幼儿兴趣主导的问题情境成立后，为了解决问题，幼儿的情绪更饱满，思维更积极，想象更丰富，回应更及时，交流讨论到达了小高峰。基于个体不同的经验，幼儿会考虑到不同的因素。如：多多回忆自己与父母出去露营的情景，提出带一个野餐垫；汐汐想到班级人数提出可能需要4块野餐垫。康康提醒小朋友们要把垃圾丢进垃圾桶内；甜甜建议"自己准备一个垃圾袋"。琪琪想到要携带的东西很多，她结合整理书包的经验，提出要将不同物品分区放置。元宝观察到哥哥姐姐还要带水壶和隔汗巾等生活用品，提出携带的东西不能太重。幼儿在整合生活经验的同时，能结合学习过程中观察到的间接经验，并与其他幼儿互相补充，最后一起完善观点和结论。

● 观察对比，思考辩证

远足目的地选在哪里？幼儿在观察画面、提取关键信息、对比经验、投票选择、阐述说明的过程中进行了辩证的思考，形成的观点是发展的、动态的、全面的。比如说，在进行投票前，一幼儿在观察岳麓山导览图时，结合以往自己阅读地图和登山的经验，发现目的地太远不适合。最后，幼儿在对比分析后，通过自主投票，确定了此次远足的目的地为白鹤泉。

协商合作，制定计划

倾听的实录

大班社会、语言领域：一起去远足		
活动环节	幼儿表达	教师引导反馈
观察地图，确定远足路线	◆ 幼儿自由讨论交流，根据已有经验表达自己的想法 ◆ 2名幼儿在集体前分享规划的路线及理由，并在白板上用画笔标明 ◆ 同伴交流，投票选择	◆ 教师巡回倾听不同的路线和理由 ◆ 反馈：不同的路线可以看到不一样的风景，也会有不一样的挑战，但都能到达目的地。今天我们用投票的方式选择了其中一条路线，下一次也可以尝试其他的路线
自由表达，交流确定计划内容	◆ 2—3名幼儿在集体面前分享远足应该带什么、要注意什么等 ◆ 同伴倾听与思考	根据幼儿表达，教师引导梳理远足计划： ◆ 带什么——吃的、用的、玩的所需物品 ◆ 玩什么——欣赏风景、写生、观察、玩游戏等 ◆ 注意什么——有序排队、走人行道、着装适宜、爱护环境等
小组讨论，制订远足计划	幼儿自主分组，计划相同内容的小朋友坐在一起，围绕重点内容以讨论、计划，用画画、文字、符号等形式进行记录	教师巡回观察，倾听幼儿的讨论，引导幼儿用能看懂的方式进行记录（小组、结伴、个别），鼓励幼儿在讨论中通过自主思考、阅读绘本、用电脑查找资料、调动原有经验等方式解决问题

大班社会、语言领域：一起去远足		
活动环节	幼儿表达	教师引导反馈
小组代表分享，多元评价	◆ 幼儿自由讨论交流，形成计划后，由2—3名幼儿在集体前分享 ◆ 多元评价：个人、小组、同伴	◆ 教师将幼儿的讨论记录同步共享在大屏幕上 ◆ 教师针对性地评价与指导（讨论过程、记录的方式、内容的适应性、安全意识等）
出示教师计划，观察完善计划	◆ 幼儿观察不一样的地方，将教师的计划合并、完善 ◆ 同伴倾听与观察	◆ 出示教师计划，引导幼儿发现不一样的内容 ◆ 补充完善，丰富幼儿远足计划 ◆ 教师小结：教师的计划中，有一些是小朋友们想到了的，将小朋友的计划和老师的计划合并、完善后，我们的计划就更加完整、适宜了

倾听的回应

● 基于现状，生成活动

《纲要》中指出："要充分利用社会资源，引导幼儿实际感受祖国文化的丰富与优秀，感受家乡的变化和发展，激发幼儿爱家乡、爱祖国的情感。"基于幼儿的兴趣，教师给予相应的支持后发现关于远足前的准备、远足活动内容的安排，幼儿有自己的想法，但有些不适宜并缺乏可操作性。比如：在物品准备上，他们更多地关注食物和玩具，而缺乏对生活和环保的关注；安排的活动内容虽然丰富多样，但缺乏对场地、人数及内容适宜性的考虑，在计划的科学性和可行性方面需要教师进一步引导。大班幼儿已经初步具备与人合作、协商讨论的能力，有一定的任务意识，愿意参与集体决策，具有记录表征、小组讨论、制订计划和决策的能力，这符合《发展指南》社会领域5—6岁幼儿的典型表现的描述，这也是生成大班社会活动"一起去远足"的重要原因。

● 物质准备，环境支持

"环境是重要的教育资源，应通过环境的创设和利用，有效地促进幼儿的发展。"除了前期经验准备，教师还进行了物质准备和场地布置。物质准备："一起去远足"课件，"带什么""玩什么""注意什么"小组讨论标识，"一起去远足"记录纸，记录笔，咕咕机，希沃白板（互动教学平台）。场地布置：投放远足活动相关绘本及供幼儿自主查阅资料的触屏电脑。

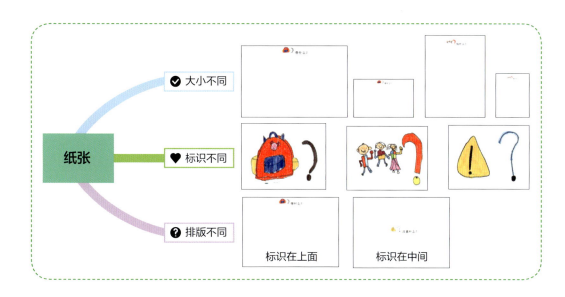

● **肯定观点，追随反馈**

无论是同伴交流还是集体分享，教师都应倾听幼儿每个环节的想法，站在幼儿角度看待问题，理解幼儿的观点，对幼儿发表的意见持肯定态度，赞赏幼儿的发现。从幼儿的表

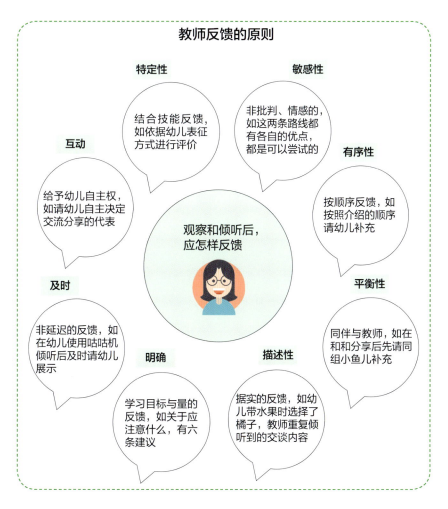

达中能发现他们考虑到了路程、景点、体力、空间等不同的因素。如：远的路线既有挑战又可以观赏更多景点；近的路线能节省体力，可以留出更多时间在目的地玩。在活动中，教师要引导话题发生，不打断或终止话题，充分发挥幼儿的主导权，教师只导入话题关键点，导向话题的延续发展，导出话题结论。教师在幼儿交流讨论时作为追随者，应考虑教师反馈原则与幼儿进行交互式对话，在幼儿、教师、同伴三者之间不断的对话和经验的建构中推动幼儿的深度学习。

- ● 观察引导，记录分享

为了更深入了解幼儿的感受和想法，在活动中教师引导幼儿以个人、集体、小组的形式进行协商讨论，并在活动中巡回倾听幼儿的自由表达，观察的幼儿行为；引导幼儿使用多种工具记录和分享，然后投屏展示幼儿的表征，请幼儿代表分享，推动幼儿从同伴的表征中获取不同的经验；引导幼儿围绕主题进一步展开思考，落脚于切实可行的远足计划，推动深度学习的发展。

- ● 巧用技术，交互学习

利用多媒体设备和希沃白板的信息技术手段建立支持交互学习的支架。电脑循环播放远足中的相关游戏活动照片，给予幼儿启发；平板储存幼儿园组织过的岳麓山远足活动照片，供幼儿自主查阅和借鉴；咕咕机数智赋能帮助完成记录，幼儿使用咕咕机通过"说"的方式及时录音，记录下对远足活动计划的想法与思考；希沃白板中"倒计时""画图""放大镜""关灯"等功能帮助幼儿不断地解决问题，进行多向的交互学习。

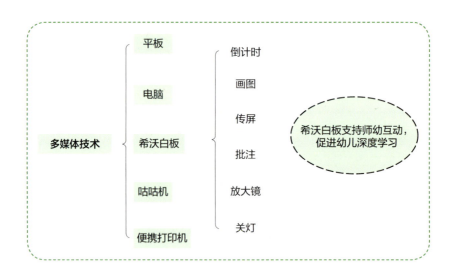

倾听助推的深度学习

- ● 主动学习，调动经验

幼儿制订远足计划需要考虑很多问题，按"带什么""玩什么""注意什么"分组，幼儿能够选择自己最感兴趣或经验最丰富的话题，并根据自己的需求利用资源。如：有一定的计划和表征的经验才会选择大小、排版合适的纸张；挑选远足相关的绘本、工具的，表明幼儿有综合使用各种工具完善计划的能力，调动幼儿不同领域的关键经验，实现多领域综合发展。

- **合作协商，批判思维**

我与谁一起计划？我们要一起完成什么目标？我们用什么形式做计划？计划时幼儿采取自由组伴的形式尝试解决这些问题，在幼儿讨论的片段中，可以发现幼儿能够很好地进行合作和协商。

情景一："带什么"组的幼儿坐在一起后，先和同伴一起商量以什么样的形式来进行记录，有幼儿提出使用气泡图，统一意见后取来记录工具共同记录。

情景二：有一组幼儿在物品分类时意见不一致，有幼儿认为应分成四类——吃的、喝的、玩的、用的；而一名幼儿认为应分成三类——吃的、用的、玩的，最终他以"喝的可以被包含在吃的里面"的理由赢得了小组成员的一致同意。

情景三："玩什么"组，两名幼儿兴致勃勃地分享着树叶等自然材料的不同玩法，由一名幼儿记录。

在讨论交流中，幼儿能多角度地思考问题，整合多种经验，能坚持从批判性的角度理解和看待自己和他人的观点，激发深层次的思考。

● 迁移应用，多元评价

　　幼儿根据自身需求分别采用了气泡图、分解、条目、表格、语音记录、图画表征等记录方式。用气泡图记录所需物品的小组，每个幼儿都可以在气泡内进行记录；分解式记录的小组，两两结伴进行分类记录；条目式记录的小组记录得一目了然，便于表达和梳理。幼儿不仅将记录与表征的方法迁移在远足计划中，还考虑了计划的合理性、适宜性、安全性等。如：幼儿在"玩什么"的讨论中，提到"不要玩气球""不要玩跳绳"，理由是"可能会抛到水里""可能会跳到水里"；在讨论"带什么"的时候，有幼儿会提到带一些不容易压坏的水果，如橘子，还有幼儿提出不能吃太多糖果等。在分类时，有幼儿提到分为"吃的、喝的、玩的"，有幼儿提出"喝的包括在吃的里面了"，说明他们对计划内容有深入的思考和讨论。在小组代表分享和交流环节，还由个人、同伴、小组和教师给出了多元评价。

多种记录形式和分享	
"带什么" 气泡图记录	
"玩什么" 分解式记录	

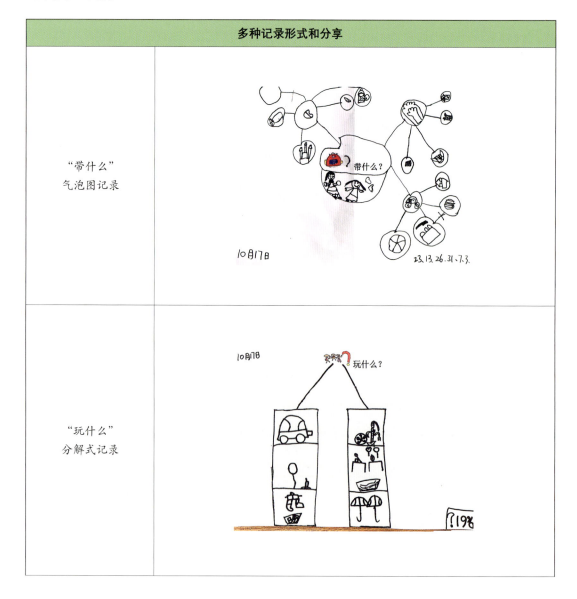

多种记录形式和分享	
"注意什么" 条目式记录	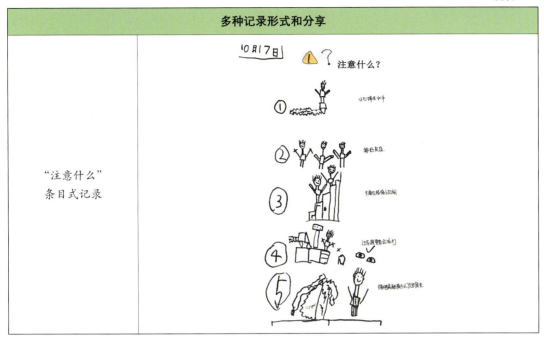

● **经验整合，完善计划**

在利用希沃白板集思广益、归纳整理三组的计划内容的过程中，幼儿通过观察和对比教师的计划提出想法，使远足计划更加完整、合理可行，也更好地了解了远足的相关事宜，用多种方式制订了合理可行的远足计划。

参与远足，亦乐亦学

倾听的实录

　　10 月 23 日，阳光甚好，大五班远足去了。幼儿们举着队旗，背着书包，各小分队整装出发。大家来到了南大门，一起看地图和路标。瞧，小鱼快乐地游来游去，树上有小鸟在唱歌，还有五颜六色的枫叶……"这里有安全标识。""这里有厕所。""排好队过马路。"……一路上欢声笑语，大家到达目的地后，拿出书包里的宝贝。有的分享美食，有的画画写生，还有的拿着放大镜观察昆虫、植物……

回到教室，幼儿们意犹未尽，围坐在一起聊天，兴致勃勃地说起自己的发现，幼儿们还用画笔记录下了远足故事，编织了一幅幅美丽的风景。

幼儿分享交流	
我看见了	各种各样的树木、漂亮的爱晚亭、路上的大石头、蜘蛛网、蚜虫咬过的叶子、手掌形状的枫叶、茂盛的小草、一块要掉下来的石头、地图……
我听到了	登高路的车按的喇叭声、老师给我们讲解地图上标识的声音、小鸟叽叽喳喳的声音、小朋友玩游戏的声音、环卫阿姨扫地的声音、水流的声音……
我做了	画画、玩玩具、吃东西、看虫子、折地垫、折飞机、看书、分享零食、拍照、上厕所、看地图、走石子路……
我的感受	开心、快乐、兴奋、难忘、好玩、温暖、激动、期待……

倾听的回应

- 前期准备，适时引导

在远足活动前，教师有意识地做了准备，提前踩点，以便在实际情景中唤醒幼儿已有经验。路上，幼儿可能会注意力分散，教师在适宜的时间和地点引导幼儿观察周围环境，注意安全标识、路线路标，做到爱护环境。

- 积极沟通，家园支持

远足前，通过沟通，明确家园支持内容。幼儿园保障幼儿由兴趣衍发的活动的开展时间和外出需求。家长帮助幼儿唤醒已有经验，在幼儿依据计划、小组分工准备物品时支持幼儿想法，配合幼儿需求做准备和采购物品。还有幼儿园非本班级教师参与以及助教家长一起为幼儿的安全保驾护航，促进活动顺利开展。

- 共情感受，共同梳理

教师在幼儿回到教室后，为幼儿继续营造自由交谈氛围。教师与幼儿围坐在一起，倾听幼儿与好朋友的分享，感受美好。幼儿渴望被他人理解、被他人关注，这种共情的对话方式也使幼儿能更加大胆地抒发自己的感情。在一对一倾听中，教师倾听到了所有幼儿关注到的问题并进行了回应。除了说说看见了什么、听见了什么、做了什么，教师还请幼儿对照远足计划，共同梳理获得的经验并添加在计划的旁边。如：在"带什么"中，增加了放大镜，用来看虫子和树叶；在"注意什么"中，增加了要将垃圾丢在垃圾桶里，不然就会破坏环境……教师将这些智慧结晶完整呈现了出来。

倾听助推的深度学习

- 沉浸体验，积极愉悦

远足活动中，幼儿沉浸于自然风景中，在同伴、家人、教师的陪伴下激发好奇心和兴趣对周围事物展开探索。幼儿沿着自己选择的路线，参加自己设计的活动，心里全是满足与愉悦。

- 公民意识，践行美德

支持幼儿深度学习的情境支架是真实的、生活化的、可操作的、有情感和生命力的，也是充满了美感和想象力的，能焕发生命的活力和潜能，促使幼儿的探究学习不断深入。[1]幼儿在自然情境中观察花草树木和小动物，发现大自然的美好，也观察到了马路及周围环境的各类安全标识，联想到了环卫工、游客在社会中的角色。

● **评价反思，实践总结**

远足活动后的评价与反思环节是幼儿深度学习的总结阶段。前期，幼儿通过主动学习了解了远足的景点，选择了目的地，共同制订了远足计划"带什么""玩什么""注意什么"。以问题解决为导向的深度学习，不可忽视幼儿在实践中获取的信息。其后，幼儿带入实际经验对比计划，并进一步分析原因，思考解决对策。如：这些带的物品是否合适？还缺少了什么？玩什么的计划实现了吗？玩得怎么样？计划中要注意的事关注到了吗？这些问题在实践中一一得到了检验。评价与反思也检验了幼儿深度学习的成果。

从幼儿的表达和分享里，教师见证、倾听了幼儿从期望到实现的惊喜、从零散到整合的创造、从问题发现到解决的智慧，感叹于幼儿的积极投入和表达表现，欣喜于幼儿的协商合作和主动创造，惊喜于幼儿在问题情境下不断的深度学习，也庆幸能为幼儿搭建一座梦想成真的桥梁，助力幼儿获得不一样的体验，探索更精彩的世界。倾听就像一面镜子，照亮了教师与幼儿之间情感的互动，引领支持了幼儿的深度学习。

扫码观看典型案例"一起去远足"活动视频

---

1. 叶平枝. 李晓娟. 对幼儿深度学习的深度理解与现实审视及其促进［J］. 学前教育研究，2023（7）：59.

二、坦克车开起来

游戏是幼儿的基本活动，也是幼儿学习的主要方式，对于幼儿来说游戏就是生活，游戏就是学习。在游戏中，幼儿以自有的方式与世界联结，在游戏中探究发现，在游戏中解决问题，在与环境的相互作用中获得新经验。"坦克车开起来"的游戏源于一次自主阅读，绘本中多功能坦克引发了小乖与晴晴搭建一辆坦克车的兴趣，于是他们开始了多轮的尝试与探究。从人力双人车到四轮坦克，再到升级版的坦克，幼儿以身体为材料，不断调整、增加游戏材料，在从"做"到"思"再到"做"的过程中，幼儿遇到了轮子分开、垫子掉落、车身分离、坦克无法长距离行走等一系列问题。教师通过观察、一对一倾听、小组讨论等形式，引导幼儿记录、回顾、梳理、反思，适时回应幼儿的问题，拓展他们的经验，促进幼儿深度学习和多元发展，成就了他们的自主生长力。

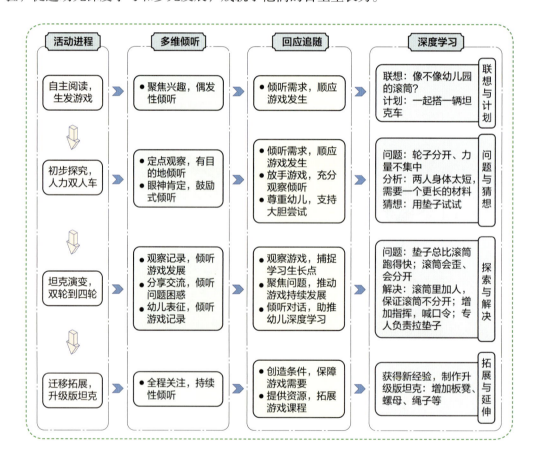

初步探究，人力双人车

倾听的实录

早餐后，小乖和晴晴正在阅读《交通大百科》，绘本中多种功能的坦克引发了他们的积极讨论。"小乖，你觉得这个坦克的轮子像不像我们幼儿园的滚筒？"晴晴问。"对的，就像是滚筒一个接着一个连成一排。"小乖回答。"好神气呀！等会儿游戏的时候我们也搭建一辆坦克车吧！""好呀，我最喜欢坦克了！"两个小朋友一拍即合，坦克车的故事从这里开始了……

自主游戏时间到了，晴晴和小乖来到操场中间，一人搬来了一个滚筒，放倒、并排摆放、爬上滚筒，一气呵成。他俩双手抱住滚筒用力向前滚，双脚则使劲勾住后面的滚筒向前拉，可刚走了不到半米，滚筒就分开了，他们的脚"啪"地一声掉到了地上。

小乖说："晴晴，脚要用力！"（反复尝试了几次后，依然以失败告终。）

晴晴说："后面的滚筒总是不动，两个滚筒一下就分开了。"

小乖说："是呀，两个滚筒都要使劲，可是我的脚怎么也用不上力气。"

晴晴说："为什么自行车两个轮子能滚动，这就不行呢？"

小乖说："可能我们的身体太短了，要用一个长一点的材料！"

小乖的提议引发了晴晴的思考，她环顾四周，目光锁定了一张长长的垫子。

晴晴说："用垫子试试吧！欧老师，你说能成功吗？"（我笑着朝她竖起了大拇指。）

倾听的回应

● 倾听兴趣需要，支持游戏开展

坦克车的游戏源于幼儿自主阅读时的发现与讨论，他们对坦克车表现出浓厚的兴趣，同时能联想自主游戏材料滚筒，产生自己搭建坦克车的想法。教师倾听到幼儿的对话，关注到他们感兴趣的话题，提供充足的游戏时间，支持幼儿进行探索和尝试。在幼儿游戏过程中，教师充分尊重幼儿的意见和想法，当他们提出"用垫子试试看"的想法时，教师朝她竖起大拇指，给予了她充分的鼓励，激发了其不断挑战和探索的兴趣，推动了游戏的持续开展。

倾听助推的深度学习

● 计划性和目的性

在游戏中，小乖和晴晴目标明确，直奔滚筒，从游戏内容的确定、材料的选择、游戏的开展，体现出良好的计划性和目的性，这为他们后续的行动提供了清晰的指引。他们按照计划挑选了与游戏目标相匹配的滚筒和垫子。对材料的选择，不仅体现了他们的策略性思考，也展现了他们对游戏目标的深刻理解。在游戏开展过程中，他们观察环境，调整策略，适时考虑增加垫子，为游戏的持续开展奠定了基础。

- ### 迁移和反思能力

近期班上幼儿热衷于探索滚筒的各种玩法，同时小乖、晴晴也特别喜爱车辆。于是，当他们看到绘本中的坦克车时，自然联系到自主游戏中的滚筒，并将坦克履带与滚筒建立联系，迁移到自主游戏中。倾听幼儿的对话，能发现幼儿具有较强的发现问题和解决问题的能力。比如，当发现后面的滚筒无法前进时，小乖提出"两个滚筒都要使劲，可是感觉脚用不上力气"，晴晴则根据已有经验提出"可能我们的身体太短了，要用一个长一点的材料！"。于是他们观察周围环境，希望通过"增加垫子"连接滚筒的方式，使力量更加集中，让坦克车开动起来。

坦克演变，双轮变四轮

倾听的实录

- #### 情景一：双轮坦克——加一块垫子试试看

游戏吸引了一旁的萱萱、小宝，她们快速地加入了小乖、晴晴的游戏。"我们一起来帮忙吧！"说完，四个小朋友齐心协力搬来了一块垫子，平铺在滚筒上。"现在真的像一辆坦克了！""我们来推一下，试试它能不能走！"晴晴提议。"晴晴和小宝站那边，我和萱萱站这边，扶好垫子啊！"小乖边说边用手指挥着。说着，四个小朋友一前一后、一左一右扶住垫子快速推动坦克往前走，坦克行驶了不到 1 米，垫子便掉在了地上。"这样不行，垫子太长了，还得再加一个滚筒！"晴晴边说边搬来一个滚筒，双轮坦克成功晋级为三轮坦克。小乖爬上垫子，就在他爬上去的瞬间，滚筒分开了，喜洋洋见状赶紧跑过去挪了挪垫子。这一调整，让原本平整的垫子斜到了后方，小乖忙喊："这样歪了啊！"他边说边跳了下来，把垫子拉回了原来的位置。

● 情景二：三轮坦克——垫子总是掉下来

增加一个滚筒后，坦克明显更稳定和牢固了。这时小宝说："我坐上去开坦克吧！"于是，她一个翻身跳了上去。晴晴、喜洋洋快速地绕到坦克的后面，小心翼翼地扶着垫子将坦克缓慢向前推动。小乖则在坦克前面细心地观察滚筒和垫子的位置以及滚筒之间的距离，眼看垫子越来越往前伸，马上就要掉落下来，而第一个滚筒还在缓慢前进，他迅速地把滚筒向前挪了挪。就这样持续行驶了1米左右，垫子还是从滚筒上掉了下来。

● 情景三：四轮坦克——加一个滚筒会不会更稳呢？

"把我的滚筒也给你们吧！"一旁的梦曦边说边把自己的滚筒放到垫子下。"嗯，加一个滚筒就和垫子一样长，这样肯定会更稳。"晴晴说。"加一个滚筒也不一定会稳！"小乖表示质疑。"因为垫子总比滚筒跑得快。""先加一个试试吧，这样滚筒就和垫子一样长了。"晴晴边比画滚筒和垫子的长度边说。"可推动滚筒的时候，垫子还是会往前走啊，不信你试一试？"为了验证自己的说法，小乖尝试着推动垫子。"那我们来投票，同意增加滚筒的请举手！"晴晴坚持自己的想法，提出用投票来解决问题，最终晴晴以3：2的票数得到了同伴的支持，三轮坦克升级为四轮坦克。坦克搭好后，小宝、大宝、小乖、梦曦钻进了滚筒，尝试用身体带动坦克向前行驶，可坦克依然无法平稳前进，总是不到2米，就会出现垫子掉落或滚筒跑出来的情况。

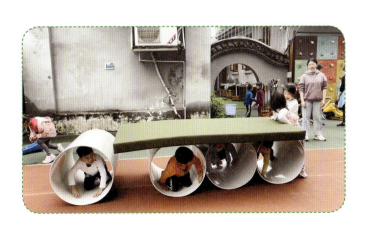

● 情景四：关于坦克车的记录与讨论

经历了多轮尝试，从人力双人车到四轮坦克，幼儿体验着游戏的快乐，同时也苦恼于坦克车无法平稳、长距离地行驶。带着这样的困惑，回到教室后，他们进行了游戏的表征与记录。

● 分享交流——回顾反思讨论

教师说："你们的坦克成功地开动了吗？"

小乖说："只开动了一点点，走远一点坦克的轮子就会分开，然后垫子就掉了。"

喜羊羊说："我们的速度不一样，大宝快，小宝慢，所以开的时候车轮会歪。"

小乖说："大宝、小宝、晴晴和喜洋洋睡在滚筒里，我趴在垫子上开坦克，可是每次坦克往前开的时候滚筒就是会分开，我觉得是不是因为大宝在第一个滚筒里滚得太快了，所以垫子会往下滑？"

"那怎样才能让滚筒不分开呢？"教师追问。

晴晴说："我觉得滚筒应该和垫子一样长，所以应该要4个滚筒，可是小乖觉得4个滚筒也不一定可以成功，我们试了4个滚筒确实没有成功，这是为什么呢？"

小宝说："我在书上看到坦克的履带是连接起来的，我们要想办法把轮子连在一起。"

大宝说："我有个办法，每个滚筒里面躺一个人。大家还要把头伸出来看看是不是和其他人的滚筒挨在一起。"

小乖说："滚筒歪了就不能前进了，要直直地向前走。"

教师说："看来前进的时候，滚筒必须挨在一起，而且要直线前行，坦克才能开动起来。"

喜洋洋说："还要有一个人指挥，喊口号，这样就不会有的人快有的人慢了。"

乔乔说："我在外婆家看过划龙舟，每条龙舟上都有一个人喊口号，这样大家就可以同时用力，一起向前进了。开坦克车也是这样的，需要有一个人喊口令。"

小宝："滚筒里四个小朋友要一样快，喜洋洋、梦曦指挥喊口令'1、2，1、2……'，晴晴在后面拉垫子。"

晴晴："那我负责拉垫子，垫子跑到前面去了，我就把它拉回来。"

教师："想要坦克开得又远又平稳，需要大家相互配合，听口令，朝同一个方向、速度一致地滚动轮子，并及时把垫子拉回来。"

内容	幼儿的表征记录	一对一倾听记录
遇到的问题		小乖：大宝、小宝、晴晴和喜洋洋睡在滚筒里，我趴在垫子上开坦克，每次坦克往前开的时候滚筒就是会分开，应该是大宝第一个滚筒滚得太快了，所以垫子会往下滑
		喜洋洋：开始的时候小乖和晴晴只用了两个滚筒，可是垫子又太长了，所以不管往前还是往后，垫子都会跑出来
		晴晴：我觉得滚筒应该和垫子一样长，所以应该要4个滚筒，可是小乖觉得4个滚筒也不一定可以成功，我们试了4个滚筒确实没有成功，这是为什么呢？
解决的办法		晴晴：垫子往后跑的时候，有一个人就要快点把它拉回来，不能让它掉下去，我觉得拉垫子的这个小朋友需要力气特别大，还要认真地观察

内容	幼儿的表征记录	一对一倾听记录
解决的办法	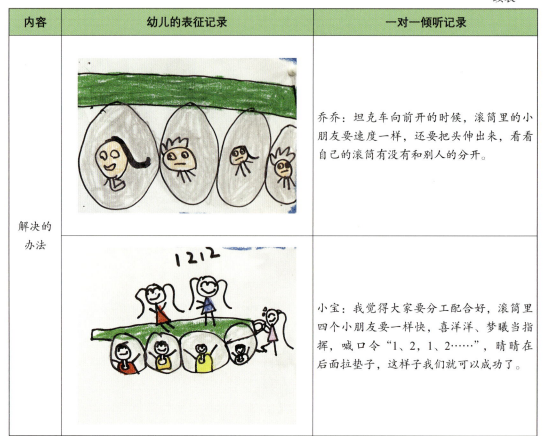	乔乔：坦克车向前开的时候，滚筒里的小朋友要速度一样，还要把头伸出来，看看自己的滚筒有没有和别人的分开。 小宝：我觉得大家要分工配合好，滚筒里四个小朋友要一样快，喜洋洋、梦曦当指挥，喊口令"1、2、1、2……"，晴晴在后面拉垫子，这样子我们就可以成功了。

倾听的回应

● **观察幼儿游戏，捕捉学习生长点**

要听得懂幼儿，首先要看得见幼儿，观察是倾听的基础，倾听是观察的前提。在"坦克车演变"的过程中，教师始终秉承"看得见幼儿、听得懂幼儿"的理念，采用定点观察的方式，对幼儿的游戏过程进行全面、持久且深入的观察。随着活动的持续进行，幼儿不断发现问题、探索问题、解决问题，逐步深入，直到游戏成功。在这个过程中，教师认真地观察幼儿的游戏行为，并用镜头记录下来，捕捉到游戏中三个学习生长点，分别是垫子与滚筒之间的关系，滚筒分开、垫子掉下来的原因，如何让坦克开动起来。

● **聚焦问题情境，推动游戏持续发展**

轮子分开、垫子掉落、坦克无法长距离行驶，这些都是幼儿在游戏中遇到的问题。在讨论、交流中，有的幼儿展现出已有生活经验和有关小组合作及对速度、力度的理解。比如：通过对坦克车的认知来思考轮子分开的解决办法，通过看划龙舟的经验推测速度、合作对于坦克前进的影响等。"只有大家相互配合，朝同一个方向、速度一致地滚动轮子，并及时把垫子拉回来，坦克车才能开动起来。"这是他们在讨论中梳理出来的关键经验，也推动了游戏持续深入的开展。在这个过程中，教师更多的是倾听和提炼，帮助幼儿梳理零散的认识，适时抛出新的问题，引发他们由浅入深地思考，在与同伴交流互动中增进对坦克车行驶的认知，激发幼儿进行新一轮探究的积极性。

- 倾听幼儿对话，助推幼儿深度学习

幼儿在自主游戏中有着大量的自发学习，且非常有效。游戏后他们会探讨游戏中的经历。教师如何帮助幼儿将游戏中的有效学习延伸到游戏后呢？《发展指南》提出："帮助幼儿回顾自己的探究过程，讨论自己做了什么，怎么做的，结果与计划目标是否一致，分析一下原因以及下一步要怎样做等。"因此，游戏后，教师采用一对一倾听和集体讨论的方式，引导幼儿讨论交流。一方面是支持他们把自己的经验用语言表述清楚；二是引导幼儿互动，了解不同的经验和方式；三是促进幼儿观点碰撞，通过追问、反问、质疑等方式，引导幼儿论证各类问题，促使幼儿思维活跃发展。

除了集中互动分享等外，教师还与幼儿一起把游戏及讨论中的问题发现用一对一倾听的方式记录下来，贴在墙上，支持幼儿利用零散时间回顾、反思和讨论，使幼儿游戏中的学习延伸到生活中，通过说、画、读等多种形式进行反思和经验积累。

倾听助推的深度学习

回顾整个过程，从人力双人车到四轮坦克，从以身体为材料，到不断调整、增加游戏材料，从"做"到"思"再到"做"，可以看到幼儿深度学习的多种特征。如：幼儿的积极主动性，真实的问题解决，已有经验的运用，新经验的获得与迁移，批判与反思，内容与现实世界的联系，以及对有关概念和原理（连接的作用、力度、速度、滚动）的建构与理解等。

- 理解与批判

第一次游戏，小乖和晴晴借助已有经验尝试运用身体带动滚筒，但发现力量无法集中，游戏失败，于是尝试用一块地垫进行连接，从而减小滚筒间的间距，此时幼儿对于物体连接的作用及力的作用有了初步感知。而接下来，关于游戏失败的原因，幼儿有着各自的理解和认知，如晴晴认为增加滚筒便可以解决问题，而小乖则根据自己的理解和经验提出质疑，并在游戏中进行尝试。

- 联系与建构

从在游戏现场坚持探究，到在交流分享中积极反思，幼儿以解决真实问题为需要，在假设、猜想、验证的过程中，将已有经验与当下问题建立联系，获得坦克车开动的关键经验。如：尝试钻进滚筒控制速度，用绳子、板凳、螺母玩具解决滚筒分开的问题等；将生活中看划龙舟、观察坦克的经验与游戏进行联系和建构，从而获得"只有大家相互配合，朝同一个方向、速度一致地滚动轮子，并及时把垫子拉回来，坦克车才能开动起来"的新经验。

玩转游戏，坦克车开起来

分享交流中，幼儿积极地讨论并找到了各种解决办法，他们决定用这些方法来试一试。第二天，自主游戏时间，豆豆、大宝、小乖、小宝来到操场上，熟练地搭好了坦克，并快速地钻进了滚筒。晴晴站在坦克的最后方，用手拉着垫子。喜洋洋则爬上坦克当指挥。伴随着喜洋洋"1、2，1、2……"的口令声，滚筒里的四个小朋友有节奏地、速度一致地向前滚动，他们还时不时地探出头看看自己的滚筒有没有和同伴的滚筒分开，时不时会听到同伴间友好的提醒："哥哥，你慢一点！"发现垫子要脱离滚筒时，晴晴使出吃奶的力气，用力地拉回垫子。这一次，坦克成功地开上了跑道，孩子们欢呼雀跃，拍手祝贺。

看到坦克成功开动起来，其他幼儿也跃跃欲试，接下来的几个月里，操场上各种各样的升级版坦克诞生了……幼儿的游戏不断升级，问题也在不断出现，而反思、尝试、解决问题已经成为幼儿游戏的一部分。具体见下表。

拓展迁移——升级版坦克车
 ◆ 乐乐：我和西西在滚筒中间加了两条长凳，这个是我们给它加的履带，加了履带后轮子再也不会分开了 ◆ 西西：我们又遇到了新的问题，长凳是不能拐弯的，所以我们的坦克车只能开直线

拓展迁移——升级版坦克车	
	◆ 涵涵：在轮子上增加半圆形的螺母积木，不仅可以把轮子连在一起，看起来也更神气！ ◆ 甜心：我们的办法还可以更好一点，装了螺母积木后垫子就不平了，坐在上面不舒服
	◆ 可可：这是我们搭的装甲坦克，安吉箱是发射台，长木板可以发射炮弹 ◆ 天天：加上大大的安吉游戏箱，虽然看起来更威风、更厉害，但是太重了，推不动

倾听的回应

● **创造条件，保障游戏需要**

保障游戏时间，满足探究的持续性。坦克车的游戏进行了两个多月，教师一直在观察与捕捉幼儿的兴趣点，追随他们的兴趣走向，并没有因为长时间重复同类型游戏而干预幼儿，保障了幼儿充足的时间，为持续探究提供了条件。

保障游戏材料，让材料推动游戏的发展。幼儿自主游戏中，教师为幼儿提供了多样的、充足的游戏材料，让幼儿的游戏有了无限的可能，也助推了游戏的不断升级与发展。

● **顺应兴趣，拓展游戏课程**

为了进一步激发幼儿探究坦克车的积极性，达成"游戏促发展"的目的，教师顺应幼儿的兴趣，与幼儿共同收集了各种各样的玩具坦克车、与坦克相关的书籍等，投放在区域。通过观看坦克视频，引导幼儿进一步讨论坦克、车辆、滚动的话题，生成了新的活动课程"让物体滚动起来""多种功能的车辆"。在这个过程中，幼儿通过查找资料、经验分享等方式，进一步丰富了相关经验。

倾听助推的深度学习

● **同伴关系及社会性发展**

同伴是幼儿成长过程中的重要他人，游戏过程中，同伴一次又一次讨论、分析问题，解决问题，接受他人合理化建议，最后创造出独一无二的坦克。坦克行驶过程中，幼儿各负其责、相互协作，每个人都发挥着自己的力量和作用，最终让坦克游戏获得成功，在此过程中，幼儿合作能力、与人交往能力也都得以提升。

● 发现及解决问题能力的提升

不断发现问题、解决问题的过程，正是幼儿创造最近发展区的过程。发现问题、提出猜想、进行验证、解决问题的过程，不仅对提高幼儿的动手能力、合作能力及创造力等方面具有重要价值，更是极好地培养了幼儿积极主动、认真专注、善于坚持和及时反思的良好学习品质。这不仅是幼儿深度学习的体现，更将为他们今后的成长和发展提供动力。在持续探索的过程中，幼儿将讨论梳理的方法与游戏成功的经验迁移，在解决问题的同时，创造出多种升级版的坦克，如增加长凳、螺母以解决车轮分开的问题，增加安吉箱、长木板以升级坦克车的结构。幼儿在增加材料的同时，发现了新的问题，并尝试进行解决，如增加木凳以固定轮子，但也限制了前进的方向；搭建了发射台也增加了坦克车的重量，导致阻力增大等问题。幼儿在不断尝试、调整、反思、解决问题中迁移已有经验，他们的应用能力、反思与动手能力都得到了发展。具体见下表。

游戏中遇到的问题	幼儿的猜想	解决方案	结果
后面的滚筒不动	身体不够长	增加地垫	失败
垫子掉下来	垫子太长，滚筒不够	增加1个滚筒	行驶1米
滚筒分开、垫子掉落	滚筒不够	增加到3个滚筒	行驶2米
滚筒分开、垫子掉落	速度不统一，垫子跑得比滚筒快；大家合作不好，要把滚筒连接起来	滚筒里睡人控制距离，增加指挥喊口令，专人负责拉垫子，滚筒走直线，并做到速度一致	成功开上跑道
升级版坦克	……	……	……

三、趣味滑索踢

趣味滑索踢的游戏中，幼儿进行了三次材料大调整。每一次游戏后，大家都会讨论交流、梳理总结经验、反思调整策略，再制订下一次的游戏计划。回顾历程，幼儿通过玩，直接感知与亲身体验；通过说，学会精炼、精确地表达；通过记，学习运用符号进行表征；通过小组讨论，倾听同伴经验与思考后进一步提升复述、概括、分析、批判、推理等能力。而教师则通过对游戏的追踪与观察，陪伴与倾听，全方位了解幼儿的兴趣导向、发展水平及个体差异，通过适宜的支持助推幼儿深度学习。

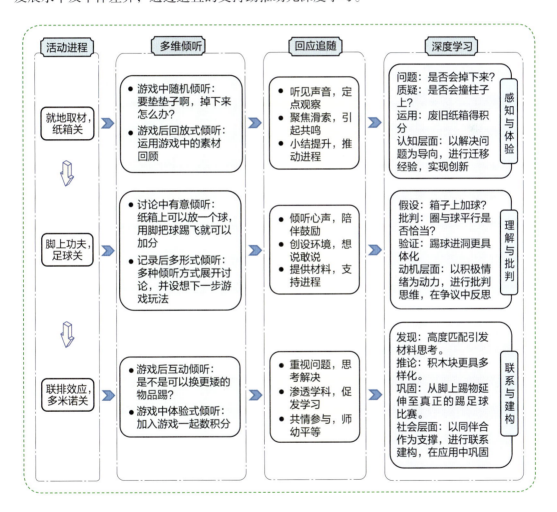

就地取材，纸箱关

倾听的实录

倾听方式：随机倾听、回放式倾听。

户外自主游戏开始了，幼儿飞快地跑向滑索。

沐沐说："那要垫垫子啊，等下掉下来怎么办？"于是，汉堡、小黄人、跳跳和小多便开始搬起了垫子铺道。

小黄人走到终点说："等下滑到这里会不会撞到这个柱子啊。"大家同意试一试。

小多拿了旁边的废旧纸箱摆在了垫子上说："看谁能把这些纸箱全部踢倒，踢中了就得积分。"

于是，大家纷纷开始了尝试……

倾听的回应

● 听见声音，定点观察

幼儿是天生的游戏家，游戏一开始，他们争先恐后地玩了起来，而此时沐沐想到没有垫垫子很危险，提出要搬地垫，大家同意并执行。小黄人发现终点离柱子很近时思考会不会有撞上的危险。大家马上开始尝试。当教师看到幼儿的游戏情境，听到幼儿的心声表达时，内心有强烈的欲望想要继续关注幼儿的游戏行为，期待接下来的游戏惊喜。

● 聚焦滑索，引起共鸣

垫子铺好后，小多关注到场内唾手可得的纸箱，将其分段摆好后说："看谁能把这些纸箱全部踢倒，踢中了就得积分。"滑下后用脚击中纸箱来得分，这样新颖又有趣的玩法非常能调动幼儿的积极性，他们马上摆好纸箱，自觉排队，开始有意探索，为接下来更多的创新玩法埋下了伏笔。

● 小结提升，推动进程

回班后幼儿的兴奋劲儿溢于言表，相互交谈着，向教师介绍着他们的新游戏。教室内表征记录的幼儿也在开心地诉说今天的游戏场景。游戏分享后，教师运用多媒体技术回放游戏情景，通过师幼互动，引发幼儿更多的思考与讨论，使游戏继续深入。

踢中积分

倾听助推的深度学习

● **认知层面，以解决问题为导向**

解决问题是深度学习的落脚点，游戏中出现的问题不是抽象化的问题，而是源于当下游戏的真实问题。联系生活实际，基于原有经验，从对安全问题有预判到实践中使用有保护作用的垫子，从担心会被撞的质疑到行动后发现还有距离不会撞到，幼儿提高了安全意识，懂得要在游戏中保护自己及他人。

● **迁移经验，实现创新**

幼儿的学习特点决定了他们只有在感兴趣的游戏中才能表现出极大的热情和潜力。兴趣是所有活动高效高质开展的前提，它能把幼儿的认知和行动结合起来，让兴趣推动幼儿游戏行为及发展。教师通过视频、照片等素材回放式倾听，在交流过程中引导幼儿分析自己的游戏行为并总结经验。游戏积分从 5 分、10 分到 15 分，他们进行了经验的迁移与同伴互助学习。从单一的滑索到自创用脚踢物，幼儿运用现场材料创新游戏新玩法，从而激发了持续探究的欲望。

第一轮游戏发现			
聚焦问题	行动验证	实施结果	学习与发展
提问与表达：是否需要地垫保护，会不会掉下来？	同意并马上合作搬运、铺好地垫	多位幼儿没准备好摔了下来，垫子起到了保护作用	◆ 具有初步的行为预判能力和安全意识 ◆ 具备责任意识，能做出主观判断，并影响同伴

第一轮游戏发现			
聚焦问题	行动验证	实施结果	学习与发展
提出质疑： 滑过来会不会撞到柱子上？	联动产生疑问，马上开始试行	多轮尝试后没有撞上	◆ 具备场地自查的安全意识，担心游戏者受伤，具有集体责任意识 ◆ 质疑、尝试、解决疑惑，实践检验真知
决策与协商： 纸箱摆好，如果踢中积分	就地取材使用纸箱，好奇心带动集体新尝试	打破常规玩法，带来新体验	◆ 创新趣味玩法 ◆ 通过沟通合作解锁一物多玩的技能

脚上功夫，足球关

倾听的实录

倾听方式：有意倾听、多形式倾听。

滑索游戏后，大家展开了讨论，话题重心来到了地上的箱子上。

都都说："用不同箱子摆，说不定更具挑战性。"

坚果说："可以左右摆放，脚可以左右交换踢。"

铮铮说："还可以设置哪几个箱子不能踢，这样更有难度。"

要要说："纸箱上可以放一个球，用脚把球踢飞就可以加分。"

汉堡说："刚好娃娃家那里有个大圈圈，我们可以拿过来，看谁踢得进去。"

随着讨论越发激烈，幼儿表现越发激动，大家都觉得要要的踢球想法，是个不错的玩法，于是第二次的探索之旅开启了……

倾听的回应

● 倾听心声，陪伴鼓励

在有意倾听与多形式倾听时，教师作为支持者陪伴在旁。无论是小组交谈还是集体讨论，教师始终相信幼儿的语言是一扇窗户，而不是一堵墙。人多力量大，在幼儿的你一言我一语中，出现了摆放纸箱用脚踢的玩法，及踢球进洞的想法，这也是他们非常感兴趣的玩法。幼儿开始自行交流探讨下一次游戏的设想，可以改变哪些材料，可以设置哪些玩法，可以获得多少积分，等等，而教师要做的是尊重他们的心声与意见，陪伴鼓励支持他们的下一步计划。

● 创设环境，想说敢说

游戏前的计划。幼儿自行选择多形式开展，在一日生活各环节中，运用盥洗后、餐前、游戏后等时间进行讨论。班级氛围和谐、轻松、友好，幼儿体验被听到、被重视的美好感受。

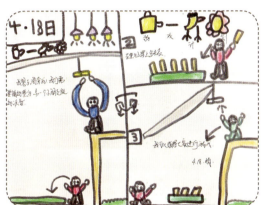

游戏中的实施。幼儿为了实现自己的游戏想法，各自忙活着摆放样式。在不断调整和尝试的过程中，逸璟提出圈圈底层与球平行时球很难进洞，这引发了大家思考，于是他们尝试将球竖放，这无形中发展了幼儿思考、解决问题的能力。

每滑一次，林铮都很热心地摆放好材料让下一个幼儿可以玩，并帮助同伴积分。这都是幼儿自主自发、不计辛苦付出的自愿行为，并且享受其中、乐在其中，为团队付出的品质值得称赞，一次一次的点数与相加也发展了他们的数数计算能力。教师看到他们有安全意识，且能想出有创造性的游戏玩法，不禁感叹：游戏的魅力真大！

游戏后的表达。回到班级，他们的成就感油然而生，兴奋于自己的计划得以实施，兴奋于讨论的玩法得到尝试，兴奋于游戏的趣味吸引了更多人的加入，兴奋于获得的积分，于是他们又有了新的发现……

● 提供材料，支持进程

幼儿的深度学习需要依靠真实情境和有结构层次的材料，在户外游戏中，园内的所有易获取、可移动、可组合的这些材料都面向全体幼儿开放，他们可以跑去操场取足球，可以跑去仓库申请纸箱，可以跑去天井拿圈圈，可以跑去教室搬白板记分值，等等，过程中不会因为材料的限制而影响游戏的进程。

倾听助推的深度学习

● 动机层面，以积极情绪为动力

学习动机是激发和维持学习的基本动力，深度学习是出于内部动机，是一种有积极学习心态的学习，也是高情感投入的主动学习。[1] 在这场踢球进洞的游戏里，幼儿保持着高涨的热情，自主合作，自愿分工，展开游戏，还辐射身边平时不敢玩滑索的同伴。这种积极情绪的动力，感染着游戏区里的每一个幼儿。

● 批判思维，争议中反思

批判性思维是指幼儿出现的具有目的的，并能自我校准的判断。当同伴们提出想法后，璟璟通过联想提出质疑，并尝试性说出自己的解决方案，尝试了两种圈圈摆放的方式

---

1. 胡姻宇.结构游戏中大班幼儿深度学习的表现及影响因素研究［D］.信阳：信阳师范学院，2023.

后，大家一致认为下面垫圈上面立圈的方式更能实现踢球进洞的想法。

在实践过程中得以验证，再次衍生出新的问题。在争议中他们需要思维清晰，有逻辑性，并以积极理性的态度与同伴沟通，得出公认的明智的决定，游戏才足以继续推进。

第二轮游戏设想			
提出设想	行动验证	实施结果	学习与发展
沟通与探究： 垫子上箱子可变化不同摆放方式	不同幼儿有多种不同的摆法	多种玩法，趣味性增强	◆ 游戏兴趣高涨，积极主动思考游戏玩法 ◆ 认真专注投入游戏，通过不断取用材料，提高动手能力、合作能力、问题解决能力等
思考与协商： 箱子上加球，用脚踢球	用脚踢物	从踢纸箱过渡到踢球，更好玩，吸引了很多幼儿参与	◆ 善于思考，创新使用各种材料 ◆ 激发创造力和想象力
批判与分析： 终点摆圈，进洞积分	更具趣味性，更有目的性	难度系数增加了，幼儿多次反复探索如何进洞	从原有水平发展到了更高水平，游戏中全程专注、认真、坚持
质疑与表达： 圈圈放地上应该很难让球进洞	多人思考且立即实践，改变方式再探索	有效，够到了幼儿的最近发展区	提出质疑，表达想法，批判性高阶思维形成

联排效应，多米诺关

倾听的实录

第二次的花样踢法结束后，这一次讨论，幼儿更加有话可说了。

平时就爱运动的书淳发现："因为滑索的带子很长，而我们的身高也高，所以我们的脚离地面很近，踢倒这些物品并不难，换更矮的物品来踢吧！"

都都发现："纸箱容易踢坏，每次都要换新的，那干脆用建构材料好了，正好比纸箱矮。"

于是大家纷纷看向教室门口的建构材料，提议用积木块试试。都都说她想摆成多米诺的样子，看是不是容易击中。

倾听的回应

- **重视问题，思考解决**

《发展指南》指出："支持和鼓励幼儿在探究的过程中积极动手动脑寻找答案或解决问题。"多轮游戏中，幼儿在游戏的实际发生情境里，不断发现问题、分析问题和解决问题。如：当发现身高与绳索的高度匹配有问题时，幼儿考虑更换被踢物，以此来增加刺激与难度；在倾听与表达过程中提升问题解决的能力，调动已有经验，想到在建构积木块材料上做出改变，更好地推进了游戏的发展。

● 整合渗透，促发学习

联排效应"多米诺关"学科渗透		
整合领域	典型表现	经验提升与学习
健康领域	◆ 攀爬木屋网架 ◆ 抓握滑索悬吊 ◆ 材料立稳摆放 ◆ 脚上击中踢物 ◆ 握笔书写记录	◆ 动作发展： ◇ 平衡能力得到提升，动作越来越协调、灵敏 （攀爬、悬吊、踢、跳） ◇ 具有一定的力量和耐力 （双手抓握悬吊滑索20秒左右，双脚踢物击倒） ◇ 手的动作灵活协调 （握笔控笔，书写记录）
科学领域	◆ 积木块的建构搭建 ◆ 身高与绳长的考量 ◆ 积木块的分值计算 ◆ 白板分值数字记录	◆ 科学探究： ◇ 喜欢探究 （探索中有发现时感到兴奋和满足） ◇ 具有初步探究能力 （通过观察、比较、分析，发现材料的可变通性；描述后做出改变与调整；运用一定的方法验证猜测；用数字等符号记录） ◆ 数学认知： ◇ 感知数学的有用和有趣 （发现多米诺的排列规律，并创造新的排列规律） ◇ 游戏中运用数学解决问题 （积木块分值计算，得知每人的分数，评判谁最厉害） ◇ 感知和理解数、量及数量关系 （实物与数量的结合，在实际操作中感知加减运算） ◇ 感知形状与空间的关系 （创意拼搭积木块的多种造型，思考哪种方式可击中最多）
语言领域	◆ 游戏场域布置沟通 ◆ 游戏玩法规则沟通 ◆ 材料摆弄变化沟通 ◆ 积分数值记录沟通	◆ 倾听与表达： ◇ 认真听并能听懂语言 （遵守同伴们制定的玩法和规则） ◇ 愿意参与讨论，能有序、连贯、清楚地讲述事情 （游戏过程中的交流、协调、分析、批判等自由阐述） ◆ 书写准备： ◇ 具有书面表达的愿望和初步技能 （用图画、符号、数字表现表征）

联排效应"多米诺关"学科渗透		
整合领域	典型表现	经验提升与学习
社会领域	◆ 自主创设游戏情境 ◆ 协作准备游戏材料 ◆ 沟通决定游戏内容 ◆ 反思推动游戏进程	◆ 人际交往： 　◇ 愿意与人交往 　　（高兴、兴奋时的分享，情境创设时的沟通） 　◇ 与同伴友好相处 　　（分工合作，克服困难，出现想法不一样时先倾听再表 　　达诉求，如先按谁的思路摆放积木） 　◇ 具有自尊、自信、自主的表现 　　（主动发起活动，主动承担任务，遇到数数难题时互助 　　攻克） ◆ 社会适应： 　◇ 在群体中积极、快乐 　　（滑索踢的游戏从小范围辐射到大集体，感受快乐） 　◇ 遵守基本的行为规范 　　（与同伴共同制订滑索踢的玩法、规则；排队游戏，完 　　成后帮助摆放材料，下一个继续） 　◇ 具有初步的归属感 　　（愿意为集体做事，能为同伴摆放材料、拉取把手、计 　　算积分，看到分值的突破为同伴感到高兴）

"多米诺关"，幼儿持续聚焦边滑边踢的动作，更新与变化多种游戏形式，获得健康领域的有益发展。幼儿通过经验判断、操作实践、观察反思、分析比较等方法，解决材料问题，迁移已有经验，建构新经验，获得了科学领域知识积累。通过语言表达及与人互动等，幼儿的社会性交往水平不断提高。这也将进一步帮助幼儿完善自我认知，并逐步形成受益终身的学习态度和能力。

● 共情参与，师幼平等

游戏过程中教师兼有多重身份，既是游戏环境的创设者、游戏材料的提供者，又是游戏过程的观察者，游戏后的分享者、倾听者，同时也是游戏发展历程中的持续支持者与陪伴者。教师需要仔细观察，有效倾听游戏的发生过程，把握每一次身份转换的时机，不干预幼儿的行为，允许幼儿试错与重复，鼓励幼儿自主尝试与发现。采用教师通过提问启发、行为暗示等方式激发幼儿已有经验，并提供支持。

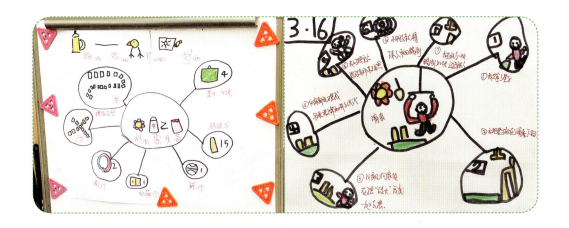

倾听助推的深度学习

● 社会层面——同伴合作为支撑

儿童心理学家皮亚杰认为，儿童在与同伴合作的过程中所产生的共鸣，使得儿童获得了关于社会更广阔的认知。同伴之间的合作，对儿童的社会性发展具有重要的促进和推动作用。幼儿在高度热情与非常感兴趣的游戏情境中，自然而然地会根据需要与同伴分工合作、协商解决问题，从而确保游戏顺利进行。在趣味滑索踢的游戏中，我看到了从前结构（一个孩子的纸箱好奇）到单一结构（一种材料玩法），再到多元结构（多种材料玩法），然后到关联结构（多米诺、踢足球）这样一个递升过程，其实就是幼儿深度学习的过程。

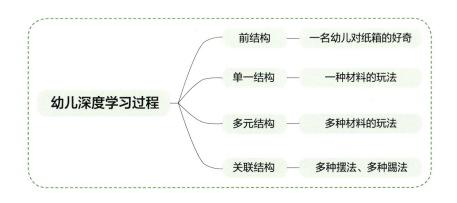

重视同伴间的合作学习已成为当今世界教育的发展趋势。我国基础教育课程改革倡导"自主、合作、探究"的学习方式。自主、合作、探究与深度学习有着密切的关系。自主是深度学习得以开展的前提，合作是深度学习的支撑，探究则是深度学习的核心。[1]通过自主创设游戏环境，合作选择所需材料，探究不同玩法与规则，够到最近发展区等，幼儿的合作行为与合作学习能力有了很大的提高。实践表明，以同伴合作为支撑推进幼儿深

1. 王小英，刘思源.幼儿深度学习的基本特质与逻辑架构［J］.学前教育研究，2020（1）：3-10.

度学习是卓有成效的。

● **联系建构，应用中巩固**

幼儿深度学习注重新旧知识、经验之间的联系，通过实际过程中的不同意见、不同声音，引发认知冲突，在同化和顺应的相互作用下，实现知识与经验的主动建构和迁移，并能够举一反三。例如，从多米诺的联排摆放击倒很有趣味性，到接下来的思路打开激发摆放热潮，有圆形的、方块的、鞭炮式的、椅子式的、两层的、隔空的等。每种不一样的击中方法都令游戏者很开心，都在想要突破自己踢得更多，分数更高。具体见下表。

第三轮游戏实践			
发现问题	**同伴想法**	**实施结果**	**学习与发展**
评价与反思： 没那么难是因为绳子长且人高，是否尝试踢矮物？	认可，增加了难度	有效，形式更加多样化，更好玩了	◆ 游戏中发现问题，思考后提出问题 ◆ 说出解决办法提高表达能力 ◆ 加大难度也更考验与发展运动能力
协商与配合： 纸箱易坏且高，换矮物可否考虑建构材料	赞成，但对纸箱的破坏大	从踢纸箱过渡到踢球，再到踢建构材料，对脚上动作要求更高	合作与反思能力，以点到面，反向思维，优化材料
创造与合作： 发现建构材料可以有多种摆法，按块积分	可实施，都想参与	有效，玩法千变万化	团结合作、数数计算、主动意识、高阶思维等

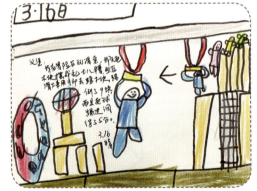

经过游戏，幼儿的原有经验有了进一步的发展，他们开始会批判性地看待发生的现象，进行深层次的思考了。在接下来的一段时间里，幼儿都保持着对脚上踢物游戏的高度热情，并开展了足球比赛：游戏区里的男生穿着雨衣分两队正在踢足球，他们酣畅淋漓地踢着，满头大汗。幼儿的深度学习需要这样的激情。

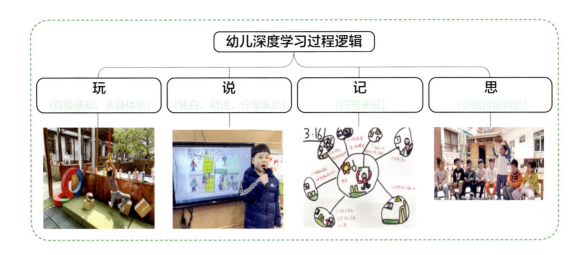

在自主游戏中，倾听不仅可以增进师幼间的互动，还能促进学习的深化。教师在观察中不仅要重视每一个细节、关注每一个过程，还应捕捉幼儿的学习兴趣与动机，激发他们的内驱力，为推动幼儿深度学习提供有力的支架！

扫码观看典型案例"趣味滑索踢"活动视频

四、我们毕业啦

对于幼儿园大班的幼儿来说，毕业是成长中一个重要节点，毕业季活动也是幼儿园众多活动中最为浓墨重彩的一笔。关于毕业，他们是如何理解的呢？他们希望毕业季开展哪些活动呢？幼儿参与制订毕业季活动计划、讨论活动内容、准备活动材料，并在策划、筹备过程中不断调整，在实施、体验过程中不断完善。深度学习在这期间悄然发生。教师持续倾听幼儿想法，追随幼儿、支持幼儿，共同完成了一场以幼儿为主体的毕业季活动。在一系列的毕业活动如"夏日集市""毕业自助餐""毕业画展""毕业典礼""与幼儿园告别"中，幼儿体会了和同伴共同游戏、学习、生活的快乐，体会了告别与成长的意义，更是为幼儿、家长、老师留下了美好而珍贵的回忆。

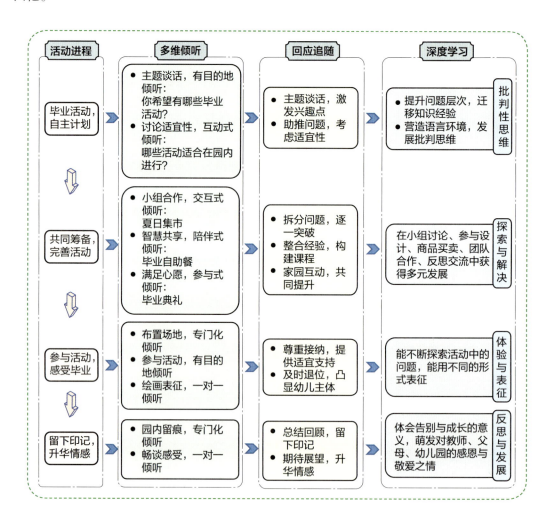

毕业活动，自主计划

倾听的实录

在大班下学期的一次谈话活动中，教师和幼儿聊起了毕业的话题。幼儿知道了："毕业就是要离开幼儿园，要去小学了。""毕业就是要和老师、小朋友们分开了。"在聊了一些相关问题后，教师问大家："你希望有哪些毕业活动？"

小樱桃说："我想在毕业时和我的好朋友一起去旅行。"

垚垚说："我想在毕业的时候再吃一次自助餐，我最喜欢吃幼儿园的自助餐了。""我也想！""我也想！"不少幼儿附和。

翎翎说："我想和爸爸妈妈还有小朋友在幼儿园里办一次跳蚤市场，我之前和妈妈在别的地方看见过，还买了东西，很好玩。"

安安说："我想像去年毕业的哥哥姐姐那样举行毕业典礼，还要邀请爸爸妈妈来参加。"

"我想打水仗。""我想去游乐场玩。""跟小朋友一起玩游戏。""我想跟老师、小朋友拥抱告别。"……大家你一言我一语表达着自己对毕业活动的想法，不少幼儿还在区域活动中制作了"毕业计划"，对自己的毕业季充满了设想。

随后教师说："你们的想法都很好，这些活动中你们觉得哪些适合在幼儿园办？为什么呢？"

楠楠说："我觉得吃自助餐适合在幼儿园办，毕业旅行不适合，那只能去别的地方。"

钦钦说："我觉得毕业典礼适合，跳蚤市场不适合。"

"我觉得跳蚤市场适合，"开始提出计划的翎翎反驳道，"我们怎么参加呢，我都不知道要干什么。"钦钦也提出了自己的问题。"可以买东西，我们可以跟爸爸妈妈一起来啊，他们会告诉你要做什么的。"翎翎回应道。钦钦点点头也没有再继续争辩下去。随即教师和翎翎一起向大家解释了什么叫跳蚤市场，大家都很有兴趣。

在充分倾听了幼儿的想法后，结合实际情况，大家共同开启了毕业季系列活动的策划与筹备工作。

倾听的回应

● 主题谈话，激发兴趣点

幼儿是活动的主体，是毕业季活动的主角，应如何激发幼儿的主人翁意识呢？那便是让幼儿深度参与其中，因此在活动构想初期便以谈话的形式了解了幼儿对毕业的理解，对毕业活动的计划。在他们的侃侃而谈中能感受到他们对活动的期待，强烈的兴趣也是促使幼儿能持续关注活动的内驱力。同时，在倾听中教师发现幼儿对大型活动的课程构建有一定的前期经验，这部分经验主要源于三方面：一是来自参与过且体验感很好的活动，如旅行、跳蚤市场、自助餐等；二是来自对主题活动的已有认知与自身观察，如毕业典礼等；三是来自对幼儿园的情感。这些设想为毕业季活动的开展提供了重要的参考依据。

● 提问设疑，思考适宜性

《发展指南》中提出："应为幼儿创设自由、宽松的语言交往环境，让幼儿想说、敢说、喜欢说并能得到积极回应。"在了解幼儿对毕业活动的认识后，教师肯定了他们的想法，这是对他们乐于分享与交流的鼓励，也提高了其进一步参与讨论的积极性。适时提出问题："哪些活动适合在园内进行？"引导幼儿考虑活动的适宜性。将幼儿零散的经验聚焦到一个空间内，引导他们进行目的性更明确的思考，将活动朝着更好落地实施的方向推动。在结合幼儿兴趣、需要及教师对毕业季课程教育价值的思考后，拟定了"'夏'一站启程"为主题的毕业季系列大型活动：夏日集市、毕业自助餐、毕业典礼等。在每一个活动的准备过程中，教师不断倾听幼儿的声音，发现问题，解决问题。

倾听助推的深度学习

● **在不同层次问题中，迁移知识经验**

在围绕毕业主题的谈话中，教师从毕业是什么（概念、心情）、想进行的毕业活动、活动适宜性，三个层面递进，鼓励幼儿表达自己的想法，一步步在了解、巩固幼儿已有经验的基础上迁移经验，引导幼儿思考活动可操作性及与幼儿园场地的适配程度。幼儿通过回顾"看过的""做过的"活动，整合幼儿园环境，说出活动是否可行的原因，体现出联想与建构新经验的思维能力，为浅层学习到深度学习过渡打好基础。

● **在宽松语言氛围中，发展批判思维**

谈话过程中，幼儿对毕业相关话题的讨论十分感兴趣，能认真倾听同伴发言，还就物品买卖游戏适不适合在园进行了争论；教师始终保持良好倾听者的角色，积极营造平等、自由的语言环境，鼓励幼儿当意见不一致时勇敢说出自己的观点，并有理有据地说明理由，发展批判性思维。幼儿间的对话既说明这个活动对大家有吸引力，也说明这个活动还存在许多需要解决的问题，这都是后续开展活动时新的问题生发点。

全程参与，感受毕业
——毕业系列活动之夏日集市

倾听的实录

● **准备阶段**

在讨论如何吸引顾客时，有的幼儿说："卖好吃的和玩具，大家肯定都喜欢。"有的幼儿说："我们可以送礼物，可以搞个抽奖，买了东西就能抽奖。"还有的说："要像玩游戏的时候那样喊别人来买，大家快来买呀！"

● **活动阶段**

小老板们热情地向小顾客推销自己的商品，招揽生意，耐心为小顾客服务。"快来看，快来买，买一送一啦！"

"这个多少钱一个？""2元。"

小宝当家队成员激动地喊道："来看看我们收了多少钱！"

● **反思阶段**

琪琪说："我买了好多喜欢的东西，也卖了很多东西，我觉得很开心。"

轩轩说："我们最后算了一下，总共赚了52块钱。"

倾听的回应

- #### 拆分问题，逐一突破

一个大型活动需要考虑的因素众多，此阶段的大班幼儿仍以形象思维为主，抽象思维还处于萌芽阶段，因而不能从宏观角度去考虑活动本身。当引导幼儿讨论活动该如何开展时，他们显得很茫然且所说内容零散。如何根据幼儿年龄特点，发挥其主观能动性，将大问题拆分成为多个小问题便是一个行之有效的途径。如：关于集市怎么吸引顾客的问题，幼儿通过调动生活经验和游戏经验，认为可以通过商品本身的吸引力和促销手段，还能通过像吆喝、主动邀请同伴等方式吸引顾客。随着活动的深入，幼儿会生成出自己的问题，如"我们没有钱怎么办？"。实践后发现，对于抛出的具体问题幼儿都乐于思考，能主动获取解决办法。

- #### 整合经验，构建课程

在观察与倾听中能发现，幼儿间游戏水平、认知水平都不一样，如有的幼儿能准确换算 10 以内的加减，有的幼儿则需要帮助。在尊重接纳幼儿发展差异的同时，也希望能促进幼儿相应能力的提高以获得更好的活动体验感。因此教师组织开展了"学当家"活动来认识、使用人民币，了解人民币之间的换算，还在自主游戏中巩固幼儿角色游戏、表演游戏的经验，将部分幼儿的经验转化为全体幼儿的经验。

● 家园互动，共同提升

夏日集市活动是一项亲子参与度很高的活动，需要家长的参与和支持。教师鼓励幼儿回家和爸爸妈妈商量小组讨论的内容，如想卖的商品、如何装饰摊位等，请家长在生活中帮助幼儿积累真实的购物经验。《发展指南》中提道："购少量物品时，有意识地鼓励幼儿参与计算和付款的过程。"

倾听助推的深度学习

活动进程	活动形式	幼儿可能建构的相关经验	幼儿的学习与发展（理论依据）
活动前	小组讨论	◆ 能友好地与同伴进行沟通、协商 ◆ 接纳合理意见，小组内统一意见 ◆ 小组计划、组织能力提高	◆《发展指南》语言领域： ◇ 愿意与他人讨论问题，敢在众人面前说话 ◇ 愿意用图画和符号表现事物
	参与设计	◆ 审美能力、动手能力、创造性思维得到发展 ◆ 了解一个摊位由哪几个部分组成	◆《发展指南》艺术领域： ◇ 能用自己制作的美术作品布置环境、美化生活 ◆《发展指南》健康领域： ◇ 手的动作灵活协调
	商品买卖	◆ 明确了"买家""卖家"的身份特点 ◆ 学会正确计算需付款数量和价格 ◆ 培养了初步的理财能力 ◆ 能自主决策、购买需要的物品 ◆ 初步学习招揽顾客的方法	◆《发展指南》科学领域： ◇ 感知和理解数、量及数量关系 ◇ 能通过实物操作或其他方法进行 10 以内的加减运算
	团队合作	◆ 能遵守团队共同制订的规则，如谁守摊谁购物，如何轮换等 ◆ 维护团队利益，与家长共同协商分配团队收益	◆《发展指南》社会领域： ◇ 活动时能与同伴分工合作，遇到困难能一起克服 ◇ 理解规则的意义，能与同伴协商制订游戏和活动规则
活动后	反思交流	◆ 能在集体中分享自己的收获与感受 ◆ 积累了较为丰富的游戏经验，提高了游戏水平	◆《指导要点》： ◇ 培养幼儿的倾听和表达能力

全程参与，感受毕业
——其他毕业系列活动

倾听的实录

关于毕业系列活动，孩子们有太多想法，有太多话想说，我们就活动进行了多次谈话。

● **毕业自助餐**

问题一：毕业自助餐上，你们最想吃的美食是什么？

祯祯说："我最喜欢吃幼儿园的鸡腿了。"

莹莹说："我想吃香肠还有薯条。"

砥砺说："我想吃玉米、排骨和肉丸子……"

问题二：你希望的进餐环境是怎样的？

高高说："我希望把教室布置得美美的，放一些气球还有花。"

果果说："我希望能跟所有小朋友一起在感统室吃自助餐，很好玩。"

一一说："吃自助餐的时候我想穿漂亮的裙子。"

问题三：吃自助餐时需要注意什么？

比萨说："不能浪费食物，吃多少拿多少。"

小倍说："取餐的时候要排队，不插队。"

岳岳说："不能光吃鸡腿、烤肠，还要吃蔬菜。"

● **毕业典礼**

问题一：毕业典礼时，有什么特别想做的事？

冰冰说："我想邀请爸爸妈妈来看我的表演。"

贤贤说："我想自己制作邀请卡给爸爸妈妈。"

问题二：怎么布置我们的场地？

恰恰说："我想用很多气球来布置。"

洋洋说："我想放我的照片还有作品。"

涵涵说："我想像电视里一样走红毯。"

● **毕业打水仗**

问题一：需要准备什么材料？

小馄饨说："要准备水枪、泳衣。"

祎祎说："我家里有 2 个水枪，我全要带来。"

问题二：打水仗时有哪些注意事项？

胖胖说："不能对着别人的眼睛打。"

郡郡说："别人拿水枪对着你的时候要赶紧闪到旁边。"

……

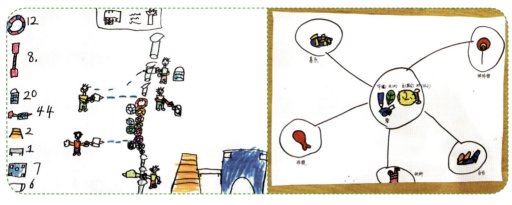

倾听的回应

● **尊重接纳，提供适宜支持**

　　日常面对幼儿，教师要及时肯定幼儿的发现；对于他们的想法，教师也要尊重、接纳，并一一记下，以方便将幼儿的心声考虑进活动规划。[1]同时，教师还将幼儿的表征记录分类呈现在环境中，为幼儿间的相互学习提供支持。

1. 乔安妮·奎因，迈克尔·富兰.深度学习2：重新定义未来教育的学习模式［M］.北京：机械工业出版社，2020：30.

● 及时退位，凸显幼儿主体

在商量"进餐礼仪"和"打水仗注意事项"时，教师没有直接告知，而是请幼儿充分思考、讨论后得到了适合的内容。在布置"毕业自助餐"现场，幼儿也是亲力亲为，两人一组合作搬桌子，商量怎么搬怎么放。摆放花瓶组的幼儿则会考虑放置花瓶的数量和位置。在毕业典礼主屏幕上播放了幼儿自己的作品，每一个环节的标题也是以幼儿作品为背景呈现。要相信幼儿是有能力的学习者，要给予幼儿足够的自主权。

倾听助推的深度学习

● 持续关注，兴趣激发内部驱动力

没有强烈的内部动机，缺乏浓厚的兴趣与积极的态度，幼儿的学习就难以展开，更不可能走向深度学习。源自对自己"准毕业生"身份的认可，源自对活动的期待，在毕业季期间，幼儿迸发出对活动持续的热情，时不时问起活动何时开展，对照日历计算时间。这份兴趣也激发了幼儿迫切想要完成好各项活动的想法，而这些活动又将"学习与幼儿的兴趣和意愿有意义地联系起来"。

● 积极思考，不断激发创造思维

在准备阶段的每个节点中，幼儿都会遇到不少困难如：在思考如何呈现自助餐菜品名称时，有的幼儿尝试把透明胶、双面胶一半粘在自制的菜名上，另一半粘到相应的菜碗前的桌子上，但是发现粘好后不方便移动，而且容易撕坏，做好的菜名又要重做。这时有幼儿提出可以贴在一个方便移动的物品上，这样就可以全部提前准备好，再摆到相应的地方。大家想到了可以用平常玩的积木，可贴在哪种积木上合适呢？幼儿分头寻找，有的用乐高，有的用木质的长方形积木块。但又遇到了新问题，一块乐高积木比较小也比较矮，贴上菜品后纸会往下塌，木质积木竖立摆放容易倒。他们又想叠加摆放多个乐高积木，可是又发现占地多且笨重。此时有幼儿提出，看见过的三角形名字牌又轻便又可移动，可以把菜名画好后再折成三角形立牌。最终问题得到圆满解决。活动中类似的问题有很多，幼儿通过富有创造性的思考，不断探索与尝试，积极寻求合适的解决方式。

● 多维表征，主动架构知识网络

形式	幼儿的表征记录	通过倾听了解的表征内容	幼儿可能建构的相关经验
绘画		妍妍：邓钧文和其他小朋友带我们宣誓，我们还全体起立了	初步感知了毕业典礼中宣誓环节的庄重氛围，产生毕业的自豪感
思维导图		创意集市摆摊人员分工：摆放商品员、介绍员、收钱员、宣传员	在团队活动中学习分工合作，分配任务
前书写		周一诺：亲爱的园长妈妈，感谢您带来好玩的户外自主游戏，让我们的童年变得快乐。上小学后我会来看您和我们的乐园	巩固前书写的记录方式，对园长妈妈、幼儿园表达感谢，懂得感恩
投票		◆ 乐乐：我最喜欢吃孜然牛肉和避风塘炒虾，太美味了 ◆ 瑞瑞：票数最多的是烤鸡翅	能根据投票情况观察出最受欢迎菜品，能按结果统计并用数字表示结果

形式	幼儿的表征记录	通过倾听了解的表征内容	幼儿可能建构的相关经验
讨论		◆ 以霖：我们的摊位叫什么名字好呢？ ◆ 团团：叫恐龙勇士队 ◆ 沐沐：不好，我们女孩不想叫这个名字	能认真倾听同伴的发言，能大胆表达自己的看法。当意见不一致时，懂得协商
动作表现		宜欣：快来看我们的毕业表演	能自主装扮游戏区域；能迁移表演经验，在集体面前大胆表现

● **多重仪式，尽情体验成长美好**

每一个活动里，每一个环节中，无不体现着珍贵的仪式感。在这里，幼儿一起定格美好瞬间，获得人生中第一张毕业证书，拍一组毕业照，感受园长妈妈、老师和爸爸妈妈的殷切期盼和祝福；精心绘制的美工作品被精美呈现，自助餐后对食堂叔叔阿姨的感恩；毕业典礼上一起念着毕业诗，唱起毕业歌，把自己用心准备的表演表现给大家来见证自己的成长……幼儿获得了尊重、认可，感受了同伴间的纯真友谊，在参与活动的同时体验幼儿的成就感。

留下印记，升华情感

倾听的实录

毕业在即，幼儿纷纷感慨："我舍不得幼儿园，舍不得老师、小朋友。""以后上小学了，还要回幼儿园来看看。"

倾听的回应

● 总结回顾，留下印记

幼儿表达了即将毕业的感受后，教师问："你们想在幼儿园留下什么？想做些什么呢？"有的说想跟幼儿园最喜欢的滑滑梯说再见；有的孩子说想给每天打招呼的保安叔叔送份礼物；还有的说想给游戏时带来阴凉的树上挂上保护小树的牌子，告诉弟弟妹妹要继续保护……他们有很多很多事情想做。

- **期待展望，升华情感**

基于情的归属和心的不舍，教师与幼儿一起身心沉浸、情感共鸣，建立新的关系与连接，在毕业活动中升华对幼儿的情感。要给予他们爱与自由，支持他们更好地去感知生活、探究世界、建立自信，养成独立思考、解决问题的能力，而这些能力的培养将成为他们未来学习和成长的动力。

倾听助推的深度学习

- **把握情感脉络，聚焦社会发展**

毕业季活动以情感为主轴，丰富的活动内容、场景、话语、形式与群体互动的场面能增加幼儿对集体意识的认知，帮助幼儿接受社会约定俗成的集体取向，从而加速了幼儿的社会化进程。

- **运用多种能力，助力幼小衔接**

蒙台梭利说过："我听过了，就忘记了；我看见了，就记住了；我做过了，就理解了。"毕业季活动是幼儿园课程的重要组成部分，是幼小衔接工作的聚焦性表现，要引导幼儿在计划、思考、探索、坚持、协作、实践、反思一系列进程中，形成良好的学习品质。这有助于幼儿入学后更好胜任新的学习任务，且受益终生；有助于幼儿入学后适应不同技能的学习，并更主动、持久、投入。这类活动能够很好地体现学习的综合性、系统性，有助于幼儿获得全面、系统、可迁移的知识和经验。

教师要关注毕业系列活动背后蕴含的意义，坚持倾听幼儿的想法，注重激发幼儿的主动性，努力做到师幼共建课程。当幼儿感受自己的建议能得到教师的尊重，自己的想法能被教师采纳并实现时，他们会更积极主动、热情自信地投入学习、生活中。相信这段毕业主题活动的经历会对幼儿的未来产生深远影响，其间发生的自然而然的学习也使幼儿一步步走向深度学习。

扫码观看典型案例"我们毕业啦"活动视频

五、搭建爱晚亭

畅游岳麓山古迹，欣赏古建筑之美。幼儿畅所欲言，分享见闻与感受，自主合作探究，讨论爱晚亭的造型特点，思考搭建方法、材料选择、人员分配的适宜性，并在实践中反思完善，以持续深入探究，解决问题。其探究性、创造性、高阶思维能力和社会交往能力在这个过程中得到发展。教师追随幼儿兴趣，坚持"去教师本位，立儿童中心"的理念，关注、思考儿童表征的内在价值。从幼儿个性化的表征中分析他们的需求、兴趣等，提升"听见儿童""听懂儿童""支持儿童"的能力。[1] 在倾听、对话、支持中助推幼儿深度学习。

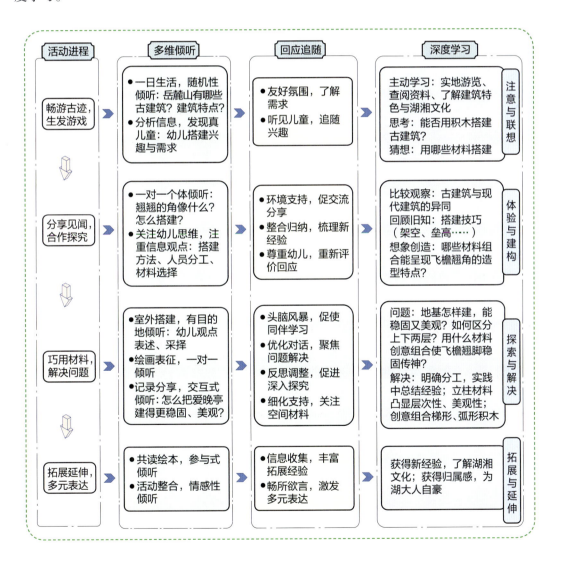

---

1. 徐朗煜.基于儿童本位的"一对一倾听"实践与思考［J］.学前教育，2023（Z3）：26-29.

畅游古迹，生发游戏

湖南大学幼儿园对面是湖南大学大礼堂，旁边是岳麓书院，幼儿经常约着离园后一起去大礼堂、岳麓书院游戏玩耍。在"走进湖大校园"家长助教活动中，幼儿和家长一起走进湖大校园的各个角落：走进岳麓书院，了解岳麓书院的建筑特色、听古代文人墨客聊岳麓；走进御书楼，感受藏书背后的历史和文化力量；走进爱晚亭，赏琉璃碧瓦、紫翠菁葱。

来园后，幼儿迫不及待分享他们畅游岳麓山的所见所闻和感受。

步步说："我和爸爸妈妈一起去了岳麓书院，里面有很多字画，妈妈说以前很多人在里面上课和学习。"

皮皮说："是的，我爸爸说岳麓书院有一千年了，是千年学府，现在还有人在里面上课学习呢！"

蕙蕙说："我也去了岳麓书院，妈妈还给我穿了漂亮的汉服。"

乐乐说："我去了御书楼，爸爸说御书楼和图书馆一样，里面有很多藏书呢。"

诗辰说："御书楼跟湖大图书馆长得可不一样了，以前的房子和现在的房子区别真大啊！"

佩琪说："以前的房子都是矮矮的，像是北京的四合院，里面有池塘有花草。现在的房子都是很高很高的。"

园园说："以前房子的屋顶上四个角都是翘上去的，现在房子的屋顶是平平的。"

柔柔说："爱晚亭的屋顶就有弯弯翘角，像燕子尾巴一样！"

初初说："我去了爱晚亭，爱晚亭好美，跟别的亭子可不一样，它的瓦片是绿色的。"

小哈妹说："爱晚亭的柱子是红色的，妈妈说'爱晚亭'这几个字是毛爷爷写的。"

我去了御书楼，爸爸说御书楼和图书馆一样，里面有很多藏书呢！

御书楼跟湖大图书馆长得可不一样了，以前的房子和现在的房子区别真大啊！

以前的房子都是矮矮的，像是北京的四合院，里面有池塘有花草。现在的房子都是很高很高的

以前房子的屋顶上四个角都是翘上去的，现在房子的屋顶是平平的

爱晚亭的屋顶就有弯弯翘角，像燕子尾巴一样！

我去了爱晚亭，爱晚亭好美，跟别的亭子可不一样，它的瓦片是绿色的

谈论起岳麓山之旅，幼儿兴趣浓厚，各抒己见。在与同伴相互交流的过程中，幼儿获得了很多关于湖湘古建筑的新经验，对岳麓书院、湖湘文化也有了更多的了解。喜爱建构游戏的幼儿萌发了搭建爱晚亭、御书楼的想法。

倾听的回应

● 友好氛围，了解需求

倾听幼儿不仅是一种认知活动，也是一种情感活动，教师应投入时间与精力去倾听幼儿的表达，与幼儿建立有效情感链接，创设宽松的、友爱的、良好的倾听氛围，让幼儿体验被听到、被重视的美好感受。[1]教师在一日生活中，及时捕捉、把握住幼儿对古建筑的兴趣，倾听幼儿的心声，了解他们的游戏需求。通过倾听，教师发现幼儿的兴趣、需求和困惑，听见、看见儿童，从而更好地"发现"儿童。

● 听见儿童，追随兴趣

课程活动是在师幼双向互动过程中不断丰富起来的，教师要善于观察幼儿，了解幼儿感兴趣的事物、游戏和偶发事件中隐含的教育价值，把握时机，积极引导，才能取得事半功倍的效果。[2]在发现幼儿对搭建爱晚亭的兴趣后，教师及时跟进支持，追随幼儿兴趣，当幼儿讨论"岳麓山有哪些古建筑""古建筑的建筑特点"时，教师有意识地去倾听，根据对话现场捕捉到的"生长点"，有目的地去倾听所涉及的关键的人和物。

1. 王黎，李彩.让"一对一倾听"助力幼儿成长［J］.教育文汇，2023（10）：27-30.
2. 吴晟，岳凌霄.追随兴趣适时"纸"架——中班班本课程"好玩的纸"的实践探索［J］.今日教育（幼教金刊），2023（1）：49-50.

倾听助推的深度学习

　　深度学习关注于问题的解决。根据大班幼儿的思维特点，激发幼儿的问题意识，使幼儿形成"学问"和"学答"能力，教师需要通过观察，随时捕捉到幼儿可能稍纵即逝的行为。课题研究发现：在主题积木建构游戏中的深度学习，幼儿和教师是密不可分的。一方面，需要幼儿自身有发现、分析和解决问题的敏锐性；另一方面，也需要教师有准备地观察与跟进。[1]

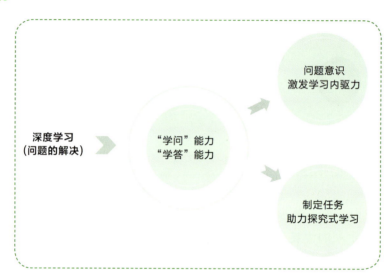

　　● 　问题意识，激发学习内驱力

　　畅游古迹，幼儿穿梭于古建筑中，欣赏和感受亭台相济、楼阁相望、山水相融之美。有的幼儿发出感叹："古建筑怎么能这么美呢！"你一言、我一语，开启了一场"古建筑究竟美在哪里"的探讨。幼儿主动利用信息化技术，查阅资料，了解古建筑的建筑特色与湖湘文化。喜爱建构游戏的幼儿引出搭建古建筑的探究话题："古建筑造型能不能用积木搭建出来呢？""哪些材料可以用来搭建爱晚亭？"此时，幼儿对古建筑产生了有意注意，思考搭建游戏的可行性，并开始寻找适宜的搭建材料。幼儿在游戏中的主动探究和"学问"成为推进深度学习的内驱力。

　　● 　制定任务，助力探究式学习

　　深度学习是高投入的主动学习，探究式材料与适宜的任务能提高幼儿在活动中的主动性及探究的价值。幼儿在对"古建筑"产生浓厚兴趣后，确定了搭建爱晚亭的任务，开始自制表格，筛选现有材料，勾选所需材料。如：积木、彩色积塑、轮胎、材料框子、水管等。通过思考"还需要哪些材料""这个材料可以怎么搭建"，回顾已有搭建经验。思考："要怎么用积木搭爱晚亭呢？""这些材料可以怎么组合起来？"，确定搭建任务和材料。这样的思考探究为幼儿提供了自主探究、经验运用、思考和创造的机会，他们干劲满满，参与搭建爱晚亭的劲头更足了。

1.　张梅.主题积木建构游戏下大班幼儿深度学习的教师指导策略［J］.教育理论与实践，2021，41（29）：62-64.

分享见闻，合作探究

倾听的实录

倾听即细心地听取。幼儿园的一对一倾听指向教师在与幼儿互动中以真诚的态度认真听取幼儿的各种表达，对交往中所有的信息进行有效处理，并在尊重和理解幼儿的同时，对幼儿表达的各种想法和疑惑给予及时且恰当的反馈。[1]教师结合幼儿的小组讨论过程记录了一对一倾听的内容及关键信息（具体见表格）。

类别	一对一倾听内容	关键信息
观察交流		
古建筑特点	◆ 屋顶不是四四方方的，是弧形的 ◆ 屋顶四个角都会往上翘 ◆ 翘翘的屋角像燕子的尾巴一样 ◆ 对，像小鸟的翅膀，要飞起来 ◆ 颜色很漂亮，还有很多花纹 ◆ 不止一个屋顶呢，看上去有几层，像蛋糕一样	◆ 屋顶造型特点 ◆ 建筑色彩、装饰 ◆ 建筑特色：飞檐翘角 ◆ 建筑结构：台基、屋身、屋顶
爱晚亭特点	◆ 有尖尖的屋顶，下面一层可以坐人 ◆ 柱子是红色的，屋顶是绿色的 ◆ 有翘翘的屋角	◆ 亭子结构 ◆ 色彩 ◆ 建筑特色：飞檐翘角
合作探究		
搭建方法	◆ 亭子中间是架空的，可以把积木叠高变成柱子 ◆ 尖尖的屋顶像金字塔一样，越往上越小，用到的积木越少	架空、垒高
人员分工	◆ 需要有个小组长来指挥 ◆ 我们负责运材料 ◆ 地基我们搭，柱子你们搭，屋顶我们一起搭	分工协作，相互配合
材料选择	◆ 亭子里面可以坐人，我们要铺一个大大的地基 ◆ 可以用长长的木板来铺地基 ◆ 柱子要用宽一点大一点的积木，这样叠起来不容易倒 ◆ 翘翘的角怎么搭呢，用什么材料呢？	根据建筑结构特点选择适宜的材料

倾听的回应

● **环境支持，促交流分享**

幼儿深度学习的环境是由物质材料、空间、时间、人际氛围、师幼及同伴关系等要素共同构建的，是一种多元的、交互的、立体的、开放的环境。支持幼儿的深度学习，就要鼓励幼儿与外界环境充分交互。开放的空间一方面能促使幼儿做环境的主人，发挥自主性，打造自己的游戏空间；另一方面也支持幼儿在环境中自由走动，自主决定游戏内

---

1. 朱凤．一对一倾听，读懂幼儿心［J］．今日教育（幼教金刊），2023（Z1）：30-31.

容、自我选择游戏材料。[1] 为了对幼儿表达的各种想法和疑惑给予及时且恰当的反馈，教师创设具有开放、交互的室内环境，将幼儿与家长自主收集的、教师筛选的关于爱晚亭的视频、图片资料以多元方式呈现，幼儿借助平板、纸笔、咕咕机来记录和表征。从"一对一倾听"的表格中不难看出，幼儿围绕"如何合作搭建爱晚亭"进行了积极的互动和交流。

● 整合归纳，梳理新经验

《评估指南》在幼儿园教育过程—活动组织方面指出："要发现和支持幼儿有意义的学习，采用小组或集体的形式讨论幼儿感兴趣的话题，鼓励幼儿表达自己的观点，提出问题、分析解决问题，拓展提升幼儿日常生活和游戏中的经验。"回顾小组交流探讨的成果有助于师幼共同梳理、总结、巩固、提升经验，促进同伴相互学习。教师对小组合作探究中幼儿的经验分享、观点碰撞、出现的问题进行梳理，为后续的探索与解决问题做铺垫。

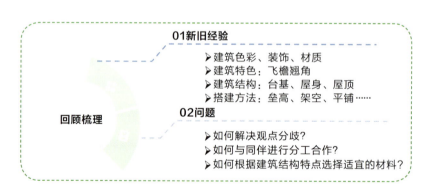

● 尊重幼儿，重评价回应

教师有效回应可以扩展幼儿思维，引导幼儿能够更好地积累生活经验与知识，促进幼儿主动积极地学习，同时有助于教师专业能力的提升，对教师的教学有辅助的作用。[2]加德纳的研究认为幼儿的智力发展是多元化的，而个体在智力维度的发展表现出差异性。教师要善于识别幼儿的优势智力领域，尊重幼儿表现的差异性，在回应过程中尊重幼儿的

1. 张丽 . 班级环境支持幼儿深度学习的策略初探［J］. 东方娃娃 • 保育与教育，2023（4）：36-39.
2. 王虹叶 . 教学活动中教师回应评价语言的探究［J］. 课程教育研究，2014（10）：33-34.

差异，对不同的幼儿采取不同的回应行为，要给予幼儿公平的回应，让幼儿有更多表达自我的机会，从而营造良好的师幼互动氛围。[1]在回顾梳理小组讨论的过程时，教师要采用言语和非言语相互交叉的回应方式，用鼓励的动作、引导的语言让幼儿进行更深层次的思考，以拓展幼儿思维的深度和广度。"要建多大的亭子？可以容纳多少人？""翘翘的角怎么搭建？可以用什么材料？"

1 改变观念，发挥幼儿主体性
- 改变回应态度，建立科学的儿童观和教育观
- 树立包容的回应观，成为回应开放型教师

2 善于识别，尊重幼儿差异性
- 正视回应的差异性
- 注重回应的情感公平

3 言语、非言语方式相结合
- 鼓励的动作、引导的语言
- 安慰的动作、提醒的语言

倾听助推的深度学习

倾听内容	深度学习	幼儿可能建构的相关经验	幼儿的学习与发展
古代建筑与现代建筑的异同	比较观察	◆ 在探究中与他人交流并合作，尝试用数字、图画、图表或其他符号记录古代建筑与现代建筑的异同 ◆ 发现古代建筑与现代建筑在建筑风格、特色、材料、高度等方面的异同，由此发现并描述爱晚亭的建筑特点 ◆ 发现爱晚亭的三段式结构（台基、屋身、屋顶）	在探究交流中，幼儿尝试用多种形式进行记录，并能通过观察、比较与分析，发现并描述古代建筑与现代建筑的特征，符合《发展指南》科学领域目标2的描述：幼儿具有初步的探究能力
搭建经验	新旧经验迁移	◆ 熟练运用平铺、叠高、错位、围合等建构技巧 ◆ 根据爱晚亭的结构特点，整合已有的搭建房子的经验，尝试完成搭建爱晚亭的建构任务 ◆ 对爱晚亭空间结构、大小比例、基本形状、造型特点进行分析，注意爱晚亭地基的大小和高度、柱子的宽窄和高度、屋顶的造型等，在头脑中进行创造性构思，重组模型	◆ 平衡、协调、灵敏的大肌肉运动能力和精细动作能力 ◆ 动作思维得到发展，具体表现为行为的目的性、调控性，及过程的逻辑性 ◆ 发展创造能力、空间想象能力、科学思维能力
用什么材料搭建翘翘的角？	想象创造	尝试用常见的几何形积木进行创意组合拼搭，塑造爱晚亭翘翘的角的造型	幼儿感受爱晚亭的造型特征，尝试识别和描述"翘翘的角"。这与《发展指南》科学领域的目标"感知形状与空间关系"相吻合

---

1. 余雅洋，胡丽园，李营营.游戏分享环节中教师有效回应的策略研究［J］.黑龙江教师发展学院学报，2023，42（9）：139-142.

顺利完成新旧经验的迁移和领域间的连接，是深度学习的重要特征。大班幼儿生活经验与游戏建构经验相对小、中班幼儿更为丰富多元，更能够积极地探索周围的世界。但在实际观察中发现，幼儿的经验很难自我唤醒，在新的情境中遇到新的问题时，往往无法顺利提取自身已有经验，更无法灵活进行新旧经验的迁移整合，因此需要教师的支持。[1]教师要支持幼儿思考古代建筑与现代建筑建筑风格的异同，梳理关于爱晚亭的新经验，激发幼儿迁移整合已有的搭建经验，进行重组和创造性构思。

巧用材料，解决问题

倾听的实录

● 室外搭建

（1）搭建地基

佩琪说："我们用这个长的箱子来搭建地基吧。"

孩子们搬来箱子，把箱子摆成一列。

园园说："把这个箱子竖着摆成两列，中间用板子连接。"

孩子们将两列箱子竖着摆齐后，拿来长的细木板准备平铺在箱子上。这时初初拿来小箱子放在木板中间。

园园对初初说："不需要这个，两边有箱子，够稳固了。"

---

1. 周颖.大型户外建构游戏中幼儿深度学习的支持策略［J］.教育导刊（下半月），2021（1）：26-30.

园园发现木板还是不整齐，歪歪扭扭的。

佩琪说："等下，我发现问题在哪里啦！你们看，这里是凹进去的！"孩子们把凹进去的箱子上面的木板揭开，调整底下箱子的间距，把箱子对齐后再把上面的木板对齐。

（2）搭建立柱

初初说："用这个梯形的积木来搭柱子怎么样？"

园园说："可以，梯形积木叠在一起很漂亮。"

佩琪说："那需要叠几层呢？"

园园说："两层吧，三层太高了。"

（3）搭建翘翘的角

柔柔说："我想到了！我来试试。"

柔柔拿来了一个镂空的梯形积木和弧形积木，她尝试把弧形积木装进镂空的梯形积木里，发现刚好卡住，也能够立起来。

四个翘翘的角立起来后，柔柔说："我觉得上面的角可以跟下面的角不一样。"

倾听方式：一对一倾听。

柔柔说："在搭建翘翘的角时，大家都不知道该怎么办，我走了一圈，发现梯形积木是镂空的，就想着把弧形积木放进去试一试，没想到刚好能够卡住，还不会倒。后面拿来了薄的弧形积木和镂空的长方形积木，按照之前的方法组合在一起，发现也可以卡住。"

● 记录分享

园园说："我觉得我们组搭建的爱晚亭很好，里面可以坐人！地基前面的台阶下次可以搭得更整齐，这次用的材料太杂了！"

初初说："爱晚亭有两层，我们这次只建了一层。"

豆豆说："我也觉得爱晚亭那一组搭得好，御书楼那一组就没那么好了，他们搭御书楼太空了，而且只用了积木和积塑，其实还有很多材料可以用上。"

柔柔说："我觉得御书楼那一组这次搭建得很漂亮，下次可以用更多不一样的材料，可以把地基建得更大。"

佩琪说："御书楼那一组和我们爱晚亭在建翘翘的角时用了不一样的材料，我们是把弧形积木和梯形积木组合起来的，他们是用红色的积塑拼了一个角。"

楷楷说："我觉得我们御书楼这一组可以学习爱晚亭那一组，他们搭建的'翘翘的角'更好看，角像飞起来一样！"

倾听的回应

● **交流分享，促使同伴学习**

游戏中教师细致观察幼儿的游戏行为，用拍照、摄像的方式记录真实的游戏情境并选择适当的时机进行游戏分享；游戏后运用思维导图、情境再现等方式，为幼儿提供易于掌握且可视化的交流方式，借助所拍摄的视频、照片或相关图示引导幼儿回顾游戏过程。[1] 独行不如众行，智慧在于碰撞。教师运用可视化的方式以"发现问题—聚焦问题—探究问题—解决问题"的思路引导幼儿欣赏搭建作品并思考搭建作品的优点和可以继续改进的地方，组织小组进行讨论。集体分享、小组讨论是一个很好地进行同伴学习的机会。幼儿在讨论和交流中，发现其他组的长处，学习别人的经验，也发现自己组可以改进的地方，如材料可以更多元、如何装饰更美观等，幼儿跃跃欲试，也更加期待下次的搭建活动。

● **优化对话，聚焦问题解决**

"长木板歪歪扭扭的。"听到这句话，幼儿都想凑过来看长木板与木箱间的缝隙。经过一番讨论，把倾听到的问题归纳为：上层长木板需与下层木箱配合。幼儿集思广益，提

---

1. 阚文娟.运用"马赛克方法"在游戏中倾听幼儿［J］.山东教育，2023（27）：40-41.

出自己的推测和解决办法，教师以思维导图的方式记录下讨论内容（如下图），再现问题解决过程，推进幼儿深度学习。

基于问题解决
推进深度学习

问题一：下层的木箱如何摆放

推测：木箱没对齐、摆直
解决办法：调整木箱位置，使其整齐、笔直

问题二：上层长木板如何对齐

推测：木板有前有后，边边没对齐
解决办法：调整木板位置，填补缝隙

问题三：地基歪歪扭扭的

解决办法：先调整下层木箱，再调整上层
长木板

● 反思调整，促进深入探究

　　游戏中的幼儿充满着好奇心和探究精神，每一次的游戏经历都会让幼儿积累相关的直接经验，每一次的调整背后都有着幼儿对问题的积极反思。在复杂的探究过程中，幼儿会不断总结成功与失败的原因，建立起游戏行为与结果之间的内在关系，游戏中的探究便成了幼儿积极主动地进行反思性学习的过程。[1]教师通过呈现幼儿搭建作品的图片，引导幼儿直观感受搭建过程中出现的问题，反思材料使用、造型塑造等方面的细节，总结可以改进的地方。

立柱
● 材料应统一用一种箱子
● 箱子的朝向应一致
● 第二层要与第一层有对比，
　支柱可以用不同的材料

台阶
每一层的台阶应统一，既有
台阶的高度变化又保持整齐

地基
可以搭建得更大更宽，
容纳更多的人

不需要的材料可以送回去

● 细化支持，关注空间材料

教师引导幼儿关注与别的建构作品的空间距离，根据自己的建构计划规划自己的建

1.　陈燕.观察·研读·倾听——看见幼儿游戏中的反思性学习［J］.幼儿教育，2023（28）：14-16.

构空间；提供古建筑牌匾、记录笔纸等，引导幼儿丰富建构作品，并自主记录自己的游戏经历等。

倾听助推的深度学习

问题	幼儿表现	解决办法
地基如何稳固又美观？		明确分工，实践中总结经验 注意：先计划与分工，再开始搭建，明确材料使用、材料摆放与组合方式
如何区分上下两层？		立柱材料凸显层次性、美观性 注意：爱晚亭第一层和第二层的柱子应该区别开，用不同的材料来搭建，关注材料的组合和搭配 ◆ 第一层大一些，用宽大的箱子既稳固又显得宏伟大气 ◆ 第二层小一些，两个梯形叠起来当柱子既美观，高度也合适
用什么材料创意组合能使飞檐翘角稳固传神？		创意组合梯形、弧形积木 ◆ 创意的组合材料，发现神奇的组合方式 ◆ 继续尝试组合成类似的积木群，通过替换上层的材料呈现不同的观感效果

● 回顾梳理，迁移已有经验

　　幼儿在小组讨论与反思过程中回顾梳理第一次搭建的新经验。如："把箱子叠在一起搭建立柱。""翘翘的角可以用镂空积木与弧形积木组合搭建。"……在第二次搭建时，幼儿迁移第一次搭建的经验。如："用不同形状的箱子垒高可以塑造高度不一的立柱。""镂空的长方形积木与薄的弧形积木也可以组合搭建翘翘的角。""两层的角可以用同类不同样式的积木群组合搭建。"

● 持续探究，解决实际问题

　　通过迁移已有经验，实现了搭建中"区分爱晚亭上下层""美化翘翘的角"的目的，使搭建出来的爱晚亭造型美观、比例协调，并通过替换材料使亭子更有轻盈飞翘之感。

拓展延伸，多元表达

倾听的实录

● 共读绘本，参与式倾听

在主题建构游戏"畅游岳麓山"的活动中，幼儿用建构的方式表征心中的湖湘古建筑爱晚亭、御书楼等。他们在搭建过程中感知爱晚亭、御书楼的外形特征，学习运用形状、大小、长短、薄厚等各不相同的低结构材料进行搭建，获得对称、平衡等经验，同时也感受着先人的智慧，体会到了湖湘传统建筑文化的博大精深，培养了热爱家乡与本土文化的深厚感情。"古时候的人真是太聪明了，我还想继续了解古时候的建筑，去北京看看故宫。""建房子真不是一件简单的事情，我以后想当建筑师，厉害吧！"幼儿自发地想要了解更多关于湖湘文化和建筑的知识，和爸爸妈妈一起找到了一些绘本，开启了美妙的亲子阅读时光。

● 活动整合，情感性倾听

毕业季来临，幼儿热烈地讨论着有关毕业的话题。"我好舍不得湖大幼儿园呀！""我也是，但我们都去湖大附小上小学呀，还可以继续一起玩。""我以后也要一直留在湖大呢，我爸爸妈妈都是湖大的，我以后也要读湖南大学。""我也要读湖南大学！"教师追随幼儿的兴趣，师幼共同敲定了毕业舞蹈的主题"长大我要上湖大"，一起设计舞蹈动作，为毕业晚会的节目单、邀请函设计出谋划策。"我有话想对幼儿园说，你们呢？""我想对爸爸妈妈说，我上小学了别担心！""我想对老师们说，谢谢你们，我爱你们！"师幼共同设计了"我想对你说"的环境创设板块，鼓励幼儿与大家分享幼儿园毕业的心情，表达心中想对教师、父母等人说的话以及对小学生活的好奇和向往。将想对教师、幼儿、家长、保安叔叔、食堂阿姨们说的话通过录音、文字、视频等形式记录下来，将这份关于幼儿园的爱与回忆保存和延续。

倾听的回应

● 信息收集，丰富拓展经验

绘本及游戏是现阶段幼儿认识世界、了解世界的主要方式之一，为帮助幼儿提高认知能力，教师需要积极挖掘绘本的潜在教学价值，充分激发幼儿的学习积极性。教师可借助具备故事性、冲突性、教育性、趣味性的绘本，创新各类游戏活动，培养幼儿的审美意识、艺术天赋及品质情操，使得幼儿的身心得到进一步的锻炼与发展，能更深入地了解绘本背后的文化内涵。[1]教师追随幼儿探究兴趣，家园共读《最美的建筑》《会讲故事的建筑》等绘本，随着绘本走遍祖国的大江南北。方正有序的繁华古都——长安城，穿越故宫、景山、鼓楼大街的中轴线，祈盼神灵与祖先的祝福的宗庙与祠堂，各地不同的钟鼓楼等，这

1. 曹丽莉.挖掘幼儿绘本资源拓展游戏教育魅力［J］.当代家庭教育，2023（13）：84-87.

些都是我们中华民族传统建筑瑰宝，应引导幼儿通过它们去了解历史，了解我们的民族，了解我们传承的、令我们自豪的文化。

● **畅所欲言，激发多元表达**

敢于表达是幼儿自信的表现之一，多元教育给幼儿提供了多种学习方式，为具有不同潜能和特长的幼儿提供了多样化的表达方法。在艺术整合活动中，教师不应拘泥于某一种艺术形式，而是要融入多种艺术形式，满足幼儿创造性和个性化需求，真正践行多元智能的教育理念。在毕业舞蹈"长大我要上湖大"的设计中，教师鼓励幼儿畅所欲言，发表对于舞蹈动作设计和舞台设计的想法。歌曲选用的是与舞蹈主题相贴合的"长大我也上湖大"，引导幼儿根据歌词"山上有个爱晚亭，岳麓书院在山脚下""岳麓书院是湖大，湖大风景美如画。岳麓书院学问多，长大我要上湖大"，自主创编舞蹈动作。

倾听助推的深度学习

游戏内容	幼儿可能建构的相关经验	
绘本阅读	◆ 幼儿沉浸于古建筑文化之中，通过观察学习、倾听学习、互动学习、做中学、创意学习等多种学习方式感受中国古代工匠技艺和经典传统文化，使倾听能力、观察能力、口头表达能力、绘画能力、动手操作能力乃至艺术表现力、创造力均得到发展 ◆ 尝试把自己的生活经验与书本知识相链接，加深了对知识的理解与掌握	了解湖湘文化和建筑历史
整合活动	◆ 在自主设计舞台背景、规划舞台表演内容、设计舞蹈动作时，尝试解决问题，统一意见，服从集体安排，自尊、自主、自信，为身为湖大人感到骄傲自豪 ◆ "我想对你说"，愿意与大家分享幼儿园毕业的心情，表达内心想对老师、父母等人说的话以及对小学生活的好奇和向往	获得归属感为湖大人自豪

"你去过岳麓书院吗？""爱晚亭可以用积木搭建出来吗？""毕业晚会我来设计。"随着幼儿的兴趣和需要的变化，幼儿园开展了"走进湖大校园""畅游麓山""长大我要上湖大"等多种类型的活动，引导幼儿了解更多的古建筑和传统文化，感受身为湖大人的自豪感，使他们能更自信热情地探索世界。走进幼儿的心灵，倾听幼儿的心声，给幼儿时间和空间去探索、去发现、去成长。教师通过观察幼儿的游戏、研读幼儿的记录、倾听幼儿的表达，不断修炼自己站在幼儿的立场推进幼儿深度学习的能力，看见幼儿游戏中的反思性学习，也正是在这种反思、调整、实践的过程中，我们和幼儿一起收获、共同成长。

六、小小快递员

《幼儿园工作规程》中提出："游戏是幼儿的基本活动。"幼儿的学习不是概念化、符号化、学科体系化的学习，他们的学习依赖的是直接感知、亲身体验、实际操作。一个偶然的包裹在班级引发了"快递"的话题，并延伸出"小小快递员"的游戏。幼儿在游戏中开始有意识地了解快递员这个职业，在小小的心里慢慢建立起同理心。并通过游戏中的团队合作，不断沟通、协作、思考、探索……在开放的游戏环境中挑战游戏难度，一步步突破自我，获得成就感与发展。可见，在游戏中学习符合幼儿的年龄特点，同时，在游戏中学习，幼儿也更加积极、主动。

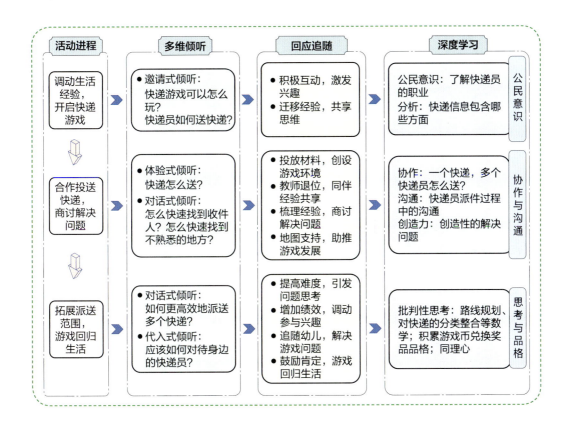

调动生活经验，开启快递游戏

倾听的实录

一次户外游戏时，王老师递给我一个快递包裹，我接过后顺手放在了旁边的栏杆上。这时，嘟嘟跑过来问："曾老师，这是你的快递吗？你买了什么呀？"我点点头。里尔说："我妈妈也经常收快递，她最喜欢买东西了。"一旁的哲哲、婧婧也附和着："我妈妈也是……"

不一会儿，我看见孩子们拿着材料区中的纸箱还有滑板玩起了送快递的游戏。发现孩子们的这一游戏兴趣后，我们班级开始收集快递箱。

教师说："你们想玩送快递的游戏吗？可以怎么玩？"

满满说："我的妈妈经常会收快递，快递员会把快递送到我的家里。"

馨馨说："我们有时会去快递站取快递，快递员会给妈妈打电话。"

教师说："快递员怎么知道快递送给谁？"

嘟嘟说："快递上会有电话号码。"

里尔说："快递上会有地址，还有名字（收件人）。"

倾听的回应

● 积极互动，激发兴趣

著名教育家陶行知的教育智慧，首先是一种倾听智慧，他认为倾听是一种邀请，体现内在的尊重。《纲要》中提出："要耐心倾听，努力理解幼儿的想法与感受，支持、鼓励他们大胆探索与表达……要善于发现幼儿感兴趣的事物、游戏和偶发事件中所隐含的教育价值，把握时机，积极引导。"因此，虽然仅仅只是由生活中的一个快递引发的话题和游戏，教师也要及时抓住这一契机，与幼儿积极互动，通过谈话、收集游戏材料等方式，激发幼儿对快递员这一职业的了解兴趣，生发"小小快递员"的游戏。

● 迁移经验，共享思维

在谈话中可以了解到大部分幼儿都有收快递的经验，可是到要玩"小小快递员"的游戏时，幼儿还是很疑惑："可以怎样玩？""快递员究竟是怎样送快递的？"……针对这些问题，教师营造了宽松的对话氛围，引导幼儿调动平时收快递的经验，开启了一场讨论。首先，在对话中明确了游戏角色，即此次游戏中至少有两个角色——快递员、收件人；同时，明确了快递箱上不可缺少的几个要素——收件地址、收件人姓名、联系电话。但因为是幼儿玩的游戏，而幼儿没有手机，所以经过商量一致同意联系电话在此游戏中可以去除。通过谈话，教师和幼儿相互学习、共享思维，将生活中的经验成功迁移于游戏之中。

倾听助推的深度学习

● 公民意识，了解身边的职业

《发展指南》关于社会领域的"人际交往"方面的目标是："利用生活机会和角色游戏，帮助幼儿了解与自己关系密切的社会服务机构及其工作，体会这些机构给大家提供的便利和服务，懂得尊重工作人员的劳动，珍惜劳动成果。"幼儿平时有收快递的经验，但对于"快递员"这个职业可以说是既陌生又熟悉，熟悉是因为常有接触，陌生是因为幼儿并不清楚快递员是怎样送快递的。通过此次谈话，幼儿开始有意识地去关注、了解"快递员"这个职业，从而知道快递员派送快递时需要关注的信息。

● 分析推理，解锁快递单信息

幼儿运用平时收快递的经验，分析快递单推理快递员需要掌握的关键信息。里尔说："快递单上有地址，还有名字（收件人），这样快递员可以知道把快递送到什么地方，送给谁了。"

"如果收件人不在家怎么办呢？"教师接着问。

馨馨说："快递员会给我妈妈打电话、发信息。"在对话中，幼儿又知道了快递单上的又一关键信息——电话号码。

在对话中，师幼共同梳理了快递单需要包含的几个必要信息：收件地址、收件人姓名、收件人联系方式（电话号码）。同时幼儿也知道了快递员可以根据快递单上的信息找到收件人投送快递。

合作投送快递，商讨解决问题

倾听的实录

在与幼儿进行了讨论，明确了"小小快递员"游戏各个岗位和职责后，班级立马开展了一次送快递的体验活动。

教师说："22个小朋友，6个快递，怎么送？"

哼哼说："我们可以轮流送。"

沐沐说："我们可以合作送。"

阳阳说："还是合作送吧，轮流等的时间太久了，而且送出去的快递也回不来呀。"

大家都觉得阳阳说得有道理，最终统一了"合作送"的办法，22个小朋友自由组合为6组，3—4人一组。

快递投送过程中幼儿的表现		体验式倾听的主要内容	快递投送情况
关于谁来拿快递	桓桓、沐沐、大航、鲲鲲四个小朋友合作抬着一个快递，笑眯眯地出发了	沐沐说："我来拿快递。"鲲鲲也说："我想拿快递。"于是，大航说："这样吧，我们四个人一起拿，每人抬一个角。"桓桓点点头赞同大航的意见	成功出发
	里尔、嘟嘟、锡锡三个人互相商量着：由谁来拿快递，谁来找地方，找到收件人说什么	里尔说："嘟嘟你拿着快递，我和锡锡去找大二班（收件地址）刘老师（收件人）。"锡锡接着说："见到刘老师后，你就说'刘老师，给你，这是你的快递'。"嘟嘟也说："就简单一句话'刘老师，这是你的快递'就行了。"锡锡说："刘老师说谢谢的时候，我们就说不用谢，然后就可以走了。"嘟嘟和里尔点点头	成功出发
	哼哼、婧婧、瑞宝三人因为都想拿快递而发生了争执，其中哼哼和婧婧都哭了	哼哼抱着快递兴冲冲地准备出发，婧婧一把夺过哼哼手中的快递，说："我来拿。"哼哼又抢过来，说："我先拿到的。"婧婧又去拿，这时哼哼抱着快递不肯松手，两人因争抢而哭了，也停滞在教室里久久没有出发，一旁的瑞宝看着他俩争抢不知所措	未能出发

快递投送过程中幼儿的表现	体验式倾听的主要内容	快递投送情况
送快递	小妙、小米粒、安安、玥玥送的是小四班朱老师的快递，在送快递的过程中她们能根据班牌找到快递的收件地址	小妙在小四班门口停下，指着班牌说："就是这里，小四班。"玥玥抱着快递推开门，这时小四班教室里有两位老师（朱老师和郭老师），玥玥迟疑了一会儿走到郭老师面前递过快递说："朱老师，你的快递。"然后她就走了	送对了地址，送错了老师
	馨馨、朵朵、爱美丽送的是小二班石老师的快递，馨馨对幼儿园地形很熟悉，拿着快递直接找到小二班	朵朵在小三班门口停下指了指。爱美丽边跑边说："不对，这是小三班。"馨馨抱着快递一刻不停地直接跑到了小二班的门口。她们透过门缝看到小二班的老师正带着小朋友在玩游戏，朵朵、爱美丽、玥玥推着馨馨进去送快递，馨馨迟迟不肯进去，她说："这不是石老师。"（因为馨馨认识收件人石老师。）她们又穿过教室，看到厕所亮着灯，并猜测石老师在厕所，经过短暂的等待，终于看到石老师。馨馨递过快递，说："石老师，这是你的快递！"然后她就走了	成功送出

回到班级后，师幼对快递投送情况进行了一次复盘讨论，幼儿自由述说着自己送快递的经过，并通过自我反思总结出较为集中的三个问题。

问题一：因争吵未能成功出发。

瑞宝说："哼哼和婧婧在吵架，把快递盒抢烂了。"

哼哼和婧婧不好意思地低下了头。

哼哼说："我们下次可以和沐沐那组一样，一起去送快递，合作抬快递。"

我给哼哼竖了个大拇指："真好！你已经找到解决办法了。"

问题二：未能准确送给收件人——找对了班级找错了老师，或找不到老师。

安安说："玥玥把朱老师的快递送给别的老师了。"

玥玥委屈地说："我是送给了小四班的老师，但我不知道谁是朱老师，我不认识。"

嘟嘟说："我们送给大二班刘老师，但是大二班教室里没有人，我们就直接把快递放到教室门口了。"

里尔说："我觉得快递还是要送到刘老师手上，万一快递丢了怎么办呢？"

……

问题三：找不到收件地址——对地形不熟悉，特别是三号楼中班。（幼儿园有三种不同房型结构，大班的教室在二号楼，幼儿每天上学、放学会经过一号楼，较少经过三号楼，所以不太熟悉。）

沐沐不好意思地说："我们的快递没有送出去，因为我们找不到中二班。"

淘淘马上说："我知道，中二班在沙池旁边。"

馨馨说："不对，沙池旁边是中一班，中二班好像在中一班旁边吧？"（也不太确定的样子）

倾听的回应

● **投放材料，创设游戏情境**

幼儿的发展最有效的途径，就是体验。《发展指南》中也提出："幼儿的学习是以直接经验为基础，在游戏和日常生活中进行的。……教师应最大限度地支持和满足幼儿通过直接感知、实际操作和亲身体验获取经验的需要。"教师通过倾听，知道幼儿有玩"快递员"游戏的需求时，在短时间内利用家长资源收集了快递材料，和幼儿共同制作快递单、商讨游戏规则与玩法，并与园内其他班级老师（快递收件人）沟通，为幼儿创设了亲身体验的游戏情景。

● **教师退位，同伴经验共享**

《指导要点》在"社会准备"中提出："鼓励幼儿认真倾听同伴的想法和建议，当意见不一致时说明理由，学习协商解决问题，达成一致。同伴遇到困难时，鼓励幼儿提供力所能及的帮助。遇到冲突时，指导幼儿尝试用协商、交换、轮流、合作等方法解决，不争抢，不欺负同伴。"哼哼和婧婧在送快递时因为都想拿快递而发生争执，导致快递没有派送成功。在游戏复盘中，他俩能主动学习其他组的经验并迁移调整，可见他们有较强的学习能力与反思能力。当幼儿在派送快递过程中遇到"找错班级""找不到地方""找不到老师"等问题时，教师也没有第一时间介入，而是将问题留白，给予幼儿自我解决、同伴互助的空间，发现了幼儿的无限潜力：有的问题能当场立马解决，有的问题则通过后期的经验共享互助解决。在提高幼儿自我解决问题能力的同时，也为幼儿提供了同伴互助的空间，提高了协作能力。

● **梳理经验，商讨解决问题**

通过倾听，围绕幼儿提出的集中问题，教师组织大家展开了一次讨论。

问题一：怎么能快速找对人？

大航说："我们可以看门口的教师工作牌。"

玉米说："对，上面可以知道老师的名字，她是班主任还是教师、生活教师（岗位）。"

嘟嘟说："是的，找不到她，还可以看电话号码打电话。"

……

问题二：怎么快速找到不熟悉的地方？

淘淘说："老师可以带我们到幼儿园走一走，我们一起找找中班在什么地方。"

婧婧说："上个星期杨老师带我们认识了地图，我们也可以画一张幼儿园地图，这样找不到教室时，可以看地图找。"

● 地图支持，助推游戏发展

在对话式倾听中，教师接纳了幼儿的建议，除了带幼儿一同参观熟悉幼儿园环境外，还在游戏区中投放了幼儿园地图（基于幼儿园的复杂环境及幼儿阅读地图的现有水平，分楼栋分别绘制了地图），并在集体活动中带幼儿阅读。

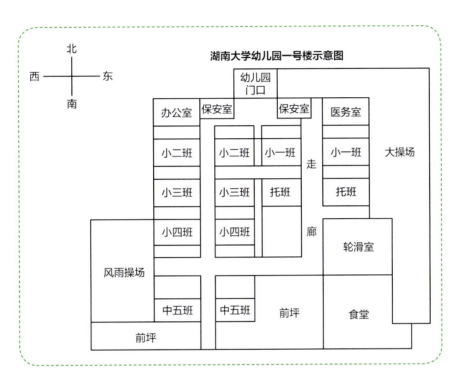

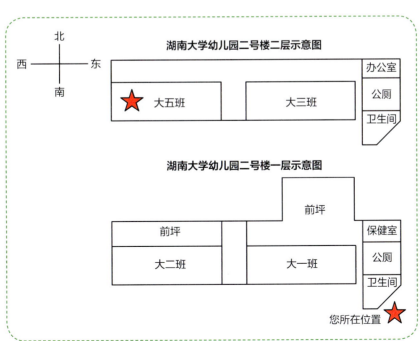

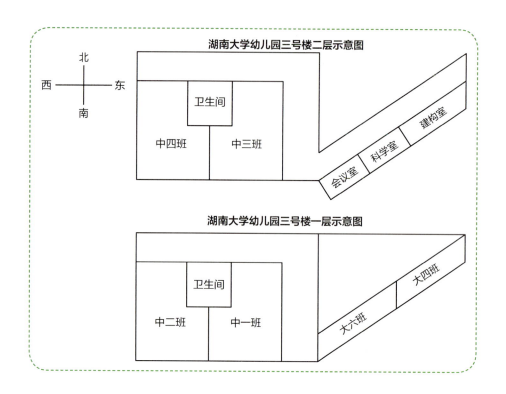

湖南大学幼儿园三号楼二层示意图

湖南大学幼儿园三号楼一层示意图

倾听助推的深度学习

● **沟通协作，完成派送任务**

协作是深度学习的核心。《指导要点》中提出："要提供材料、创设条件，引导和支持幼儿合作开展活动，体验合作的重要性。"本次游戏3—4个"快递员"派送同一个快递是对幼儿的一种考验。第一次玩快递员的游戏，每个幼儿都想派送快递是他们的正常反应。几个人怎么拿？大家一起怎么送？这些问题都需要进行沟通协调与合作。因此不同小组的幼儿有不同的表现，能良好沟通与协作的小组当然能更高效地完成任务，反之会影响任务的完成进度。但可喜的是，遇到问题的小组能通过主动学习、及时反思调整策略，最终顺利出发。

● **主动思考，创造性解决问题**

"学习者可以集思广益地'提问'和'探究'问题，以追求创造和表达更为新颖的想法和解决方案，最终将其付诸实践。"[1]当幼儿提出找不到地方（收件地址）、找不到人（收件人）时，除了询问以外，有的幼儿立马联想到了在每个教室门口都有教师工作牌，可以通过工作牌上的照片、名字确认收件人，同时还能联系前期开展的"阅读地图"活动，将经验迁移运用到本次游戏中，可见幼儿已经突破了问题的常规处理方式，能积极思考，进行创造性地运用迁移，构建新经验，解决问题。

1. 乔安妮·奎因.深度学习2——重新定义未来教育的学习模式［M］.北京：机械工业出版社，2020：110.

拓展派送范围，游戏回归生活

倾听的实录

在协商、讨论以及经验共享后，师幼共同优化了游戏材料，增设了地图支持，幼儿再次投入"快递员"的角色中，开启了快递游戏。

在这一次游戏中，大部分幼儿都能迁移经验，看班牌、看教师工作牌，并根据地图找地方。

遇到收件人是不熟悉的老师，幼儿虽然有点害羞，但依然能鼓起勇气主动询问沟通，并将快递成功送出。当遇到"收件人不在班级"的情况时，淘淘、可乐、三宝能通过商量，分头寻找，最终通过看班级场地指示牌找到了收件老师，成功将快递送出。

多次游戏体验后，教师和幼儿又坐在一起开展了一次谈话。

教师说："你们觉得快递员的游戏好玩吗？我们可以怎么让游戏变得更刺激更好玩？"

幼儿脸上都是一副既兴奋又期待的表情。

啾啾说："我能不能给我的好朋友送快递？她在大二班。"

桓桓说："我妹妹在小三班，我想给她送快递。"

以恒说："快递员送快递有小车子，我们能不能也开车送快递呢？"

教师点点头认可了幼儿的想法，又问："关于快递游戏，你们还有什么问题吗？"

馨馨说："时间太短了，我今天刚送完刘医生的快递，还有谢医生的快递没送，游戏时间就到了。"

里尔说："刘医生和谢医生在一个办公室，你为什么不一起送呢？"

馨馨恍然大悟："对噢！我们可以一次送两个快递吗？"

教师说："当然可以，只要你们能拿得下，更多快递也是可以一起送的，你们也可以借助一些工具帮忙运快递噢！"

淘淘笑眯眯地说："快递送得多有奖励吗？"

教师说："当然可以。"

倾听的回应

回应策略	教师支持	幼儿表现
提高难度，引发问题思考	◆ 增加快递量，鼓励幼儿一次派送多个快递 ◆ 增加派送难度，除了送给教师以外，快递还可能会送给其他班级的幼儿或保安、厨师等其他工作人员	幼儿开始有分类整合的意识。如：同一地址的快递知道要一起送，或者约着要去同一个地址或相近地址的幼儿一起送。同时，他们还会借助一些工具，如班级的材料框、游戏区的小推车等工具协助运送快递，在减轻负担的同时也更加高效
增加绩效，调动参与兴趣	幼儿派送快递成功，可兑换相应的游戏币（快递大小不同、地址远近不同，可获得的游戏币也不同），游戏币可积累兑换礼品	幼儿派送快递的积极性更高，更愿意挑战送大体积、远距离的快递。送快递前也会将多个快递仔细分类整合，通过提高快递量来增加自己的绩效
追随幼儿，解决游戏问题	追随幼儿的游戏，发现游戏中有幼儿难以解决的问题时，教师应适时给予支持。如：幼儿要给冯老师送快递，但不认识"冯"字，教师通过集体活动，带幼儿一起认识	在派送冯老师的快递时，沐沐说是马老师的快递，淘淘说那个字不是"马"（但也不知道是什么字），随后他俩通过对照门口的工作牌找相同的字，确定了收件人
鼓励肯定，游戏回归生活	与家长沟通班级开展的"快递员"游戏，肯定幼儿在游戏中的表现与发展	安娜妈妈说："自从班级开展了快递员游戏之后，安娜更了解了快递员这个职业，同时也体会到了快递员的辛苦。每次去快递站她都会主动向快递员问好，快递员送快递到家里时，也会主动说谢谢！"

倾听助推的深度学习

游戏中幼儿可能获得的发展 教育部《指导要点》			
身心准备	生活准备	社会准备	学习准备
◆ 运动量 ◆ 坚持性	◆ 时间观念 准时送达快递，路途中不拖沓 ◆ 安全防护 送快递途中的自我保护 ◆ 整合观念	◆ 交往合作 与同伴的交往、协商，与陌生人的沟通 ◆ 诚实守规 遵守送快递的游戏规则 ◆ 任务意识	◆ 学习习惯 独立思考、有计划地做事 ◆ 学习兴趣 对生活中不同职业的了解，对生活的关注 ◆ 学习能力 生活中阅读（地图、快递单）、识字；用数学的方法解决问题；语言表达

● **深入思考，挑战高难度游戏**

随着游戏难度提升，幼儿开始从浅层游戏进入深度学习。过程中，他们运用高阶思维，迁移已有经验深入思考，不再盲目地拿着一个快递就冲，而是先将快递分类整理好，整合同一地址或相近地址的快递，思考如何更高效地派送快递。经过一次次的思考与调整，快递派送量增加了，同时幼儿自己的绩效也提高了，获得了满满的成就感。

● **健全品格，关心身边职业**

在游戏中幼儿开始了解快递员这个职业，在送快递的过程中体会到快递员的辛苦，知道了快递员工作的不易。在生活中幼儿也更具同理心，学会了关心体谅身边的劳动者。

真实的游戏情境、开放的游戏环境、适宜的材料支持、充足的时间保证……这些条件一同促成了班级"小小快递员"游戏的成功开展。相信幼儿的视野与格局原本就隐藏在他们的精神世界之中，教师选择倾听，在倾听中认识幼儿、发现幼儿的无限可能；教师选择尊重，认可幼儿拥有不同的声音和行为的权力，把幼儿看作他们自己游戏的专家和主体，尊重和接纳幼儿的游戏想法；教师选择支持，始终追随幼儿游戏，并在需要时提供适时、适当、适度的回应与支持，促进幼儿获得更积极的发展。

扫码观看典型案例"小小快递员"活动视频

七、与幼儿共同策划一场家长会

家长会，通常参与者都是教师与家长，看似是一场家长与教师的聚会，但又都与幼儿密不可分，因为在家长会中，所有话题的中心都是幼儿。

在经历了前面五次线上家长会后，在大班的最后一个学期，终于迎来了一场面对面的线下家长会。"本次家长会与家长聊什么？""线下家长会如何区别于线上家长会？""能不能让幼儿一起来参与家长会？"这些都是幼儿园和教师考虑的重点。幼儿是幼儿园的主人，也应成为幼儿园活动的深度参与者。因此，教师将会议留白，"与幼儿共同策划一场家长会"成为本次大班家长会的主题！

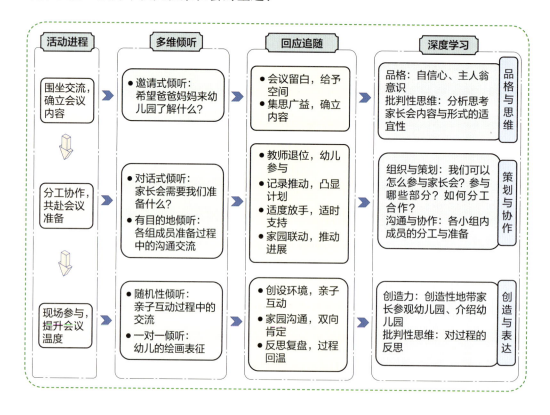

围坐交流，确立会议内容

倾听的实录

大班下学期的家长会，也是幼儿园阶段的最后一次家长会。开家长会的前两周，教师和幼儿围坐一起，围绕"家长会时，你想要爸爸妈妈来幼儿园了解什么？"的话题展开了一次讨论。

教师说："我们这次的家长会，你希望爸爸妈妈来幼儿园了解什么？"

安安说："想让爸爸妈妈看看我们的作品。"

福仔说："想让爸爸妈妈看看我们幼儿园的环境，他们都没来过。"

戈儿说："想让爸爸妈妈看看我们的快乐。"

教师说："哦？你的快乐是什么？"

戈儿说："我们在幼儿园玩游戏很快乐。"

阳阳说："想让爸爸妈妈看看我们的创意。"

教师说："你的什么创意想展现给爸爸妈妈呢？"

阳阳说："比如我们用木板、安吉箱、轮胎可以拼一辆房车。"

玉米说："想让爸爸妈妈看看我们的表现。"

教师说："看你什么表现？"

幼儿一起说："我们表现多好啊，我们当值日生做餐前准备、我们整理活动材料、我们会认真倾听举手发言……"

倾听的回应

● 会议留白，给予空间

以往的每一次家长会，从内容确立、方案撰写到会前准备、会议开展都是由教师一手操办。家长会真的是教师与家长的专属吗？幼儿有没有参与家长会的需求？对于这场应以幼儿为中心的会议，教师却从未真正聆听过他们的声音与需求。进入大班，幼儿的思想愈发成熟与独立，且乐于表达表现。幼儿园阶段的最后一场家长会，何不让幼儿参与，听一听他们有关家长会的想法。于是，教师将会议留白，在确立家长会的内容与形式之前，先和幼儿展开了一场讨论。

● 集思广益，确立内容

安安是画画高手，所以她希望向爸爸妈妈展示她的作品；阳阳是游戏创意小达人，他也想给爸爸妈妈介绍自己的游戏小创意；戈儿是个乐天派，每天都乐呵呵地上幼儿园，她觉得在幼儿园很快乐，想将快乐与爸爸妈妈分享；还有其他孩子们认为自豪的事：当值日生的经历、良好的学习习惯……所有幼儿都迫不及待地想与家长们分享自己了不起的成长点滴。

幼儿的视野与格局原本就隐藏在他们的精神世界之中，教师选择倾听，支持接纳幼儿的想法就是对他们最好的尊重。于是，教师采纳了幼儿的建议，通过共同讨论商议，最终确定了本次家长会的形式。

序号	家长会内容
1	幼儿带爸爸妈妈参观幼儿园——看游戏场地、看班级图书、看手工作品
2	观看视频、照片——游戏创意、一日生活习惯
3	看一个活动组织——幼儿学习与表现
4	家长会介绍——除教师需要与家长沟通的以外，渗透介绍幼儿的快乐（游戏）

倾听助推的深度学习

● 建立自信，走近家长会

《发展指南》提出："鼓励幼儿自主决定，独立做事，增强其自尊心和自信心。"幼儿第一次参与有关家长会的讨论，有机会为这场从未参与过的会议做决策，并得到了积极的回应，这让他们体验到自己行为的效果和影响，增强了自信以及自我效能感。

● 分析思考，走进家长会

关于家长会，幼儿都有自己的想法，纷纷献计献策且充满期待。

哲哲说："我也想参加家长会。"

小月亮说："小朋友怎么能参加家长会？叽叽喳喳的，爸爸妈妈都没办法开会了。"

哲哲说："那我们不说话不就行了。"

《评估指南》提出："尊重并回应幼儿的想法与问题，通过开放性提问、推测、讨论等方式，支持和拓展每一个幼儿的学习。""家长会怎么开？""小朋友可以如何参与？"围绕这些问题教师与幼儿也展开了讨论。教师首先通过谈话让幼儿了解了以往家长会的基本流程，并围绕家长会内容及形式的适宜性对所有建议进行了取舍。

分工协作，共赴会议准备

倾听的实录

关于这场家长会，首先可以明确的是幼儿有参与的需求及想法，但在家长会各个环节，幼儿究竟可以怎么参与呢？经过讨论，师幼共同进行了梳理。

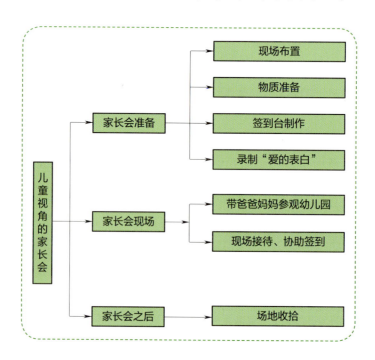

幼儿有了前期的思考与想法，但具体怎么实施呢？

教师说："爸爸妈妈来参加家长会，我们需要准备些什么呢？"

可乐说："当然要准备矿泉水啦，这样他们口渴了可以喝水。"

安娜说："我妈妈最喜欢喝咖啡，所以我要带咖啡来。"

婧婧说："要准备一些花，就像我们的自助餐一样，可以把教室（会场）布置得很漂亮。"

玥玥说："那我们还可以用气球来装扮家长会的场地。"

里尔说："我觉得可以准备一些水果拼盘，我每次和爸爸妈妈出去参加宴会都有水果拼盘。"

……

在充分表达后，幼儿自主分组，开启了家长会的准备之旅。

大五班家长会准备人员分工表				
零食组 （9人）	水果组 （8人）	手工组 （11人）	鲜花组 （6人）	布置组 （10人）
满满、康康、跳跳、艾米、子瑞、玉米、阳阳、淘淘、福仔	瑞宝、柠檬、清妍、童童、三宝、啾啾、球球、小米粒	芮芮、曦曦、玥玥、诗诗、丁丁、安娜、锡锡、八月、鲲鲲、安安、爱美丽	以恒、婧仪、可乐、戈儿、寻寻、小妙	朵朵、馨馨、BB、沐沐、里尔、大航、桓桓、哲哲、嘟嘟、小月亮

倾听的回应

● **教师退位，幼儿参与**

在教师的引导下，幼儿通过自主申报分成了五个小组，每个小组通过毛遂自荐或组员推荐选了一位小组长。在师幼谈话中，每个小组的成员也明确了自己的职责。教师逐渐退位，给予幼儿表达、表征的时间与空间，各小组成员在组长的带领下开展了小组内的讨论与分工。

● 记录推动，凸显计划

《发展指南》提出："要鼓励和引导幼儿学习做简单的计划和记录，并与他人交流分享。"因此提前计划，并鼓励幼儿用绘画、文字、表格等形式进行记录，能让此次家长会的准备工作更加顺利。

在以往的教学活动中，幼儿有过表格记录的经验但不熟练，因此教师通过集体活动带幼儿复习了表格记录的方法，在幼儿记录的过程中也给予了观察与指导。通过观察发现，各小组都能通过协商进行分工并记录，教师通过倾听幼儿的想法后，进行了文字补充。

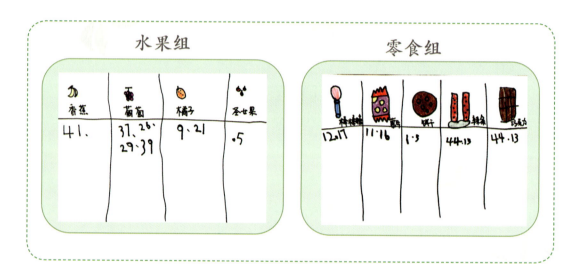

● 适度放手，适时支持

手工组的幼儿主要负责签到台的设计，他们提出想设计家长会的海报，还想在家长会上展示自己的手工作品，教师给予了材料以及时间支持，和幼儿共同收集材料并允许他们在区域游戏时间做家长会的准备工作。

布置组的幼儿说："我们吃自助餐的时候，椅子上绑了纱巾，我觉得特别漂亮，像参加婚礼一样。家长会时我们能不能也在椅子上绑上纱巾呢？"因为自助餐的场地是由教师布置的，幼儿没有参与，且绑纱巾有一定的难度，于是，教师提前将纱巾和会场的椅子放在了教室，供幼儿随时练习。

家长会第一个环节是"幼儿带爸爸妈妈参观幼儿园"，但幼儿园这么大，会议时间又有限，如果不提要求可能会影响家长会的顺利进行。因此，会议开展前教师组织幼儿两两结伴，模拟带爸爸妈妈参观幼儿园，从大门口出发，围绕幼儿园走了一圈，并记录了所需时间。这样的演练让幼儿既熟悉了参观路线，也有了时间观念，同时也让参观更有目的性。紧接着，班级围绕以下问题进行了讨论："15分钟，我们可以怎么走？""你重点想带爸爸妈妈参观哪里？""如果时间不够，哪些地方的参观可以舍弃或放在下一次？"教师允许幼儿有不同的想法，一一聆听并进行了回应。

　　家长会前一天，布置组的幼儿带来了装饰的彩带、气球等物品，与教师一同搬桌子、擦椅子、贴名字牌……师幼共同进行了会场布置。

● **家园联动，推动进展**

　　"和幼儿共同策划一场家长会"本是给家长的一个惊喜，但由于有一些物品的准备也需要得到家长的配合，所以教师在班级群与家长进行了前期沟通，并取得了家长的支持。

家长带幼儿走进超市与商场，幼儿按照计划采购了需要准备的物品，或零食或水果，以自己的方式投入这场家长会的准备工作。

倾听助推的深度学习

幼儿参与环节	幼儿可能建构的相关经验	幼儿的学习与发展（依据《指导要点》）
物品准备	◆ 集体意识：愿意为集体出主意、想办法，乐意参与家长会的筹备工作 ◆ 社会性：在小组分工时学会分工合作，意见不统一时尝试协商解决 ◆ 任务意识：有一定的任务意识，能根据分工完成任务 ◆ 数概念 ◆ 前书写	◆ 社会准备：热爱集体、交往合作、任务意识 ◆ 学习准备：用数学的方法进行任务分工
场地布置	◆ 动作发展：在制作海报及手工作品时，发展手部精细动作，同时提高审美 ◆ 坚持性：协助老师准备会议场地，在搬桌子、搬椅子时能积极参与，不喊苦不喊累 ◆ 前书写：用图画、符号等方式制作名字卡 ◆ 思辨能力：原计划在椅子上绑纱巾，但对比发现纱巾绑在蓝色的椅子上不美观，所以幼儿调整了计划，改为在座位上贴名字卡	◆ 身心准备：动作协调 ◆ 生活准备：参与劳动 ◆ 学习准备：学习习惯、学习能力

● **组织策划，发展高阶思维**

教师退位后，幼儿从"想参与家长会"到"如何参与家长会"，已不仅仅停留于表面的表达与分析。在"带爸爸妈妈参观幼儿园"环节，幼儿会根据时间规划路线、组织语言进行介绍；在讨论家长会内容时，他们会思考内容安排的合理性与适宜性。当零食组的可乐提出要带 20 包辣条时，小组其他成员提出反对意见："辣条是垃圾食品，而且我们还准备了其他食品，家长会也不是食品会。"听到后，可乐能接受意见并调整自己的计划。这些环节都需要幼儿深入思考、综合分析以及创新解决问题，幼儿也在这一过程中发展了高阶思维。

● 沟通协作，共赴会议准备

《发展指南》在社会领域"人际交往"中提出："幼儿园应多为幼儿提供需要大家齐心协力才能完成的活动，让幼儿在具体活动中体会合作的重要性，学习分工合作。"此次家长会的筹备给予了幼儿充分的合作空间，大部分任务都需要通过团队或协作商讨才能完成。幼儿在分工讨论的过程中需要表达自己的想法，并和小组成员或者老师进行沟通，最终达成一致的结果。这不仅发展了幼儿的语言表达能力和社会交往能力，也让他们学习了如何倾听、尊重、接纳他人的意见，并在必要时调整计划，做出妥协。

现场参与，提升会议温度

倾听的实录

家长会当天，水果组的幼儿第一批到达幼儿园。

童童递给教师一盒提子说："曾老师，我带了提子。但是还没有洗。"

教师问："你们可以自己洗吗？"

童童和小米粒齐声说："可以、可以，我会洗提子。"

紧接着，鲜花组的幼儿也捧着鲜花到了幼儿园，他们找到提前准备好的花瓶，接好水，将鲜花插进了花瓶，并将鲜花布置在了会场。

8：20，幼儿陆续到达幼儿园，这时家长也在幼儿园门口排好了队开始等待入园。教师简单重复注意事项后，8：30，幼儿排队出发到达幼儿园门口，一一找到了自己的家长开始了幼儿园参观之旅。

小月亮一路牵着妈妈的手，边走边介绍："这是我们的建构区，这里有很多建构材料；这是冒险区，我们还可以爬到树上去呢。"言语间满是自豪。

戈儿兴奋地指着沙水区，告诉爸爸："爸爸快看，这是我们的水池，上次你看到我们玩水的游戏视频就是在这里。旁边还有沙池，里面有好多宝藏，我和寻寻最喜欢在这里挖宝藏。"

这时，操场上有其他班级的幼儿正在游戏、运动，但这阻挡不了幼儿介绍的热情。阳阳指着前方游戏的幼儿告诉妈妈："看，我也可以像他们一样搭一辆车子，上次我搭的还是双层房车呢。"

教室里，幼儿与家长分享自己的游戏记录本，介绍自己睡觉的小床。玉米还邀请妈妈坐一坐自己的椅子。

8：43，教师友情提示："还有两分钟，我们的会议就要开始了。"提醒家长们可以准备进入会场了。

嘟嘟听到后立马对妈妈说："快快，我带你去开会的地方。"其他幼儿也牵着爸爸妈妈的手陆续向会场走去。

在会场门口，幼儿引导家长排队签到，签完到后，幼儿又带家长找到了有自己名字牌的座位，看到家长坐下后才离开。

倾听的回应

● **创设环境，亲子互动**

本次家长会打破了"教师说、家长听"的常规模式，不仅给予了幼儿参与策划的机会，还给予了幼儿参与家长会的机会。在亲子参观幼儿园的环节中，家长通过看（环境）、听（幼儿介绍）更直观地了解了幼儿园。幼儿引导家长签到、入座等环节，也提升了会议效率，本次家长会无论是到会率还是签到率都达到了 100%。

家长会进行的过程中，幼儿也用不同的方式参与了会议。比如：在"听教学活动环节"，家长与幼儿坐在一起，共同学习；在会议尾声播放的"爱的表白"，也是幼儿对爸爸妈妈的真情表达，提升了会议温度。

● 家园沟通，双向肯定

家长会前，家长虽然对本次会议由幼儿参与策划略知一二，但并不清楚幼儿的具体想法及过程中要承担的职责。因此在家长会中，教师与家长分享了此次会议策划与准备的具体过程，如暖心的话语、过程中的分工协作以及对于问题（困难）的解决等。感受到幼儿对自己的爱与关怀，看到幼儿的成长与发展，家长们既感动又高兴。

● 反思复盘，过程回顾

家长会开完后的下午，教师和幼儿又围坐在一起，向他们汇报了这场家长会的开展过程（主要针对幼儿没有在现场的部分），反馈了会议中家长对他们的肯定，让幼儿真切地感受到自己是这场会议的主人，是班级中不可缺少的一分子，收获了满满的成就感。

《评估指南》提出："重视幼儿通过绘画、讲述等方式对自己经历过的游戏、阅读图画书、观察等活动进行表达表征，教师能一对一倾听并真实记录幼儿的想法和体验。"幼儿选择用绘画的形式记录此次家长会，教师通过一对一倾听进行了记录。

倾听助推的深度学习

● 创造性地设计参观路线

在带爸爸妈妈参观幼儿园环节，教师允许幼儿用自己的方法设计参观路线，只给了时间限制（15分钟）。幼儿通过预测和演练来设计路线，他们在这个过程中获得直接感知，从而积累经验，成功设计了路线。

● 思辨的复盘

在复盘反思讨论中，朵朵提出："曾老师，下次家长会我们还可以跳舞。就是你开会之前，我们女孩子可以跳《你笑起来真好看》的舞蹈，玉米也会跳。"

安安说："家长会也需要一些小朋友当助手，如果家长中途想上厕所了，我们可以告诉他厕所在哪里。"

芮芮："家长的水喝完了，我们还可以给他们递水。"

……

复盘不仅是反思本次活动的问题，更多是指向于下一次活动如何做得更好，复盘不是终点而是新的起点。通过此次家长会，幼儿对自己越来越有自信心，他们越来越爱表达、爱思考。在复盘中，他们通过自我反思、讨论互动，把主题从反思本次活动逐渐提升为"下一次我们如何做得更好"。

本次家长会，幼儿出谋划策，准备工作亲力亲为，他们的责任感和任务意识在潜移默化中形成，在协商合作中学会交往、与人相处。面对自己的任务，他们满腔热忱，充满激情与干劲；在遇到问题时，幼儿的想法总会让人感到惊喜，他们积极乐观、善于思考，能通过各种各样的方式解决问题。这场家长会，发现了幼儿的无限可能；这场家长会，因倾听幼儿而变得有温度！

扫码观看典型案例"与幼儿共同策划一场家长会"活动视频

后　记

　　2024年初那场久违的大雪，让整个世界都静了下来，我于是有时间慢慢地梳理工作。也是在大雪纷飞的静谧中，我似乎感受到"听"的力量，听大自然的声音，听生活的琐碎，听孩子们的快乐。"你慢慢说，我静静听"这个题目在这样的环境中应运而生。

　　需要感谢的是我的团队，一台电脑、几杯热茶，一群人就这样集结了。教培部的胡婕副园长和荣丽娇老师感慨教师的业务考核有很多的"哇"时刻，一对一倾听融合到一日生活各环节之中，理论扎实、案例丰满；教管部的杨玲副园长和欧丹主任、胡金晶老师说起班级的一对一倾听实操，建立了通俗易懂的流程、应用了信息技术，满满的都是骄傲；负责党建和后勤保障的刘春梅书记和李琳副园长为班级的一对一倾听落实提供了全面的保障，如数家珍。《你慢慢说，我静静听——一对一倾听助推儿童深度学习》这本书的框架由此基本成型。

　　坐落在岳麓山下的湖南大学幼儿园传承千年学府岳麓书院的文脉，赓续七十多年园所文化，凝练"实教育"体系，提出"崇人本精神，育整全儿童"的教育理念。"人本"是以儿童发展为本，湖大学前教育人一直在传承中创新、在发展中沿革，让儿童成为儿童。儿童在整个发展过程中被理解、被包容，因为相信"被允许的童年治愈一生"。这些核心思想也贯穿于整本书中，"被允许"才会有"慢慢说"，"被尊重"才会有"静静听"，童年的真实模样、教育的至臻之境想必就是如此。教育，让每一个孩子都发光，童年的质感决定未来的高度。

　　未来一定会来，教育一定会变。教育，是看见更大的世界。教育的核心在儿童，可教育的落"实"却需要教师。随着科技革命、大数据时代的发展，大家都在讨论："人工智能时代教师会被代替吗？"对于这个上升到哲学层面的问题，我们也在用行动找寻答案。在践行教育时，我们教师以开放、包容的心态迎接着"智能"时代，探寻着教师不变的价值。在书中你会发现，我们在运用"数智赋能"的同时，注重与儿童的情感链接。每一段故事、每一个案例、每一句对话，都充斥着教师对孩子的爱以及孩子对教师的信任。唯有不断以情交互，才能实现师幼的共生生长。毕竟，教育是灵魂之间的唤醒与碰撞。

　　本书分为两个部分，上篇为理论部分，包括深度学习概念、一对一倾听内涵以及一对一倾听助推幼儿深度学习的保障机制；下篇为一对一倾听助推幼儿深度学习的典型案例，囊括3—4岁、4—5岁、5—6岁三个年龄阶段。每个案例均由"倾听的实录""倾听的回应""倾听助推的深度学习"三部分构成，其中"倾听的实录"客观记录了幼儿活动样态及幼儿的表达；"倾听的回应"则记录了教师通过观察、倾听幼儿的活动内容，再进行分析，然后实施支持策略的过程；"倾听助推的深度学习"总结了幼儿在活动过程中获得的学习经验及发展。

本书是专家领导，课题组成员，本园幼儿园教师，张静名园长工作室部分卓越园长、骨干园长等，共同研究、共同成就的结果。在这里我想饱含深情地感谢我的导师，湖南省教育科学研究院基础教育研究所原副所长周从笑教授，整体框架的制定、章节的分布、案例的整理，离不开导师的悉心且全面的指导，无论是寒冬还是酷暑，无论是线上还是线下，只要有求必有回应。还要感谢湖南大学幼儿园所有的老师们，我常感慨，能在湖南大学幼儿园当园长是我的荣幸，老师们非常给力且自信，研究型的环境培养了研究型的教师，一对一倾听从开始到实践，每一个案例都源于教师日常的累积、源于对幼儿的细致观察，是"实"教育的集中体现，更是"崇人本精神"理念的落地。

我总是会惊叹于儿童的深度学习与创新发展，惊叹于教师的专业素养与自我提升，更多的时候还会被儿童的哲思治愈。与其说学前教育是一个行业，倒不如说是一种艺术，教育的艺术，这种艺术融合着儿童学习成长的空间、日常生活的温暖、一餐一饭的细致，融合着世界的宽度和未来的广度，充满着爱与柔情。

"静"是一种方式，守候净土、守护初心，用有温度的教育来呵护最柔软的群体；"听"是为了听懂，是为了解读，更是为支持每个儿童自如、幸福、优雅地按照自己的方式成长。

你慢慢说，我静静地听——

张静
2024 年 7 月 20 日于湖南大学